AF345677

LAS LEYES

de la

FERTILIDAD

Patricia Bartolomé

LAS LEYES
de la
FERTILIDAD

Si te preguntas qué más puedes hacer o qué estás haciendo mal, aquí está la respuesta para conseguir un **EMBARAZO DE ÉXITO.**

PsicoBioFertilidad

Nota a los lectores: La publicación de esta obra puede estar sujeta a futuras correcciones y ampliaciones por parte del autor. Son de su responsabilidad las opiniones e ideas que en ella se exponen. Su intención es ofrecer material útil e informativo sobre el tema tratado. Las estrategias señaladas en este libro pueden no ser apropiadas para todos los individuos y no se garantiza que produzca ningún resultado en particular. Las técnicas y métodos aquí indicados, son un acercamiento al problema o a la enfermedad que no reemplazan a una consulta de cualquier profesional de la salud. Los ejercicios propuestos no sustituyen la praxis ni las prescripciones médicas. No es ningún tratamiento, sino una forma de observar (no de diagnosticar) la infertilidad. No es ninguna promesa de sanación definitiva, no es una verdad absoluta, ni una certidumbre como a veces tampoco lo es la medicina.

El autor, el editor, la imprenta y todas las partes implicadas niegan específicamente cualquier responsabilidad por daños, pérdidas o riesgos, personales o de otro tipo, en que se incurra como consecuencia, directa o indirecta, del uso y aplicación de cualquier contenido del libro. Trabajamos con un campo de hipótesis que complementan cualquier otro proceso y que tienen en cuenta todos los aspectos del ser humano, de manera holística. Solo la persona que lo practica puede confirmar sus resultados. ¡No creas nada! ¡Experiméntalo y saca tus propias conclusiones!

Título: *Las leyes de la fertilidad*
© 2020, Patricia Bartolomé

Autoedición y Diseño: 2020, Patricia Bartolomé

Segunda edición: febrero de 2020
Depósito legal: M-42117-2018
ISBN: 978-84-09-06294-2

Te lo dedico a ti...
Amor de mi alma, hijo de mis entrañas, que me cambiaste la vida cuando no llegabas y cuando por fin llegaste.
Gracias, perdóname, dame de tu medicina y ten paciencia conmigo. TE AMO.

Índice

Para quién es este libro 11

Testimonios 13

Cómo utilizar este libro 19

Prólogo 23

Introducción 25

PRIMERA PARTE

1. **Ley del ESTADO** 39
   Consigue fácilmente el estado emocional que deseas, y el más adecuado para lograr «estar en ESTADO».

2. **Ley de la NADA** 65
   Detén tus pensamientos donde y cuando quieras. Una manera sencilla y rápida para la relajación mental.

3. **Ley de la CLARIDAD** .91
   Evita la confusión. Aprende a despejar el camino hacia tu sueño de ser madre.

4. **Ley de la SINTONÍA** 117
   Sintoniza con la frecuencia de tu objetivo para que ocurra antes. Gana tiempo.

SEGUNDA PARTE

5. **Ley de la AUTONOMÍA** 143
   Descubre la relación entre los problemas de fertilidad y tu propia concepción y nacimiento, y elimínalos.

6. **Ley de la GRANDEZA** 175
   Sobrepasa tus límites y accede a posibilidades que no conoces.

7. **Ley de la IMPORTANCIA** 193
   Deja la obsesión a un lado. Ahora sí puedes olvidarte y dejar que realmente ocurra.

TERCERA PARTE

8. **Ley de la ELECCIÓN** **217**
Deja de soñar y haz tu sueño realidad.

9. **Ley de la POTENCIA** **237**
Activa tu objetivo y obtén la fuerza y la energía que te
hace falta.

10. **Ley del VALOR** **257**
Conecta con tu capacidad creadora bloqueada.

CUARTA PARTE

11. **Ley del MOVIMIENTO** **285**
Aprende a estar en movimiento. La vida es movimiento
y surge en movimiento.

12. **Ley de la CREACIÓN** **307**
Cambia las creencias y pensamientos inconscientes que
te están bloqueando.

13. **Ley de la FIDELIDAD** **337**
Rompe con la repetición de patrones familiares heredados
que ni siquiera conoces y que te están limitando.

Anexo I El inconsciente **367**

Anexo II Emociones **371**

Anexo III El acto simbólico **373**

Anexo IV Creencias **377**

Ayuda para crear nuevas vidas **383**

Agradecimientos **387**

Para quién es este libro

Este libro está dirigido a:

- Todas las mujeres que buscan quedarse embarazadas y tener un hijo.
- Las que nunca han conseguido un positivo.
- Las que han tenido uno o más abortos, voluntarios o espontáneos.
- Las que tienen un hijo pero no logran un segundo o un tercer embarazo.
- Las que acaban de empezar, para que no lleguen al punto de desesperación.
- Las que llevan tiempo intentándolo, poco o mucho.
- Las que lo están intentando de manera natural.
- Las que se han sometido o están en un proceso de reproducción asistida de cualquier tipo.
- Las que están en edad fértil y las que no tanto.
- Las que desconocen la causa de su infertilidad y su problema es de «origen desconocido».
- Las que sufren alguna patología o anomalía ginecológica, como ovarios poliquísticos, endometriosis, miomas, ausencia de regla o irregularidad, problemas de reserva ovárica, etc.
- Las que lo están intentando en pareja o solas.
- Las que creen que lo han probado todo.
- Las que tienen esperanza y las que ya no.
- Incluso, a las que han tirado la toalla.

A todas ellas, lo que recojo en este manual les va a ayudar.

Aunque el libro está dedicado a las mujeres, por supuesto es adecuado también para ellos, sus parejas, que pueden aplicar las leyes de la fertilidad de igual manera. Algunas las tendrán que adaptar, mientras que otras se aplican tal cual. Les ayudará a descubrir y sanar sus bloqueos, y hacer el trabajo en pareja puede ser genial.

Pero si tu pareja no quiere hacerlo, no es un problema; la mayoría del proceso, desde la concepción hasta el parto, incluido todo el desarrollo ¡ocurre en ti!

A las mujeres que han hecho ya un trabajo personal, puede que les resulten más familiares las primeras leyes, aunque estoy segura de que hay pautas y sugerencias de las que no han oído hablar o nunca les han proporcionado las claves y los ejercicios para ponerlas en práctica.

Para las mujeres que no han hecho ningún trabajo personal, tranquilas: aquí tenéis las instrucciones para empezar desde cero.

Para todas, hay un método paso a paso que solo tendréis que aplicar. La clave: HACER Y SENTIR. Y obtendréis los primeros resultados desde YA.

Testimonios

«He aprendido a eliminar mis bloqueos, a dejar de llevar como una carga gente y situaciones que me traían demasiadas preocupaciones, incluido el propio proceso durante siete años intentando ser madre. He aprendido a sacar el origen del problema fuera y que esté al lado, en el sitio donde tiene que estar, no dentro de mí.
Gracias, porque hoy soy otra mujer y disfruto de mi pequeño».
(M.ª Carmen Garrido)

«No sé cómo expresarlo… Hoy soy feliz porque tengo a mis pequeños, pero ya era feliz antes de haber conseguido mi objetivo, porque con las enseñanzas de Patricia y aplicando estas leyes he conseguido otro objetivo también muy valioso, que es darme la vida a mí misma. Gracias, Patricia».
(Silvia Flores)

«¡Los problemas no pueden vivir dentro de una! Aunque cueste o duela, hay que sacarlos fuera.
Lo mejor de aplicar las leyes de la fertilidad y la terapia fue mi hijo, pero además me vale para otras muchas cosas que he mejorado en mi vida.
Es el conocer, el saber realmente por qué te pasa lo que te pasa. Eso te ayuda a verlo de otra manera, y a partir de ahí todo cambia.
Desde el minuto uno empecé a sentirme diferente, ya no me podía sentir tan mal, no es que lo echara de menos, pero me sorprendía».
(Vanesa Herrero)

«Gracias a la ayuda de Patricia y de las leyes de la fertilidad, RESOLVÍ MI BLOQUEO… ¡¡Y ESTOY EMBARAZADA!!
Después de sufrir un aborto me puse enferma con depresión y ansiedad. No veía la forma de salir de ahí, pensaba que la única manera de recuperarme

era volver a quedarme embarazada; y entonces comenzó mi calvario, hasta que entendí que era justo al revés: para quedarme embarazada, debía recuperarme primero. Pero lo mejor es lo que me está ayudando durante el embarazo; ojalá hubiera conocido esto antes. Gracias».
(Paula García)

«Gracias a este libro he podido aprender muchísimo sobre los problemas de fertilidad y descubrir cuáles son las raíces asociadas al transgeneracional que impiden a la mujer quedarse embarazada. Interesante el enfoque emocional y biológico, puesto que las emociones son las que marcan los resultados en nuestra vida y nuestros estados más internos.
He aprendido técnicas y formas para relajarme y serenar mi mente y también he descubierto las bases para conectar con lo que soy e impedir que mi mente influya negativamente en mi vida.
Gracias, Patricia Bartolomé, por este novedoso y sobre todo ÚTIL ENFOQUE».
(Isa Campillos, enfermera, coach y escritora. Autora del libro 'El código de tu sanación')

«No puedo sentirme más feliz de la mejor decisión que tomé en los últimos años: trabajar con Patricia y lograr mi sueño de ser madre. Recomiendo totalmente este trabajo y las leyes de la fertilidad a cualquier mujer que esté teniendo dificultades para concebir, esté padeciendo la infertilidad o necesite una ayuda a nivel emocional y energético.
Millones de gracias, Patricia. Nunca podré agradecerte lo mucho que has tenido que ver con hacer realidad uno de mis más grandes sueños en esta vida».
(María Mikhailova)

«Patricia nos da en su trilogía un enfoque sanador frente a la infertilidad femenina, un camino interno buscando el origen. Descubrir las leyes de la fertilidad ha sido para mí revelador, para aplicarlas y saber cómo liberarnos de las memorias que nos afectan en cada nivel. Para mí lo mejor es poder dejar las culpas causadas por la herencia transgeneracional femenina».
(Dra. Carina Povarchik)

«Si tienes problemas para quedarte embarazada, puede que quieras comprender el porqué. Patricia Bartolomé nos explica todo aquello que quizás nunca supiste acerca de la fertilidad, la maternidad como entidad más allá del embarazo. Excelente libro, ¡superrecomendable!».
(Virginia Hernández, 'Luna Rosa'. Artista y autora de 'Mariposa de un capo', 'Tejiendo alas de libertad')

«Quiero recomendar el libro a todas las mujeres que por circunstancias de la vida quieran tener un bebé y no puedan por más que lo intenten. A través de su libro te da pautas para encontrar la raíz del problema y conseguir lo que quieres. Gracias, Patricia».
(Carmen Guerra. Autora de la trilogía 'Rompiendo cadenas')

«Patricia es una gran mujer por dentro y por fuera, con un gran gran gran propósito: conseguir que una mujer traiga una vida al mundo. Recomendé el libro a una amiga, siguió sus pasos y consiguió traer al mundo a una nena preciosa, y eso te lo debe a ti, Patricia. Una obra que toda mujer debe tener».
(Borja Montés Llopis. Autor de 'A través de sus pequeños ojos')

«Patricia es una excelente profesional que me ha sabido asesorar en todo lo que me ha inquietado. Este es un libro que demuestra las bases de la fertilidad. Es fantástico saber que hay algo más detrás del proceso de la creación y que puede estar oculto sin saberlo. Gracias Patricia por ayudarme a crear mi sueño».
(Nuria Sala Bergillos. Autora del libro 'Tu don, el poder de sanar tu vida')

«En *Las leyes de la fertilidad*, Patricia nos muestra un enfoque totalmente distinto para trabajar con la infertilidad, un gran problema cada vez más frecuente en nuestra sociedad. Una guía profunda e imprescindible para las parejas que vivan esta situación».
(Gemma Comas. Autora de 'La magia que duerme en ti')

«Esta asombrosa obra es una importantísima herramienta para poder entender por qué, cada vez más, nos encontramos con el inconveniente de la infertilidad. *Las leyes de la fertilidad*, más allá de lo meramente físico, trabaja la biología desde otra dimensionalidad que nunca suele tenerse en cuenta y que puede ser la clave para resolver la incapacidad de lograr el embarazo. Creo que es de máximo interés para toda mujer que quiera conocerse y desbloquear su don divino de la procreación. ¡¡Gracias, Patricia!!».
(Maricruz Álvarez. Autora de 'Tu verdadero tesoro')

«En Las Leyes de la fertilidad encontrarás las claves para hacer realidad tu sueño de ser madre. Como nunca te lo habían contado, Patricia te despierta a un mundo de posibilidades que desconocías sobre la magia de la futura maternidad y por qué hasta ahora no pudiste lograrlo. Gracias, Patricia, por llenar este mundo de vida».
(Rocío Sánchez García)

«Ocho años buscando quedarme embarazada y nunca nadie me había hablado de esto. Gracias, porque entender lo que me pasa es fundamental; siento que encontré por dónde empezar, ya que me sentía bastante perdida. Gracias por dedicar tu tiempo a pensar en nosotras, las que todavía estamos en camino. Gracias por darme claridad y paz».
(Guillermina Giménez)

«*Las leyes de la fertilidad* es un viaje fascinante para descubrir todas las capas en una mujer que pueden impedir este acto creativo y amoroso de dar a luz. Me emociona la profundidad con que Patricia nos muestra todas las partes físicas, mentales, emocionales y espirituales que pueden estar causando la infertilidad. Profundo, inspirador y muy aclarador.
¡Es un zambullido a las profundidades de nuestras aguas!, conociéndonos desde un lugar que, desde mi mirada, es primordial en toda mujer.
¡Gracias por tu inspiradora entrega!».
(Andrea Aranguiz Costa. Autora de 'El juego de la transformación interior')

«Muchas gracias, Patricia, por este libro tan maravilloso que ayuda a la mujer a recuperar su estabilidad emocional a través de quitar todos esos bloqueos mentales que tenemos y que nos impiden poder realizar la labor sagrada de dar vida. Y gracias también por hacernos conscientes de lo importante que es estar equilibradas en cuerpo, alma y mente para poder traer esa vida a la tierra».
(Lourdes López)

«Al haber entendido *Las leyes de la fertilidad* puedo ampliar de otro modo ese conocimiento que tenía sobre los problemas de la fertilidad. Su autora, Patricia Bartolomé, nos ofrece unas herramientas, unos principios donde nos conecta con esos porqués de origen mental, espiritual y físico para recuperar ese poder creador de la mujer. La creación es el origen de la vida. ¿Cómo renunciar a saber más del tema?».
(Mely R. Relinque, directora y CEO de formación a empresas. Autora de la trilogía 'Más allá de tu piel')

«Nuevo enfoque para abordar problemas de fertilidad. La autora sienta las bases, a nivel emocional, mental y espiritual, para recuperar el poder creador dentro de nosotros. A través de diferentes terapias, herencias transgeneracionales y otras técnicas, Patricia nos libera de cargas impuestas o heredadas. Una idea revolucionaria en procesos de fertilidad, nueva visión para esta nueva era. Gracias, Patricia».
(Nuria Quirós Roldán. Autora del libro 'Cada día mejor')

«La situación de no poder tener hijos afecta a muchas más personas de las que nos imaginamos. Solo la persona que pasa por esta situación puede reconocer este dolor. Patricia, a través de este libro, me hizo entender más allá de LAS LEYES DE LA FERTILIDAD.
GRACIAS INFINITAS, Patricia, por esta gran misión».
(Carolina Rodrigo Fuentes. Autora del libro 'Piensa, vende, ama')

«*Las leyes de la fertilidad* es un apasionante libro de mujeres, en especial dirigido a todas a las que convertirse en mamá les supone un reto. Un libro donde encontrarás el apoyo, el conocimiento y la sanación para superar la causa de tu problema de infertilidad».
(María Roncero Azabal. Autora del libro 'Historia entre mujeres')

«Una guía imprescindible para conocer los principios base de la sabiduría que te llevará a ser madre».
(Dra. Virginia Sánchez)

«La trilogía de Patricia es un gran soporte para aquellas mujeres que desean tener un hijo y no lo encuentran. Una auténtica obra de arte sobre los pensamientos y las emociones y su influencia en la fertilidad. Aprenderás a utilizar las leyes que rigen la creación de vida. Gran regalo».
(Ana de Juan, 'coach' integral. Autora de 'Fortaleza espiritual' y formadora)

«Un libro vital para comprender de manera muy sutil los caminos para llevar a una mujer al camino de la fertilidad. Sorprendente por la claridad y la profundidad que trata la autora el tema. De lectura obligatoria para sanitarios, madres y padres».
(Angel Díaz)

«Las leyes de la fertilidad es un libro estupendo donde su autora nos enseña a través de un punto de vista mental, espiritual y físico, que emociones y memorias heredadas de tu ser, pueden no estar acompañándote en lo que tú realmente quieres para ti para tu vida. Aluciné de ver cómo repercute en tu físico. Un libro enriquecedor donde entenderás por qué te suceden cosas a las que nunca encuentras sentido y como poner remedio».
Una obra maravillosa!!! Que a mí me hizo entender lo que me parecía imposible de entender!! Gracias por arrojar luz a mi vida Patricia!!!
(Tatiana García)

Cómo utilizar este libro

Tienes que pasar a la práctica, y entonces te aseguro que con lo que te indico todo se va a transformar. ¿Estás dispuesta a hacer todo lo necesario?

No hablaré de alimentación, ejercicio, tratamientos, días fértiles ni de otros temas que ya habrás oído y probado. Todo eso seguramente ya lo tienes, y en mi blog y canal de youtube encontrarás información gratuita, procedente de artículos y entrevistas que ofrecemos de la mano de matronas de referencia, de médicos, nutricionistas, especialistas en reproducción asistida, etc.

Aquí voy a hablarte de algo diferente, de una forma ordenada, resumida y concentrada a la vez, para que no haya prácticamente nada que esté en tus manos y que te dejes sin hacer para conseguir tu sueño de ser madre.

A lo largo del libro encontrarás varias informaciones y ejercicios que llevar a cabo. Atenta…

- Unos requieren de un espacio físico y de tiempo a solas, para que te puedas centrar en ti y realizarlos.
- Otros necesitan de papel y boli para tomar nota. Tendrás que responder a algunas preguntas y anotar los descubrimientos y las sensaciones que se han producido. Para ello, al final de cada capítulo y también al final del libro encontrarás una zona en blanco donde escribir lo que te parezca más importante a modo de recordatorio, pero te aconsejo que te hagas con tu propio cuaderno o libreta

para las leyes de la fertilidad, porque a veces necesitarás escribir más de lo que piensas.

- En otros, solo será necesario realizar una toma de conciencia y nuevo conocimiento que te ayudará a entender cuestiones que ahora no comprendes.

Te indicaré cuándo debes repetir alguno de los ejercicios y crear un hábito por REPETICIÓN, y cuándo vale con hacerlo una sola vez. Convierte este libro en un manual de estudio y un curso leído, que no solo sea una lectura entretenida.

Todo lo que te está pasando, o no, ocurre en ti. Este es un trabajo de investigación y desarrollo en ti; cualquier ayuda externa, es eso, una ayuda, pero la responsabilidad y el poder del cambio está en ti. Te parecerá desesperanzador si eres de las que espera que una varita mágica te cambie la vida, y te quedes embarazada y tengas a tu hijo; si eso existiera, yo no hubiera hecho todo este trabajo, ni lo hubiera aplicado en mí y en cientos de mujeres. Lo siento, no funciona así, por eso hay mujeres que van de un lado a otro probando un montón de posibles soluciones sin resultado alguno. Pero de verdad te digo que esta es la mejor noticia que te puedo dar si eres de las que confía en que la respuesta está en ti, aquí vas a encontrar cómo cambiarla.

Acostúmbrate a trabajar con tu subconsciente, allí está todo lo que necesitas, ya tienes toda la información sobre el problema y la solución, este libro solo te va a enseñar a descubrirlo.

Aprende a escucharte, es muy fácil y tendrás todas las respuestas que necesitas.

Aquí te explico todo lo que hasta ahora he descubierto que funciona (y que yo misma apliqué) sobre las leyes de la fertilidad. No me he guardado nada, y si lo llevas a la práctica, vas a obtener resultados.

Algunas mujeres prefieren el curso *online* «Las leyes de la fertilidad», que contiene todos los audios y ejercicios grabados, para que los puedas hacer de forma guiada, escuchando y dejándote llevar. Al principio siempre es más fácil oyendo los audios, pero también puedes grabártelos para ti, o simplemente recordar lo que has leído.

La información del curso «Las leyes de la fertilidad» con todos los ejercicios grabados y guiados la tienes en mi web
https://www.patriciabartolome.com/lasleyesdelafertilidad/

Podrás encontrar audios gratuitos relacionados con el libro en el canal de youtube «patricia bartolome fertilidad».

Envía cualquier duda o consulta a
lasleyesdelafertilidad@patriciabartolome.com
Recibirás respuesta siempre, lo antes que pueda.

Por favor, comparte conmigo tus descubrimientos, algunos de tus ejercicios y pruebas. Ayúdame a ayudarte y a ayudar, ¡a mejorar!

¡¡Ah!! Y diviértete haciendo esto, emociónate como nunca lo has hecho, que cada página sea tu espacio de desahogo, de expresión y de cambio. Deja de soñar el futuro y vívelo. Crea una vida de acción, no de reacción, y conseguirás lo que te propongas.

Gracias por dejar que te acompañe en el trayecto hacia tu sueño.

Prólogo

Todo el mundo desea algo

En estos momentos, miles de millones de personas alrededor de todo el mundo están deseando algo que lamentablemente pocos van a lograr; de ahí la frase «muchos son los llamados y muy pocos los elegidos».

Es porque la ley de la vida no es la ley del deseo, sino la de la creencia. Esto significa que lo que ignoramos, lo que no vemos, tiene un efecto mucho más poderoso que lo que vemos a la hora de conseguir cualquier tipo de resultados.

Faltan profesionales expertos y mentores en prácticamente todos los campos de aprendizaje, que se dediquen a observar, estudiar, practicar y enseñar esas leyes internas que son el preludio de lo que acontecerá en nuestras vidas.

Faltan profesionales en todos los campos..., pero en este ya no.

Patricia ha creado un sistema para ayudarte a que el DESEO, la CREENCIA y la REALIDAD sean solo uno. Con ello podrás ver en el exterior lo que tu alma lleva años anhelando en tu interior.

Me encantan los documentales de animales, y hace un tiempo vi como las gacelas, justo cuando se quedaban preñadas, eran perseguidas por los leones durante semanas y meses. La razón es muy sencilla: ellos saben que tarde o temprano esa gacela tendrá que detenerse para poder parir a su cría.

Ese será el momento de los mayores ataques. Como en la vida, muchos de nosotros también sufrimos ataques en los momentos de debilidad. Nuestros sueños no se cumplen. Las cosas se tuercen. No logramos lo que queremos...

Puede que tú ahora mismo estés sufriendo esos ataques, pero recuerda que los más grandes suceden justo en los momentos anteriores a dar a luz. Por tanto, si ahora estás ahí, significa que viene tu mayor nacimiento. Recuerda que el momento más oscuro de la noche es justo antes del amanecer. Confía y ten fe. Aprende a ver en tu interior, y este te dará todo lo que deseas en tu exterior.

Estoy deseando que te sumerjas en estas páginas y aprendas todo lo que necesitas para hacer realidad tu sueño de ser madre.

GRACIAS, GRACIAS, GRACIAS.

LAÍN, autor de la saga LA VOZ DE TU ALMA.

www.lavozdetualma.com

Introducción

¿Te acuerdas cuando de pequeña jugabas a las mamás?

Yo lo hacía super real, me metía cojines y todo para simular la barriga, y hasta ponía la postura, me sentía super mayor, super responsable, y sobre todo muy realizada e ilusionada. Era como lo mejor del mundo que podía pasar, el ideal para cualquier niña. ¡Madre mía! Debía de tener solo seis o siete años.

¿Tú también fantaseabas con ese momento que en el futuro llegaría?

Acunaba a mis muñecos, los vestía, los bañaba, les daba de comer unas papillas bastante asquerosas que preparaba con agua y harina y que mis bebés de goma se tragaban por sus bocas sonrientes (luego se podrían por dentro y olían fatal, pero a mí me gustaba jugar imitando la realidad). También les cortaba el pelo, simulaba que se ponían malos y los llevaba al médico, les reñía, los besaba, les enseñaba… Vamos, que me convertía en toda una mamá.

Y treinta años después, ¡por fin llegó! Decidí que era el momento de hacerlo real….

Llevaba tiempo pensando y mi pareja ya lo había planteado en varias ocasiones, pero yo siempre estaba muy ocupada. La primera vez que lo valoramos, tenía mi propia empresa, un socio, varios trabajadores, muchos clientes, muchas preocupaciones y un ritmo de vida poco propicio para criar a un hijo. Prefería esperar a que se normalizase la situación, también desde el punto de vista económico, pues vivíamos en plena crisis, nos debían casi medio millón de euros, nuestras oficinas estaban hipotecadas y nuestras propias casas las avalaban…

Me costó tantos quebraderos de cabeza este trabajo, que sabiendo ya lo que sabía, tras superar una profunda depresión y aplicar parte de lo que hoy enseño, rompí con todo y le propuse a mi pareja cogernos un año sabático. Fue el único al que le pareció una buena idea; para los demás, estaba loca. Tenía todo lo que la sociedad manda: una casa, un buen trabajo, mi propia empresa que funcionaba y nos daba dinero, una pareja estable… ¿Qué tocaba? ¡Tener un hijo! Y a nosotros nos rondaba en la cabeza. Pero nos tomamos una temporada de descanso; necesitaba cortar con todo lo que tanto me había estresado y volver renovada para comenzar con otros proyectos en los que ya me había embarcado y que me motivaban, a los que me dedico ahora. Entonces, buscaríamos un hijo. Quería adquirir nuevos conocimientos que me sirvieran para mi propósito profesional, y así fue, pero sobre todo quería aprovechar esos últimos momentos de libertad, viajar, dormir… y todas esas cosas que nos dicen que es mejor hacer cuando no tienes hijos.

Regresamos con las pilas a tope para emprender otro rumbo, y de repente… ¿sabes de qué me di cuenta? De que tampoco era el momento, porque tenía que empezar casi de cero mi nueva andadura, por la que tan solo había dado unos pasos, picoteando, aprendiendo y aplicando en mi experiencia, pero había llegado la hora de meterme de lleno y ayudar a que el resto del mundo se encontrara mejor, a que encontraran la respuesta a los problemas, al origen de estos, igual que yo había podido encontrar soluciones y realizar cambios en mi vida a todos los niveles: amoroso, laboral y de salud. Nuevamente, mis objetivos profesionales y económicos ocupaban todo mi tiempo, y decidí esperar un poco más hasta alcanzar esa estabilidad que un hijo necesita. El resultado fue que volví al mismo punto en el que había empezado esta historia. Con grandes diferencias, la verdad, pero lo que vi claro es que nunca iban a darse las circunstancias perfectas, así que de buenas a primeras un día le dije a mi pareja: «Vale, venga, empecemos a intentarlo». Era enero y no me cabía duda de que en febrero ya estaría embarazada, puesto que había hecho todas las cuentas y lo había programado en mi mente, pero... no había detallado en qué febrero sería...

Nuestra primera relación en busca fue diferente a las anteriores. Comprendí que en mi vida había dos tipos de relaciones sexuales: aquellas en las que la finalidad es concebir un hijo y otras en las que no. La predisposición, la naturalidad, el deseo, los pensamientos, las posturas y el final ya no son igual.

¡El primer mes yo notaba todos los síntomas! Diría más bien que justo después del acto sexual. No sabía exactamente qué me ocurría, pero yo ya lo sentía. Pasé unas cuatro semanas pendiente, pensándolo muchas veces, cuidándome como si estuviera embarazada y... ¡¡¡Tacháaaaan!!! Cuando debería haberme bajado la regla... nada... retraso. Estaba plenamente convencida de que me había quedado embarazada.

Y ahí empezaron las decepciones. «Embarazo bioquímico», me dijeron... Ese fue el inicio del largo recorrido que tenía por delante. No lo compartía con nadie, pero tenía la sensación de haber fracasado por completo. ¿Cómo podía ser? Había hecho todo lo que se supone que hay que hacer y no había pasado. No me lo podía creer. Cada día lo pensaba, y cada pensamiento era como una gota que va llenando un vaso, el vaso de la obsesión. Así pasé varios meses, preguntándome por qué yo no, por qué no me quedaba embarazada, por qué transcurrían los meses sin novedad, otra vez el drama en el baño, otra vez ilusionada por volver a intentarlo, aunque cada vez menos alegre, contando los días para llegar a ese pico de máxima fertilidad, quedándome con las piernas para arriba durante media hora después de cada relación, tomando superbatidos, supervitaminándome y supermineralizándome, con sobredosis de frutos rojos y frutos secos, minimizando la exposición a toxinas y comenzando a sentir desde el minuto uno todos los síntomas que indican un embarazo, seguidos de un nuevo desengaño.

«¿Qué hago mal?», «¿Qué no hago?», «¿Qué puedo hacer para obtener el resultado?». Me pregunté tantas veces lo mismo, con tanta impotencia y tanta desesperación, en la soledad de la separación hasta de mí misma… Nadie en mi familia lo sabía. Esperaba ese positivo para darles la gran noticia. No había nietos. ¡Les iba a hacer tanta ilusión…! Pero no ocurría… Cada mes me decepcionaba yo, y lo peor es que me parecía que los decepcionaba a todos. Me hacía la fuerte, cuando podía, con mi pareja, ocultándole mi gran angustia; mejor eso que intentar explicar tus sentimientos y comprobar que nadie te entiende. Quizá no fuera tan traumático para los demás, pero yo lo vivía así, y esa era mi realidad. Callaba para que no me tachasen de exagerada, para no oír que no me preocupara y para quitarle la importancia que por otro lado estaba cargando, para no causar (o causarme) más dolor.

Me volví a quedar en estado, pero lo perdí a los pocos días. Cuando creía que por fin lo había conseguido, entonces llegaba la pérdida, y eso era incluso más duro. Ahora entiendo eso de que es peor perder algo que conoces que no haberlo conocido…

Cuando tu objetivo de concebir un bebé se frustra una y otra vez, pasan por tu mente un montón de pensamientos terribles; y si logras engendrarlo pero se malogra el embarazo, te asaltan otras preguntas e inquietudes igual de dolorosas. Lo sé bien. «¿Pero qué he hecho yo?», «¿Por qué no progresa?», «¿Por qué no se queda?», «¿Qué hay mal en mí?»… Me sentía tan culpable…

Seguía sin contárselo a nadie, solo mi pareja y yo lo sabíamos, y en esta ocasión también los futuros tíos…, pero tampoco ellos podían consolarme.

Nos fuimos de vacaciones para aprovechar y… desconectar. ¡Ja! Desconectar, ¡qué risa! Cuanto más tiempo libre, más tiempo pensando en lo mismo. Nos habían dicho que esperásemos un par de meses, aunque a mí me pudo la ansiedad y nos adelantamos. Ahí me di cuenta de lo importante que es aprender a esperar, a entender el proceso y a dedicar ese tiempo a hacer otras cosas que no sean los intentos desesperados.

Volví a quedarme embarazada. Y lo volví a perder.

El último aborto fue la gota que colmó el vaso, porque además ponía en riesgo mi vida. El embarazo ectópico fue el palo más gordo, tanto físico como emocional. Me encontraba muy mal, y tras atenderme de urgencia en el hospital, me anunciaron que estaba embarazada; entonces, me alegré de que esa fuese la razón de mi malestar, pero enseguida se vino abajo la ilusión al saber que el embrión se hallaba implantado en una trompa y que había que provocar el aborto u operar inmediatamente. No sé qué me dolió más: si perderlo de nuevo o pensar que me podía morir. Y entonces, decidí desmayarme…

Lo que ocurrió después fue el primer cambio de todo (te lo cuento en el libro destinado a recuperar tu poder creador, *Eres fértil),* porque en ese momento comprendí el poder de mi pensamiento y de mi cuerpo.

El caso es que ninguna de las dos opciones que me habían dado fue necesaria (ni operación, ni medicación), porque se produjo el aborto natural ya iniciado en mi casa días atrás. «Esto no debería de estar permitido», pensaba yo… Me contaron tantas medias verdades, que aumentaron mi desesperación y mi tristeza. Sentía miedo a que todo siguiera igual, a que nada funcionara, así como la impotencia de no saber qué hacer. Imaginarme el futuro sin hijos me mataba.

Nunca imaginé el daño que pueden causar los pensamientos negativos recurrentes. Necesitaba como el aire algo que me «desactivase la mente» al menos unos minutos; a veces sentía que me iba a estallar la cabeza. Creo que no permití que explotase para que nadie descubriera todo lo que pensaba y trataba de ocultar.

Al ingresarme y montarse el circo que se montó, se enteraron todos: amigos, familiares, vecinos… No me extrañaría que algunos —los más cercanos— necesitasen terapia para encajar lo sucedido; no tenían ni idea de que lo estuviéramos buscando, y de repente se encontraron con que estaba embarazada, me tenían que intervenir y finalmente el susto acababa con un aborto…

Mi madre me confesó después que cuando se lo comunicó a mi padre, cayó sentado en el sofá como si le hubieran dicho que me había muerto; no pudo hablar ni reaccionar en varios días. Luego entendí que para una parte de él había sido así: había conectado con todos los bebés que ellos habían perdido, y que para él en su día habían muerto. Yo tenía conocimiento de los abortos de mi madre, pero a través de esa vivencia pude conocer mucho más.

Mi padre, en su propia desesperación, me dijo que esto era lo más importante, que en sus tiempos no existían ni los medios ni los tratamientos de hoy en día, y que él pagaría todo lo que hiciera falta para que no viviéramos lo que ellos habían sufrido.

Es verdad que nosotros en aquel momento carecíamos del dinero, pero no quise aceptarlo ni hacerlo de esa manera. Sinceramente, creo que no habría funcionado en mí y que habría sido uno de esos casos en que después de un número determinado de estimulaciones, de inseminaciones o de fecundaciones in vitro, habría fracasado igualmente. Nunca lo sabré. Ese método es sin duda una ayuda, y en ocasiones, la única opción, pero aquella experiencia significó un antes y un después, y los nueve días en casa sin apenas moverme me hicieron ver que tenía que parar, que tenía que trabajar y cambiar algo en mí, no sabía el qué, pero necesitaba cuidarme y esperar, y el proceso natural que se estaba produciendo me hizo entrar en contacto con mi cuerpo.

Durante meses me había distanciado de mi familia para no tener que contarles nada de lo que estaba pasando, no quería que nadie me preguntase, no me apetecía oír el «y vosotros, ¿para cuándo?», me volví menos sociable… Yo, que siempre me había sentido tan a gusto en sociedad, de pronto no tenía ganas de hablar, fui consciente de que mi carácter y mi salud habían empeorado mucho.

Esa terrible experiencia y esos nueve días de malestar y soledad fueron el punto de inflexión. Me di cuenta de que así no podía estar, que yo misma había cavado ese pozo sin fondo.

En cuanto me pude mover, sin demasiado ánimo me fui a impartir el taller de abundancia con el que iniciaba todos los años el curso trimestral para ayudar a las personas a conseguir lo mismo que yo en mi ámbito profesional: cumplir objetivos reales y lograr éxito y abundancia con ellos.

Así que convaleciente, pero aguantando el tipo, me presenté ante mis alumnos y les expliqué algunas claves acerca de cómo alcanzar sus metas. Para mí había sido fácil en los últimos quince años: había realizado diferentes cursos de desarrollo personal, en los que había aprendido todo de tipo de técnicas de *coaching,* terapias energéticas, cómo funcionaban mis emociones, mis pensamientos, el poder de mis creencias y cómo el cuerpo respondía a todo ello. Conocía las leyes de universales que rigen la vida, había conseguido todo lo que me había propuesto, y les contaba cómo hacerlo; entonces alguien preguntó: «¿Pero esto es solo para el trabajo o funciona para cualquier otro objetivo?». Y yo le contesté: «No, no, para todo: para lo profesional, lo económico, lo amoroso, lo personal…», y en mi cabeza surgió la idea: «y para cualquiera que sea tu objetivo, por ejemplo, tener un hijo».

¿Cómo no se me había ocurrido? Disponía de todas las herramientas y las había aplicado para cambiar de profesión, salir de una depresión, irme de año sabático, encontrar mi casa…
Tener un hijo era un objetivo más, de modo que empecé a adaptar y aplicar estas leyes al sueño de ser madre. Así empecé a estudiar mi propio curso y así comenzaron a gestarse «las leyes de la fertilidad». Meses después nació mi hijo, nacieron los cursos, el método y el programa de fertilidad que hoy ofrezco.

Yo ya había tratado a mujeres con este y con otros conflictos, y lo que hacía había funcionado, pero al pasar por ello pude descubrir, desbloquear, obtener la energía, enfocarme y materializar. «Casualmente», empezaron a consultarme muchas mujeres con problemas de fertilidad, y en ellas también funcionaba.

En pocas semanas recuperé el estado emocional que había perdido tiempo atrás. Pude centrarme realmente en el objetivo y no en el problema.

Fue increíble el proceso porque pude redescubrir por completo mis propias enseñanzas, y las necesidades específicas del objetivo de ser madre me llevaron a modificar algunas de las leyes en muchos detalles y matices; creé ejercicios que solucionaban mis objeciones, las creencias que tenía, los bloqueos y las limitaciones que me impedían lograr este objetivo concreto.

Fue un éxito: no solo di a luz a mi hijo a los pocos meses, sino que además disfruté de un embarazo maravilloso que llegó a término sin sobresaltos, con un parto sano y con un bebé sano.

Pero lo mejor de todo fue la mujer en la que me convertí: una madre con mayúsculas, porque lo que pude aprender en ese proceso y cambiar en mí es algo que no podría haber hecho de ninguna otra manera más que así.

Quizás te suene muy raro e incluso muy fuerte lo que voy a decir, pero a día de hoy doy gracias a lo que me ocurrió, a mi hijo en un momento dado por no venir, a los que se fueron en el proceso… porque la experiencia me ha permitido ser quien soy, una madre consciente sanada en su interior, con una nueva niña, una nueva adolescente, una nueva adulta y una nueva mujer de la que me voy a beneficiar el resto de mi vida, y mi hijo también.

Dicen que para cambiar a veces necesitamos tocar fondo, y yo he tenido ocasión de comprobar que cualquier mujer con problemas de fertilidad, en un momento u otro toca fondo; esa es la oportunidad de tu vida para convertirte en otra mujer, en una nueva madre. Si no fuera por esto, ¿estarías leyendo este libro? ¿ Qué estarías dispuesta a hacer por ti?

Las cosas no cambian porque queramos eliminarlas, no desaparecen, se trata de sustituirlas. Para quitarte el miedo necesitas instalar una certeza, seguridad y confianza; aquí tienes herramientas útiles para ponerte manos a la obra.

Estoy muy feliz de poder compartir todo esto contigo y con todas las mujeres que, como tú y como yo, han pasado, están pasando o pasarán por este angustioso proceso de querer ser madre y encontrarse con la imposibilidad de serlo.

Este es mi regalo para ti y para todas: las leyes que yo apliqué y que me ayudaron en el antes, en el durante y en él después. Quiero revelarte lo que a mí me funcionó. Sé por lo que estás pasando, porque yo lo pasé.

Haz de este libro tu manual de instrucciones. Es una llamada a la acción para que lleves a la práctica lo que te propongo. Te aseguro que si lo haces te va ayudar igual que me ayudó a mí y a cientos de mujeres.

Todo lo que contienen estas páginas es una ayuda para quedarte embarazada lo antes posible, de forma sencilla, más rápida y sin sufrimiento, disfrutando del proceso de pregestación, que puede ser magnífico. También pretende acompañarte a lo largo de nueve deliciosos meses de embarazo y cuando tengas a tu bebé en tus brazos, para que podáis seguir creciendo ambos de una manera sana.

Podrás recuperar la ilusión y la confianza; podrás relajarte y dejar de pensar tanto tiempo y de forma tan negativa en este problema. Dejarás de mirar obsesivamente el calendario y calcular los días de tu ovulación, retomarás tu vida sexual sin pensar en reproducción. No volverás a sentir envidia o rechazo ante otras mujeres que han conseguido lo que tú anhelas. Abandonarás la idea de que eres demasiado mayor, de que no vas a poder, o de que toda la gente que te rodea tiene hijos con una facilidad extrema menos tú.

Si algo me han enseñado mis vivencias en estos años es que nadie te cuenta lo que ha hecho para embarazarse, pero si tú supieras…

Lo que tengo claro es que es posible concebir, parir y tener un hijo sin pasar tu peor calvario. Porque aunque ocurran contratiempos y te encuentres obstáculos en el camino, si dispones de las herramientas, puedes vivirlos con otro sentido y aprovechar un aprendizaje que no puedes adquirir de ninguna otra forma.

Tienes la posibilidad de dejar de sufrir y de vivir el proceso de búsqueda desde otra perspectiva, que es justo la que te ayudará a lograrlo.

Te prometo que la felicidad es compatible con tu problema actual.

Vas a descubrir los secretos para obtener, ya sea por reproducción natural o asistida, los resultados que esperas de forma más rápida y llevadera, sin intentos fallidos que dejan en ti una huella que agrava el problema.

Las leyes refuerzan o disuelven los bloqueos de la fertilidad, porque son universales, se cumplen siempre, las conozcas o no, se están cumpliendo ahora, puedes conocerlas y aplicarlas a tu favor.

Cuando una está desesperada, es capaz casi de cualquier cosa. Te aseguro que yo hice mucho, leí de todo, encontré multitud de consejos sobre lo que me convenía y lo que no, lo que debía comer, pensar, mejorar…, pero nadie me explicaba cómo hacerlo, y por supuesto nunca encontré las herramientas que aquí te enseño.

El libro te ofrece el conocimiento, las bases, para que puedas entender toda esa teoría que es indispensable para la mente, y sobre todo los ejercicios, que puedes practicar tantas veces como quieras, para que tu estructura biológica se modifique, ¡porque puede hacerlo! Necesitas realizar cambios en tu programación mental y emocional que harán que te encuentres muchísimo mejor, en el estado adecuado, para quedarte embarazada y para llevar tu embarazo satisfactoriamente.

Hace poco, una de mis mejores amigas, que me conoce desde que éramos pequeñas, hablando de los libros que estaba escribiendo me dijo: «Lo más increíble de ti, Patricia, es que no se te pone nada por delante, es que no hay nada que no hagas, dices una cosa y antes de que otro haya acabado de pensar, tú ya lo estás haciendo».

Y tiene razón. Lo que me diferencia de muchas otras personas es que ¡soy de acción! Actúo y pruebo, no me creo casi nada, así que lo compruebo, y lo que me hizo conseguir mi objetivo fue esto: hacer, hacer, hacer. El conocimiento está bien, y es necesario, pero si no hay práctica, no hay cambio. Por eso, lo que aquí te proporciono son las bases para tu conocimiento y los ejercicios para el cambio. Tienes en tus manos algo más que un libro: una guía de acción. El tiempo y todo lo que sucede en este proceso juegan en tu contra; debes actuar.

Tal vez te halles en una fase todavía incipiente y creas que este método aún no te hace falta, pero no te confíes… O quizás no veas salida tras varios intentos infructuosos. Te prometo que si sigues mis indicaciones, vas a recuperar la ilusión, la motivación y la esperanza, y esto repercute en tu cuerpo de manera determinante.

¿Sabes? Hay muchos estudios e investigaciones sobre los problemas de fertilidad, pero yo me preguntaba qué hacían, qué pensaban y qué sentían las mujeres que no los tenían. A ellas no las investiga nadie, así que yo lo hice. He hablado con más de cien mujeres sin problemas para ser madres, y me di cuenta de que, sin saberlo, ¡¡cumplían estas leyes!!

A aquella niña de apenas 7 años nunca se le había ocurrido esta historia en sus juegos, nunca imaginó que ese sueño se convertiría en una terrible pesadilla, ni que finalmente se cumpliría su deseo, aunque mediante otro proceso: el que viví, aprendí y aquí te cuento…

No es cuestión de alimentar falsas esperanzas, sino de crear unas nuevas.
¿No es maravilloso poder hacerlo?
Mientras hay vida, hay esperanza; y mientras no hay vida, ¡también!.
Si tienes tantas ganas de empezar a leer y practicar como yo de contarte…

¡¡¡¡Comencemos!!!!

PRIMERA PARTE

**Descubriendo una nueva vida.
Cambia tus emociones, tu mente y la respuesta de tu cuerpo.**

- Ley del estado
- Ley de la nada
- Ley de la claridad
- Ley de la sintonía

1. LEY DEL ESTADO

La **ley del estado** es la que siempre explico en primer lugar. Es clave en el tema de la fertilidad, en la vida y en la salud en general. Tu resultado y tu respuesta fisiológica dependen de ella, por eso siempre sobrevuela a todas las demás.

Cuando digo *estado* hablo de un estado emocional, pero no es casualidad que constituya una de las leyes más importantes, porque es para lo que la vas a utilizar: para lograr el objetivo de *estar en estado*.

Darwin ya hablaba de emociones y de su aspecto biológico, desde el punto de vista científico. Actualmente contamos con diversos estudios neurocientíficos que demuestran el impacto de las emociones en el cerebro y su repercusión en el organismo.

Hay investigaciones que demuestran con imágenes de resonancia magnética funcional (FMRI) cómo **detrás de las emociones hay una respuesta neurofisiológica** (provocada por hormonas y neurotransmisores), además de una respuesta de comportamiento (como los gestos) y una cognitiva, que es la que nos hace tomar conciencia de lo que estamos sintiendo.

Por ejemplo, expertos de la Universidad de Aalto, en Finlandia, han diseñado el **primer mapa termográfico que representa cómo reacciona nuestro cuerpo ante las distintas emociones**.

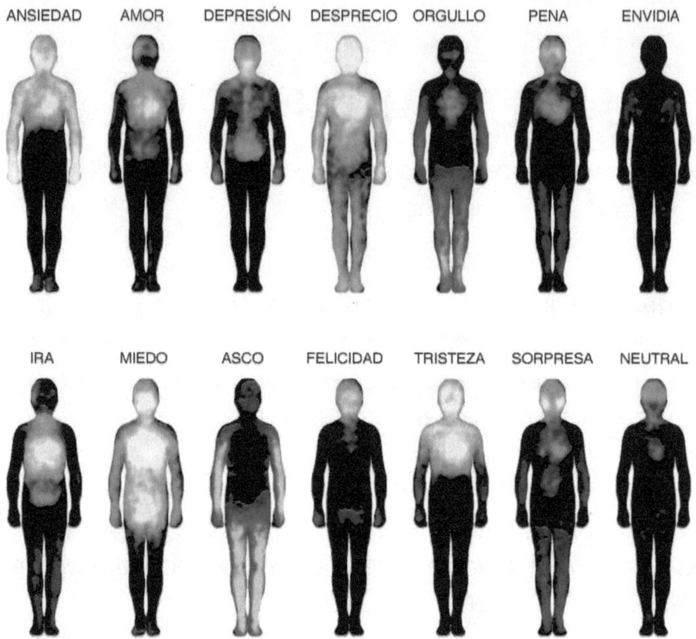

Vemos que un cambio de emoción provoca un impacto un impacto y produce una serie de cambios fisiológicos y también en el sistema nervioso. Todos tenemos la certeza de ello, lo comprobamos fácilmente en respuestas inconscientes no controladas en las que las palmas de las manos se vuelven sudorosas o se acelera el pulso. Pero, ¿y si estas emociones y muchos otros matices en nuestros sentimientos provocaran cambios fisiológicos concretos en nuestro aparato reproductor?

Para mí, lo más sorprendente fue descubrir hasta qué punto el sistema emocional afecta a lo que somatizamos y lo que hacemos, pero más increíble aún, lo inconscientes que somos de ello el 99% del tiempo.

¿Cómo podemos no saber ni tener conciencia de algo que nos está produciendo un efecto tan grande en el *ser*?

Espero que empieces a comprender la importancia de esto y a aceptar que necesitas cambiar algo en tus emociones, porque está causando un alto impacto en tu cuerpo.

¿Te has preguntado alguna vez en qué estado te encontrarás cuando ya estés embarazada, tu embarazo avance y por fin tengas a tu hijo entre tus brazos, cada día, para el resto de tu vida?

Lo hayas hecho o no, responde ahora, reflexiona unos minutos… incluso **escríbelo**. Seguro que esto no lo has hecho nunca.

Pues te diré que está demostrado que escribir produce cambios neuronales que no se dan si solo pensamos, y que únicamente el 1% de la población escribe sobre sus objetivos; y de ese reducido número, otro 1% actúa para conseguirlos.

Y este dato es general. Para el deseo de ser padres, no he conocido todavía a nadie (hasta ahora que yo misma lo indico), pero te aseguro que cuando lo haces algo se pone en marcha.

Quizás hayas oído hablar alguna vez de la *ley de la atracción* o del *efecto imán.* Y es que cuando nos marcamos un objetivo, este se acerca fácilmente o se aleja, y ello es debido a lo que te voy a explicar en el presente capítulo con esta ley. Te diré cómo funciona y qué vamos a hacer para llevarla a cabo y que se cumpla a tu favor.

Cuando tenemos un objetivo, pensamos automáticamente que al lograrlo vamos a experimentar felicidad o tranquilidad, o el sentimiento que creamos. Pero si a día de hoy no nos hallamos ya en ese estado, nuestro objetivo se aleja. ¿Por qué? Porque los objetivos se atraen y se acercan de una manera más sencilla a través de la emoción, una vibración que emite nuestro cuerpo y crea nuestro campo energético, que se atrae o se repele con otros, a través de sus cargas positivas y negativas, similares u opuestas, como si de imanes se tratase. Así funcionan los estados emocionales.

En general, es una gran paradoja y a la vez un gran error pensar que cuando consigas tu objetivo —en este caso, quedarte embarazada y tener a tu bebé— vas a estar plenamente feliz y que todo va a ser maravilloso. En parte es cierto, pero no tanto desde el momento en que tu estado emocional en el presente es justamente el opuesto (o al menos bastante diferente) a ese estado emocional que tendrás cuando nazca tu hijo. De verdad, son carreteras que no se encuentran.

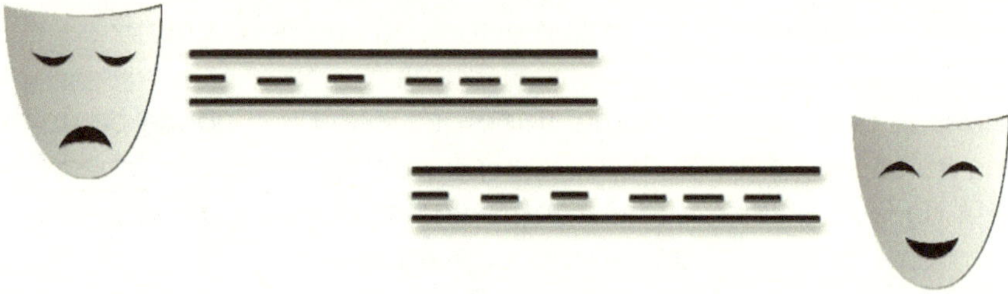

En el universo, las cosas que deseas se acercarán a ti, de manera más directa y fácil, si tu estado emocional es el mismo a día de hoy que cuando disfrutes del objetivo cumplido.

Esta es la clave.

Parece raro, incluso contradictorio, y es un gran reto que pocas mujeres cumplen, porque cuando estamos intentando ser mamás y no lo logramos, nuestro estado emocional dista del idóneo. Cuantos más intentos hay, cuantas más veces fracasamos, cuantas más pérdidas sufrimos, cuantas más reglas mes tras mes sin resultado... más tristeza, más frustración, más decepción, más incapacidad, más culpa, más desesperación, más prisa, más miedo. Y como ves, el abismo emocional entre la actualidad y el futuro con nuestro objetivo cumplido cada vez es mayor.

Aunque no te des cuenta, esto te va alejando progresivamente de lo que deseas, pero no conocerlo y no actuar sobre ello funciona justamente en tu contra.

El imán que utilizarás para conseguir tener ese bebé tan deseado va a ser cambiar el estado emocional a diario. Este será el primero de otros recursos que te voy a ir enseñando.

A partir de ahora, tus emociones van a estar por encima del objetivo.

> EL ESTADO EMOCIONAL ADECUADO ES IMPRESCINDIBLE PARA CONSEGUIR TU SUEÑO.
>
> TU ESTADO EMOCIONAL DETERMINA LA RESPUESTA DE TU CUERPO.

Desde hoy, tu gran objetivo, además de tener un bebé, va a ser sentir y mantener el estado emocional adecuado. ¿Y cuál es? El que has escrito antes.

Seguramente, ahora ya te estés dando cuenta de que tu estado de ánimo habitual no es el más correcto. Por eso es una de las leyes que hasta ahora no estabas cumpliendo. Así que, para ser más consciente, coge papel y boli, pregúntate y anota:

<u>¿En qué estados emocionales pasas más tiempo actualmente?</u>

Analízate respecto a este tema, de ser o no mamá, de ser o no padres. Y también en tu trabajo, con la familia, en el día a día, con los amigos… ¿cuál es tu estado emocional más habitual?

La respuesta frecuente es como la de una de mis alumnas:

MARTA: De tristeza, de estar decaída, de desesperanza, a veces no tengo ganas de nada…

PATRICIA: En términos porcentuales, ¿cuánto tiempo pasas así al día? Calcula.

MARTA: No sé, un 70% o más… Un 80%. También siento rabia y enfado, me parece que se me está agriando el carácter, y cada vez es peor.

Es duro, lo sé, ponerte a escribir toda esa maraña de emociones que sientes cuando estás intentando ser madre y no lo consigues. Es terrible y no quieres verlo de cerca, pero resulta imprescindible que lo hagas porque está pasando en ti y provoca un efecto indeseado.

Valora qué porcentaje del día o cuánto tiempo te encuentras en cada estado.

Este porcentaje es el que te aleja del resultado que realmente quieres.

Te aconsejo que te pongas «en alerta». Si es necesario, crea una alarma en el móvil que tres veces al día te recuerde la pregunta: «¿Cuál es mi estado emocional en este momento o en la última hora?». Si lo haces durante una semana vas a ser consciente de un resultado real, y de la importancia de cambiarlo.

El mayor problema es que hasta ahora lo hacías inconscientemente, y te estaba alejando del objetivo por frecuencia vibratoria, por una razón energética y por la repercusión en lo físico de estas emociones que influyen directamente en tu fertilidad.

Tranquila: te voy a indicar unos ejercicios y unos trucos para cambiar esto de manera sencilla y eficaz, pero antes del cambio es necesario tomar conciencia al cien por cien.

Hay algo más que influye mucho, y es todo lo que te rodea. Así que te invito a que te preguntes también cuál es el estado emocional que predomina en tu entorno, sea cual sea: el de tu pareja, el de tus padres, el de tu familia, el de tus amigos, el del trabajo, el del vecindario…

¿Qué es eso que te encuentras fuera?
¿Con qué estados emocionales te relacionas?
¿Qué es lo que recibes y percibes habitualmente de tu entorno?

Esto también influye en ti, y tienes que ser consciente.

SER CONSCIENTE ES EL PRIMER PASO PARA CAMBIAR ALGO

Es importante, en la vida en general, para que nuestro estado sea lo más positivo posible, rodearnos de eso mismo: de personas, cosas y situaciones que están en la frecuencia deseada.

Si estás buscando ser mamá, rodéate de todo y de todos los que generen este estado en ti: de risas, de alegría, de tranquilidad, de satisfacción, etc.

Se dice que somos la media de las cinco personas que más tiempo te rodean.

Y si ya te vienen a la cabeza las personas o situaciones que, por el contrario, te generan negatividad, enfado, tristeza y similares, tienes que hacer un pequeño paréntesis y empezar a poner el límite, porque no están favoreciendo el estado emocional adecuado. Pon distancia o pídeles que abandonen su queja, su pesimismo o lo que a ti te afecte, porque no son ellos, no es fuera, sino que ocurre en tu interior, y **tienes la responsabilidad de generar y mantener el estado emocional que deseas EN TI.**

Cuando te encuentres con personas quejándose, en la frustración o en la tristeza, sé consciente a partir de hoy y di: «¡Uy, uy, uy! Esto no es precisamente lo que genera el estado más adecuado para alcanzar mi objetivo. Necesito poner AHORA dentro de mí toda la energía y la emoción que sentiré cuando el sueño esté cumplido». Y para ello, vas a crear otra lista con todas esas emociones que experimentarás una vez hayas conseguido tu propósito. Te cuento cómo hacerlo en el siguiente ejercicio.

Pero antes es importante que sepas que tu subconsciente funciona sin saber lo que ocurre fuera; es decir, si quieres estar contenta en este preciso instante, no necesitas que ocurra nada en la realidad que te rodea, puedes provocar ese estado y tu inconsciente percibe que estás contenta y punto. Entiende las emociones que sientes, pero no sabe qué es lo que las origina. En tu interior, cada una de las células responde al estado emocional que tienes ahora mismo: si es de alegría, es de alegría, da igual a qué se deba.

Así que vamos a jugar con esta particularidad del inconsciente para generar en ti el estado interior que te va a proporcionar esa atracción, lo antes posible, hacia tu objetivo. Como prueba de que esto funciona así, imagina cualquier experiencia por la que hayas atravesado en tu vida. Recuerda aquella ocasión en que perdiste a un ser querido: cuando te dieron la noticia o cuando fuiste testigo de su último aliento. Lamento llevarte a ese tipo de emoción, pero… ¿ves?, ya has reaccionado y estás más triste. Ahora, revive el día de tu boda, de tu primer beso o de aquel apoteósico concierto. ¿Te das cuenta? Algo cambia en ti instantáneamente. Si haces como si estuvieras allí, ves esa imagen, lo que se oía, lo que se decía, dónde estabas, qué hacías, con quién, y así **con los cinco sentidos**, de manera que puedes sentir inmediatamente, ahora, dentro de ti, que se genera esa misma alegría o satisfacción de entonces. ¡Es mágico!

Si llevas a cabo esta práctica con suficiente intensidad, puedes generar la emoción que quieras en ti de una manera muy fuerte y real en el momento presente. Puedes conseguirlo imaginando algo del pasado, o bien imaginando algo que ocurrirá en el futuro.

Así funcionamos. Como es muy importante entender las particularidades del inconsciente, ya que está siempre en marcha, y como lo vas a necesitar durante más ejercicios en este libro, he creado un anexo especial sobre su funcionamiento. Puedes encontrarlo en el «Anexo I: El inconsciente».

Conociendo los mecanismos de esta parte de ti, puedes generar de manera controlada en el momento presente los estados que necesitas, que te van a conducir al objetivo en un futuro más cercano y más rápido.

Te aseguro que si haces estos ejercicios vas a obtener resultados inmediatos. Son muy fáciles y se da de forma automática una nueva respuesta emocional.

¿Preparada para empezar a sentirte mejor?

¡Atención!
1.1 Ejercicio «estado objetivo»

Este ejercicio es tan sencillo como efectivo. Sirve para conocer y conseguir el estado adecuado desde ¡ya!

Te aconsejo que le dediques un espacio-tiempo a solas, sin prisas ni presiones, para que puedas centrarte en ello. Tendrás que moverte, tenlo en cuenta. Y no te limites a pensar en hacerlo, no basta con representarlo mentalmente o posponerlo para más adelante; lo que va a cambiar las cosas es **hacerlo ahora**.

1. Elige un espacio físico en el sitio donde te encuentres, sea una habitación, el campo o cualquier otro. Este va a representar el espacio del objetivo conseguido. Imagina que de repente tuvieras una máquina del tiempo y te pudieras trasladar al futuro; sitúate dentro de ese espacio como si tu deseo estuviera ya cumplido.

2. Déjate simplemente sentir. No se trata de especular o fantasear sobre lo que ocurrirá, sino de identificar un espacio para el objetivo cumplido, sin más, dar unos pasos y meterte allí. Es el espacio de un futuro en el que estás embarazada; ese embarazo va progresando mes a mes satisfactoriamente, cada vez se acerca más el momento de verle la carita a tu bebé, así hasta que lo puedas tener en tus brazos y pasar las semanas con él.

3. Y todo eso, para ti, cobrará un sentido en una imagen. Visualizarás el objetivo como ya conseguido, y podrás sentirlo. Deja que ese momento te llegue, sin forzarlo ni buscarlo. Tómate el tiempo necesario para que aparezca; estará bien siempre que tenga sentido para ti y puedas constatar que ya lo has logrado, mediante una imagen que para ti es la prueba.

4. Quédate allí observando todo tipo de detalles. Mira los colores, los sonidos; si estás sola, con tu tripita, con el bebé; si está tu pareja; si hay otros niños… Sea cual sea la imagen en la que te has metido, para ti tiene el significado de que el objetivo está conseguido. Fíjate en los pormenores a nivel de las sensaciones y de los sentidos: a qué huele, qué ves, qué oyes, qué tocas, qué sientes…

5. Es ahí donde se van a empezar a despertar emociones. Recréate. Permanece un rato en esa imagen y observa cuáles son las emociones principales. Hay mujeres que dicen: «Pues me siento bien» o «Estoy feliz». Pero eso es demasiado general. Descubre emociones más concretas: pueden ser de alegría profunda, de satisfacción chisporroteante; pueden ser de emoción que hace saltar las lágrimas; pueden ser de ternura, de tranquilidad, de descanso… de multitud de formas y con muchos matices. Identifica detalladamente cuáles son esas emociones que se manifiestan cuando el objetivo ya está cumplido.

Puedes hacer este ejercicio incluso más de una vez. Y recuerda que es imprescindible que utilices dos espacios físicos diferentes y te muevas de uno a otro: uno es el espacio del presente y el otro el del futuro en el que tu objetivo está conseguido.

Si prefieres escuchar este y otros ejercicios en un audio de forma guiada, puedes acceder al curso *online* «Las leyes de la fertilidad»[1].

Siente todas esas emociones, y sé consciente de ellas; después escríbelas, es lo que empezaste a hacer al principio del capítulo, pero ahora detallado y a conciencia, para poder tenerlas bien claras. Te aconsejo que utilices un cuaderno para todos los ejercicios, descubrimientos, etc.

---

1 https://www.patriciabartolome.com/lasleyesdelafertilidad/curso-las-leyes-de-la-fertilidad

Con frecuencia he escuchado: «Es que no sé cómo me siento», o simplemente «bien», «mal»… Esa indefinición revela una importante carencia de lenguaje y de educación emocional, de ahí que haya incluido un «Anexo II: estados emocionales» al final del libro, en el que podrás encontrar un listado de palabras para describir con precisión cómo te sientes. No se trata de un estudio sobre emociones, ni de un análisis sobre las emociones básicas o primarias, sino de ayudarte a encontrar las palabras que mejor se ajusten a lo que sientes.

Ahora ya sabes con exactitud cuáles son las emociones con las que vas a jugar.

Tras realizarlo y experimentar esos estados, puede que pienses: «¡Buah! Es que cuando sea madre, cuando tenga a mi bebé en mis brazos y lo haya conseguido, me voy a sentir… así, con todo eso que haya salido en el ejercicio. Pero claro, ahora no lo tengo y me encuentro fatal», y probablemente llegues a la conclusión de que imaginarlo y no tenerlo es aún peor. Pues no. Sencillamente, cuando sales de ese espacio físico del objetivo conseguido, y te sitúas en el espacio presente, la emoción cambia y tu estado general suele ser bastante diferente, porque estás esperando a que eso suceda para encontrarte así, pero a día de hoy tu estado emocional es otro.

Lo que hay que hacer es justamente provocar esa sensación del objetivo cumplido en el presente, en cualquier momento y lugar del día. Tienes que pasar así el mayor tiempo posible. Cuando te levantas, cuando trabajas, cuando andas, cuando comes, siempre…Recuerda que es un ejercicio de repetición que crea un cambio y un hábito; aunque al principio cueste, siempre, siempre, siempre se automatiza después. Merece la pena, te lo aseguro, haz la prueba, vas a provocar nuevas emociones de una manera forzada pero gustosa, porque a todo el mundo le encanta sentirse así, en ese estado emocional igual al que tendremos cuando nuestro objetivo esté conseguido. ¿A que sí?

Como ya conoces esa particularidad del inconsciente y esa parte imaginaria, que no sabe qué es lo que está ocurriendo en realidad, sino solamente lo que ocurre en tu estado interior, lo puedes provocar a tu antojo.

¿Recuerdas cuando te he dicho que si piensas en algo triste inmediatamente puedes sentir algo similar? Y al contrario, cuando piensas en algo del pasado o del futuro, en algo que imaginas y es alegre, también surge en ti ahora una emoción de alegría. ¡Qué fácil!, ¿no?

Aprovechemos este poder de cambio instantáneo de una manera más consciente y controlada.

¡Atención!
1.2 Ejercicio «recursos de estado»

Este ejercicio es un engaño positivo para tu inconsciente. Te hará encontrarte durante el proceso mucho mejor de lo que estás ahora.

Ya tenemos la lista de emociones asociadas al objetivo conseguido. Lo siguiente es crear otra lista, que llamo «lista de los recursos de estado» y suena así como muy importante, ¿verdad? Lo es. De hecho, yo tengo la mía propia. La hice en su momento y siempre está viva y vigente conmigo. Es un recurso maravilloso que también podrás utilizar después.

1. Pues bien, en esa lista vas a ir apuntando: pequeños y grandes momentos, éxitos y logros que hayan provocado en ti esos <u>instantes pasados de felicidad, de satisfacción, de tranquilidad o el estado emocional que hayas sentido cuando tu objetivo está ya logrado.</u> Todos hemos vivido esos instantes, del tipo: «Cuando me gradué en la Universidad», «Cuando dejé de fumar», «Un día viendo una puesta de sol», etc.

Pero de nuevo te digo: descarta la idea o el concepto genérico que inicialmente te viene a la mente y céntrate en el instante en el que fuiste consciente de haber logrado tu objetivo; por ejemplo, justo el momento en el que viste tu título, quizás el momento en el que alguien te miraba a los ojos y te daba una noticia y escuchabas unas palabras concretas... Estas son algunas ideas, pero tú eres la que debe encontrar esos pequeños instantes en los que has alcanzado éxitos, logros o satisfacciones que te han provocado ese estado emocional que queremos reproducir en el presente.

Solamente hacer el ejercicio (el hecho de identificarlos, recordarlos y escribirlos) te va a situar ahora en este instante-estado que necesitas, en coherencia con el que estás buscando: el del objetivo ya conseguido. Así que no escatimes a la hora de visualizar, recrear y volver a ese momento ya pasado, en el que has experimentado algo maravilloso que provoca en ti, al revivirlo, una sonrisa, un escalofrío por dentro de felicidad. Porque rescatar esas vivencias es lo que ahora mismo permite que te encuentres en el estado adecuado.

2. También puedes asociarte con todos tus sentidos a algo maravilloso en un futuro, imaginándote ya en un lugar idílico en el que vas a estar de vacaciones, o lo que quieras visualizar que aún no ha pasado. Ya sabes que para tu inconsciente sí pasa, de manera que observa en detalle lo que ves, lo que oyes, lo que hueles, etc., y podrás sentir ahora esas emociones en ti.

No es una cuestión de recordar, se trata de RE-VIVIR o de RE-PRODUCIR. Ahí reside el secreto y el poder. Y eso se hace asociándote al instante con los cinco sentidos.

3. Incluye en la lista tus instantes-recurso diarios, esos que te emocionan cuando los vives. A veces son pequeñísimas cosas las que te han puesto feliz, sonriente o eufórica, no pienses solo en grandes acontecimientos. Si escribes algunos a diario, te cambiará la vida, te lo prometo.

Recuerda: han de ser muy concretos. Lo general no te provoca idéntica reacción. No es lo mismo «Cuando aprobé la oposición» que ese instante concreto en el que «Me lo dijeron por teléfono y oí: "has aprobado"», «Cuando vi la nota escrita en aquel papel», etc.

El instante tiene la fuerza. Los instantes en la vida son como fotos, imágenes congeladas muy concretas pero que te generan toda una película asociada y una reacción interna inmediata.

4. Puedes ordenar la lista de recursos a modo de recuadro: apuntas los instantes y, al lado, la emoción o emociones que producen. ¡Ya tienes tu lista de recursos! Y a continuación, un modelo:

LISTA DE RECURSOS DE ESTADO

Instantes	Emociones	Para cambiar
El instante en el que vi la nota en aquel papel, en el panel de corcho, era de día...	Satisfacción, orgullo, alegría	Momentos de insatisfacción, decepción, tristeza
Canción favorita	Euforia	Desesperación

Desde este momento puedes ser consciente de que te encuentras en el estado no deseado, en ese «para cambiar» que has anotado en la tabla, y con solo pensar y asociarte con el recurso, generarás una nueva emoción. Es como un cortafuegos: ya no puedes seguir hundiéndote más y más, ampliando lo que sentías, repitiendo lo que pensabas sin final; ahora puedes cortar en cualquier momento, es instantáneo y solo al pensar en hacerlo, ya has cambiado algo.

Prueba a aplicar esta técnica a ese instante en el que vas al baño y descubres que de nuevo tienes la regla, que otra vez hay que esperar un mes, que quizás nunca lo consigas, que ya no puedes más... y así puedes llegar a ocupar emocionalmente todo el día, o los próximos días. Es en ese momento en el que tienes que tirar de recursos, de poner en marcha todo lo que te indico a continuación. Comprobarás que realmente hace de cortafuegos; si tú quieres y te lo propones, nunca lo volverás a vivir igual, no te dejes llevar por lo mismo, toma la decisión de cambiarlo, es necesario para que te sitúes en la frecuencia de tu sueño.

5. Y a partir de hoy, haz crecer esta lista, porque cada día tenemos y podemos crear nuevos instantes: contempla una puesta de sol, siéntela y grábala; mira una foto, habla con una amiga, ríete un rato, disfruta de la comida que más te gusta, y siente, y graba... Se pueden provocar y expandir sensaciones placenteras siendo conscientes de que en ese momento las estamos experimentando, y así crear un instante de un estado emocional exactamente igual que cuando consigas tu objetivo. Es genial. El inconsciente no distingue si provocas ese estado emocional de una forma imaginaria o con un recurso; simplemente es capaz de sentirlo ahora, y esto es un imán. Si en el instante presente te encuentras satisfecha, estás en consonancia con todos los objetivos que te producen satisfacción. Si en cambio te sientes frustrada, vas a estar más en consonancia con objetivos que te generan frustración.

El estado emocional es una vibración, un campo electromagnético que hace de imán.

Por eso, cuanto peor nos encontramos, más nos alejamos de nuestro objetivo. También por eso las noticias buenas siempre van juntas, igual que las malas; funciona la misma ley en ambos casos.

¿Entiendes por qué hasta ahora cada vez te encuentras más frustrada y peor, y cada vez hay más intentos fallidos de ser madre? En tus manos está cambiar el enfoque. Solo depende de ti.

6. Además de la lista de recursos[2] que te proporcionan la experiencia ya vivida o las perspectivas de futuro, y además de ir sumando todos los instantes que a partir de hoy puedes conseguir, puedes generar un montón de momentos nuevos a través de formas que provocan en ti esos estados objetivo. Te sugiero algunas

---

2   Te recomiendo que lleves la libreta en el bolso, o que la dejes por la noche en la mesilla y que todos los días logres apuntar algún recurso nuevo.

ideas aquí, pero seguro que a ti se te ocurren algunas más.

- **Haz unos minutillos de ejercicio** al día. Pero de un ejercicio físico, mental, emocional con el que realmente disfrutes; es decir, unos minutos de meditación, de jugar al pádel, de correr, o de lo que decidas que te encanta. Porque el ejercicio físico y mental produce gran bienestar. Así que elige cuál va a ser el tuyo, no por obligación, sino porque realmente te apasiona.
- **Duerme y descansa.** Permítete un descanso, una buena siesta reparadora, un buen momento en el que puedas sentir el placer de descansar.
- **Pasa tiempo de calidad** con amigos, con alguien cercano o no cercano, como si es una persona desconocida con la que compartes un rato agradable. Y grábalo, amplifícalo, siéntelo al máximo, apúntalo en tu libreta.
- **Sal a la naturaleza**, pues siempre nos provoca estados emocionales de recurso.
- **Ayuda a otros en algún momento.** Dicen que hay personas que se dedican a ayudar a otras cien horas al año, que son unas dos horas a la semana. No es mucho, pero esos momentos en los que hacemos algo por los demás de una manera más dedicada y somos conscientes de ello, pueden proporcionarnos una gran satisfacción. Lo corroboro.
- **Deja conscientemente que te ayuden.** Eso te va a brindar la oportunidad de dar las gracias. Habitúate a hacerlo, porque cuando consigas tu objetivo de ser mamá, va a haber muchos momentos en los que sientas una enorme gratitud. Así que es importante que desde ahora busques también recursos y momentos de agradecimiento, pero no mental, sino real: que se produzca esa emoción.
- **Ríete.** Aunque sea frente al espejo haciendo muecas, lo que quieras, pero busca la risa.
- **Planifica un viaje, aunque no vayas.** Está demostrado que

se produce un estado emocional en nosotras cuando planeamos un viaje (buscamos el hotel, vemos el destino, etc.), tanto o más que cuando viajamos, así que empieza ya a organizarlo.

- **Medita.** Si no sabes, apúntate a algún grupo de prácticas o escucha audios guiados en internet; los beneficios para la mente y el cuerpo son impresionantes.
- **Escucha tus canciones preferidas.** La música nos ayuda a desconectar de todo y a sentir plenamente la emoción que estamos buscando.

Estas son algunas de las formas de provocar ese estado emocional que debes intentar reproducir lo máximo posible en el momento presente. Si quieres, cuando lo hagas, me lo puedes contar por *e-mail* a lasleyesdelafertilidad@patriciabartolome.com, así podremos ampliar la lista de ideas y más mujeres se podrán beneficiar. Por favor, comparte lo que a ti te está ayudando; si yo no lo hubiera hecho, tú no estarías leyendo este libro. ¡Gracias!

En mi caso concreto, hay un ejercicio más que me encanta practicar para cumplir con esta ley, y es ponerme a pensar y revivir alguna de esas cosas que nunca imaginé que podía pasar... ¡y que ocurrió! Me saca una sonrisa y me hace vibrar de inmediato.

No dudes. Dispones de abundantes recursos: fotos, música, y de todo. Como decía Joaquín Sabina: «más de cien motivos que valen la pena» (esa canción es uno de mis recursos).

Manos a la obra. Provoca tu estado

Siente en el presente lo que se asemeja más al estado emocional que experimentarás durante tu embarazo y cuando tengas a tu bebé. De este modo reducirás el tiempo para conseguirlo. Quedo a la espera, llena de emoción, de que me cuentes cómo te ha ido.

En este capítulo has aprendido:

- El efecto y la importancia de las emociones en tu cuerpo y en tus resultados.
- El estado emocional actual y el del objetivo ya conseguido han de ser lo más parecido y durante el máximo tiempo posible.
- El estado está antes y por encima del propio objetivo. Puedes provocar emociones en ti AHORA.
- Es tu responsabilidad generar y mantener el estado emocional que deseas en ti.
- El inconsciente carece de espacio y de tiempo, y no distingue entre lo imaginario, lo virtual, lo real, lo simbólico, el pasado o el futuro.
- No es una cuestión de recordar, se trata de RE-VIVIR o de RE-PRODUCIR. Ahí reside el secreto y el poder. Y eso se hace asociándote al instante con los cinco sentidos.
- El instante tiene la fuerza.
- El estado emocional es una vibración, un campo electromagnético que hace de imán.

Y vas a poner en práctica:

- Reflexiona y escribe sobre cómo te sientes habitualmente, identifica las emociones y valora en términos porcentuales el tiempo que estás en ellas.
- Toma conciencia de tu entorno, qué encuentras y con qué estados emocionales te relacionas. Pon límites, distancia e identifica los cambios necesarios.
- Pon en marcha esos cambios utilizando los ejercicios «estado objetivo» y «recursos de estado».
- Genera nuevos instantes recurso.
- Piensa en eso que no imaginabas que podía pasar... ¡y que ocurrió!
- Actúa, no basta simplemente con pensarlo. La acción es el antídoto contra la desesperación.

Nunca te dejes llevar por un estado negativo, diferente al que tendrás cuando se cumpla tu sueño de ser madre.

Y tu felicidad es compatible con tu problema actual.

Mis anotaciones

Mis anotaciones

Mis anotaciones

Mis anotaciones

2. LEY DE LA NADA

Esta es una ley muy importante, por el efecto y el poder que tiene en nuestra mente y en nuestro cuerpo. Te va a sorprender mucho, ya te lo digo. Tanto sus repercusiones cuando no se cumple, como lo sencillo que te va a resultar hacer el cambio con las prácticas que te enseñaré.

Habrás oído en multitud de ocasiones eso de dejar la mente en blanco, de relajarse, de no pensar en nada…Y en tu caso concreto, aún más veces…Dime, ¿cuántas?

—¡Olvídate!
—¡No lo pienses, relájate! Vendrá cuando tenga que venir.
—Ya llegará mujer, lo que tienes que hacer es olvidarte…

«Claro, ¿y cómo demonios lo hago?», piensas tú.

Yo siempre le digo a todo el mundo que, para empezar, dejar la mente en blanco es imposible y, además, muy contraproducente, porque la mente en blanco solo la tiene alguien que ya no piensa en nada de nada, y eso significa que está muerto. ¡Así que no lo hagas!

Lo que sí vas a hacer, porque es lo que te va a ayudar, es dejar la mente en un estado de quietud, de tranquilidad y de sosiego, porque todo lo que estás pensando crea una actividad mental que produce estados de ánimo y respuestas biológicas muy dañinas, las cuales impiden que se cumpla tu deseo de ser madre. Vamos a ver cómo y por qué.

Podemos decir que cuando no estamos relajados, estamos estresados. Y ese estrés tiene diferentes niveles: puedes estar un poco estresada puntualmente o permanecer así de forma crónica.

El estrés siempre empieza en la mente, y unos instantes después ya produce una reacción en el cuerpo, sin que hayas decidido nada, ni pensado en ello; lo hace de manera inmediata e inevitable tu sistema biológico inconsciente, el parasimpático, que es autónomo e involuntario.

En los cientos de horas de física que estudié en mi carrera de Ingeniería, aprendí que el estrés es una unidad de medida para describir la fuerza aplicada a un metal y observar la reacción del mismo a esa presión. Podía doblarse, recuperar su estado original o romperse. Hoy comprendo mejor el significado del término aplicado por el lenguaje médico al ser humano, ya que el estrés que sufrimos es justamente eso: la mayor fuerza o tensión que una persona puede soportar sin sufrir consecuencias físicas o psicológicas graves, en las que puede «doblarse, no volver a recuperar su estado original o romperse».

Solo con este significado, aunque no entiendas ninguna de las respuestas fisiológicas que se producen, ya intuirás que no va a ser positivo para tu respuesta biológica general, nerviosa u hormonal, y por supuesto reproductora.
No me quiero poner muy técnica, porque para eso ya hay miles de estudios y de información sobre el estrés, pero te daré algunos datos que demuestran su efecto devastador y su influencia en tu objetivo de concebir y llegar a dar a luz a tu hijo.

Es sencillo: estás en estrés porque no estás en relajación. Sin importar el motivo que lo causa. Tu cerebro percibe el estado y tu cuerpo responde con una reacción hormonal en cadena que se origina en el hipotálamo, el cual envía un mensajero químico (llamado corticotropina) a la hipófisis; esta secreta una hormona

(ACTH) que se vierte al flujo sanguíneo, de manera que la información llega a todo el cuerpo y a las glándulas suprarrenales, que liberarán la adrenalina, la noradrenalina y el cortisol. Dichas hormonas preparan al organismo para la lucha o para la huida, es un mensaje interpretado como una «amenaza» por tu inconsciente, y a partir de ahí, hay una disponibilidad mayor de glucosa para la obtención de energía, entran en funcionamiento mecanismos para emplear las grasas acumuladas como combustible, aumentan el ritmo cardíaco y el respiratorio, se desvía sangre a las áreas no vitales, se interrumpen funciones corporales no vitales, se intensifica la agudeza de los sentidos, aumenta la capacidad de coagulación de la sangre, y todo el cuerpo se pone en un estado de alerta.

Debido a que el pulso se acelera, los latidos del corazón se intensifican, la presión sanguínea aumenta, y todo esto sirve para llevar el flujo de sangre oxigenada hacia los músculos, por si tenemos que correr o huir del peligro (porque para eso se genera ese exceso de estrés en nuestro cuerpo: para ser más eficaces y luchar o huir del peligro). Se trata de una respuesta biológica de supervivencia, involuntaria; el problema es que para concebir o gestar un hijo no la necesitamos, más bien todo lo contrario.

La sangre rica en oxígeno se desplaza a lugares donde es necesaria con gran urgencia. Lo que importa es nuestra supervivencia, así que va hacia los músculos y el corazón, no hacia nuestro aparato reproductor o nuestro sistema inmunitario, cuyas funciones disminuyen o incluso se interrumpen temporalmente.

Esta es la interpretación que hace del estrés tu sistema parasimpático. **Es el sentido inconsciente para tu cerebro, tus emociones y tu cuerpo, que se ponen a trabajar para tu supervivencia, no para cumplir tu deseo consciente de tener un hijo.** Imagínate el efecto mantenido del estrés en ti. Casi es un milagro que nos podamos quedar embarazadas o continuar con un embarazo exitoso a término, cuando mantenemos este estado de manera constante.

<u>¿Te has preguntado en qué nivel de estrés te encuentras?</u>

Lo peor es que a veces no somos conscientes.
Situaciones laborales, con la pareja, la enfermedad de un familiar o el propio proceso de no quedarte embarazada están causando este efecto y no te das cuenta, has perdido la objetividad o no ves la magnitud del problema.

Otro síntoma típico del estrés es la sensación de sequedad en la boca, ya que también se interrumpe la actividad de las glándulas salivales. Esto es una muestra de interrupción de nuestro sistema vagal, el que entra en juego cuando estamos en relajación, algo básico e imprescindible y en lo que se basa el trabajo del doctor Ángel Escudero, que demuestra que nuestro cuerpo puede tener la respuesta que deseamos, y que nuestros mensajes mentales pueden llegar a nuestro cuerpo a través del sistema vagal muscarínico (el de la relajación y la saliva fluida). Escudero utiliza este indicador para comprobar tu nivel de estrés y tu capacidad para producir una respuesta biológica positiva, incluso una anestesia psicológica; de hecho, es capaz de operar a pacientes sin anestesia química, solo activando estos mecanismos de los que dispone el cuerpo cuando está relajado y se pone en marcha el sistema vagal. Lo lleva haciendo cincuenta años, en Valencia, y tiene un curso del que hablaremos cuando ya estés embarazada y sigas los consejos que te daré para prepararte para un embarazo y un parto maravillosos.

Pero continuemos, porque hay muchas más cosas que ocurren en nuestra piel, en nuestra temperatura corporal, en la musculatura y por supuesto en lo sensorial, cuando atravesamos situaciones de estrés. También en los sistemas nervioso, inmunitario y endocrino, esenciales para concebir y para que el feto se desarrolle dentro del útero de la madre.

Si el cuerpo entra en niveles de lucha o huida, los mecanismos que se desatan van en contra de la concepción y el embarazo.

Además, puede causar la interrupción de nuestra menstruación o producir alteraciones en ella, como flujo muy abundante, acidificación del PH, reglas dolorosas e irregulares, ciclos más cortos o largos, lo que interfiere en nuestro sueño. El estrés incide también en nuestro estado emocional, en forma de cambios de humor, irritabilidad, hipersensibilidad, tendencia al llanto, dolor en los pechos e hinchazón de vientre y todos los síntomas de un síndrome premenstrual, que podemos confundir con algunos signos típicos del embarazo y crearnos de nuevo una ilusión que se vendrá abajo en los próximos días. La repetición de esta desilusión deja una huella terrible que se convierte en un nuevo bloqueo. Por favor, si te encuentras en esta situación, no dejes pasar más tiempo y actúa conforme a las pautas que te indico a lo largo de este libro.

Asimismo, no debemos olvidar que influye en el placer y el deseo sexual, que serán básicos para mantener relaciones plenas y satisfactorias con nuestra pareja y poder concebir un bebé de forma natural.

¿A que ya tienes suficientes razones para constatar la importancia de esta ley, cuyo objetivo es acabar con el estrés y producir la relajación y la paz mental y emocional?

Pues añade esta otra razón: cuando nos encontramos en este problemático proceso de búsqueda sin resultado, el propio estrés se vuelve un bucle en aumento. Por un lado, puede que partas de situaciones o de una vida en las que padeces estrés, y entonces, cuando intentas quedarte embarazada influye negativamente en ello; y por otro lado, el hecho de estar intentándolo y **no conseguirlo aumenta tus niveles de estrés de una forma estrepitosa, es la forma en la que vives el síntoma, el problema y todo el proceso.**

Esto hay que modificarlo por completo. Es imprescindible reducir el estrés y mantener la mente en ese estado de tranquilidad. Te enseñaré a conseguirlo sin que tengas que cambiar nada en tu vida diaria. Vas a llegar fácilmente a ese estado mental, con tu cabecita, pero sin estar en blanco, ¿de acuerdo? Además, cuando una intenta dejar la mente en blanco, o cuando te dicen «relájate», parece que hay una parte de ti que aún se estresa más, ¿verdad?, porque no puedes hacerlo y entras en una espiral infinita a la que no encuentras solución.

¡Ah! Antes de que pienses que tú no puedes relajarte…

¡¡Todo el mundo puede relajarse, el cien por cien de las personas!!

He oído a muchísimas mujeres, hombres, niños, adolescentes y abuelos que dicen: «¡No puedo relajarme! ¡Uf! ¡Eso para mí es imposible»! Pero no es cierto; de hecho, la relajación es el estado natural del ser humano. Lo que aprendemos es a estresarnos y a vivir en estrés, de manera que vamos a retomar ese conocimiento, ese estado que ya tenemos implícito de auténtica quietud y sosiego.

¿Por qué es tan importante mantener la mente así? Por lo que he comentado antes: porque esto repercute inmediatamente en tus emociones y en tu biología, sin que puedas hacer nada para ello. Por eso, cuando tienes la cabeza llena de pensamientos negativos y obsesivos, se crea un estado de ánimo y una respuesta biológica contraproducente (de estrés, de bloqueo, de mal funcionamiento de nuestro cuerpo…). Está completamente unido a lo que te he contado en la *ley del estado,* en el capítulo anterior.

> EMOCIONES Y MENTE VAN UNIDAS, Y EL CUERPO
> TAMBIÉN, ES UNA TRILOGÍA QUE NO SE PUEDE
> SEPARAR NI UN SEGUNDO EN TODA TU VIDA.

**Para que se pueda dar un embarazo satisfactorio es impres-
cindible que tengas el control consciente de tus emociones y
de tus pensamientos. Tu respuesta física es una consecuencia de ellos.**

Con los ejercicios que vas a hacer para cumplir esta *ley de la
nada,* vas a pasar un tiempo ahí, como si fuera en «la nada», y
simultáneamente en el todo. Y repitiéndolos de manera regular, la
mente, la parte inconsciente, los circuitos eléctricos que se crean
en nuestra cabeza a través de la repetición y del hábito, se van a
grabar de manera automática.

Si practicas estos ejercicios, una vez al día simplemente, durante
las próximas semanas, vas a notar que en poco más de un mes,
esto lo vas a hacer de manera automática, se va a producir ya sin
que apenas te esfuerces para ello.

El cerebro crea automatismos: desde el momento en que hemos
repetido algo X número de veces, lo integra y lo repite solo. Y en
poco tiempo, solamente con decir «Voy a hacer el ejercicio de "la
nada"», ya entra en esa quietud. Vas a ver que es superefectivo,
y lo único que requiere es de un poquito de práctica, de uno o de
todos los ejercicios.

Puedes ir alternándolos (porque uno es continuación del otro), y
hacerlos cuando te vayas a dormir, cuando tengas un ratito de
tranquilidad, en el sofá, dando un paseo, etc., en cualquier lugar
y en cualquier momento. Al principio te será más fácil oyendo los

audios del curso *online*[3] «Las leyes de la fertilidad», pero también puedes grabártelos para ti, o puede ser suficiente recordar lo que has leído, si lo has hecho varias veces.

Cuando lo hayas repetido hasta integrarlo, solo con la intención de hacer ese ejercicio ya vas a ver que tu estado mental y emocional (y físico, por supuesto) se reconduce directamente al de tranquilidad sin más.

Ten en cuenta que es muy importante pasar un rato al día con esta sensación, con la mente como parada; luego irás incrementando el tiempo. Ahí vas a acceder a estados cuánticos y de pura conciencia, de conciencia ampliada, donde ocurren un montón de cosas que están fuera de todo ese ruido mental, de todo ese estrés, de todo eso que está bloqueando tu embarazo.

Los ejercicios no configuran una teoría, sino una experiencia. En la teoría, basta con explicar brevemente que ese estado de relajación te lleva a otro estado emocional y a otra respuesta física. Pero lo que va a producir un cambio real es la ejecución y la práctica. Por eso es tan importante que lo hagas y lo repitas, y también para que se grabe y en pocas semanas puedas alcanzar ese maravilloso estado, esa maravillosa sensación de tranquilidad de una manera prácticamente automática. Luego permanece para siempre. No me digas que no merece la pena hacerlo.

Una vez accedas a ese estado de conciencia completamente relajada y de una manera habitual, podrás realizar otras cosas. De hecho, esta *ley de la nada* te va a servir para ejecutar mejor otros ejercicios y cumplir con otras leyes, que te acercarán más a tu sueño de tener un hijo.

A partir de hoy, cualquier emoción y pensamiento de estrés, de negatividad, de ansiedad, de culpa, de tristeza, de frustración, de

---

3 https://www.patriciabartolome.com/lasleyesdelafertilidad/curso-las-leyes-de-la-fertilidad

desesperación, etc., serán neutralizados con las prácticas que has aprendido en la *ley del estado* y las que te indico a continuación.

Soy insistente, sí, pero es que sé que si lo haces te va a dar resultado, y no solo para quedarte embarazada, sino también para después, para el embarazo en sí mismo, para el parto, para la vida diaria con tu bebé… Te aseguro que lo vas a seguir utilizando.

¡Atención!
2.1 Ejercicio «estado 0»

1. Al principio, sobre todo cuando hagas este y otros ejercicios, te aconsejo buscar un lugar tranquilo, donde no haya mucho ruido, donde puedas centrarte más en ti y en tus sensaciones. También es mejor cerrar los ojos, porque a nivel visual nos despistamos mucho; el cerebro recibe información a través de la vista (y de los otros sentidos) y tiene que procesarla.

Una vez hayas repetido el ejercicio varias veces de manera habitual, se produce en ti el efecto con solo pensar en hacerlo, y cuando esté muy integrado podrás realizarlo con los ojos abiertos, en cualquier momento y lugar. Pero mientras lo interiorizas, concédete esos minutillos a solas, en silencio, en un sitio confortable, en una postura cómoda, con los ojos cerrados y concentrada en ti.

2. Cuando ya estás bien instalada, vas a comenzar a sentir tu cuerpo, y para ello vas a respirar conscientemente, porque es verdad que respiras todos los días, pero lo haces sin darte cuenta.

Coge aire por la nariz y suéltalo por la boca. Siente la respiración y permanece atenta a las sensaciones físicas que produce, sin forzar ni intentar nada, solamente sintiendo y observándote. Puedes notar que inhalas aire por la nariz y que roza las fosas nasales, quizás hasta puedas percibir que entra más por un lado o por otro, que el aire es frío o cálido, cómo llega hasta la garganta o hasta los pulmones, o incluso hasta el abdomen, si esa inspiración puede ser profunda o larga, o si realmente es entrecortada, o si cuesta inspirar, o es fácil, si te hace sentir bien cuando estás completamente llena de aire. ¿Qué ocurre cuando eres como un globo hinchado? Siente… Observa…

Y lo mismo al exhalar, cuando sueltas todo ese aire y te quedas totalmente vacía, como los globos cuando se deshinchan, que hacen «¡fffffhhhhh!» y caen sin nada dentro. Eso es lo que le vas a permitir hacer a tu cuerpo: desinflarse y dejarse caer como un globo. Como si de repente no tuviese ningún peso que soportar, ninguna sensación de tensión, como si algo se fuera desvaneciendo en tu interior... Percibe tus sensaciones al inspirar y espirar, te darás cuenta de que el cuerpo se va soltando, pero si eso no ocurre, no importa; no es cuestión de hacer, sino de dejar que se haga, de sentir y de observar. No hay nada que esté ni mal ni bien hecho, solamente está hecho. Es un ejercicio en el que simplemente te estás observando. Estás conectando con tu organismo de manera más consciente y prestándole atención. Sin tener que hacer nada en él, solo ponerte a la escucha, observarlo, sentirlo... ¿No es maravilloso?

Lo que acabas de hacer es un ejercicio, que, si lo mantienes unos minutos, ya es superrelajante, precisamente porque no intentas relajarte; únicamente, observarte. El cuerpo descarga a través de esa atención e intención que ponemos de expulsar aire, de deshacer, de respirar, de soltar..., solo con eso se libera estrés y tensión.

Las herramientas más fáciles son las más eficaces, pero no las utilizamos porque las subestimamos.

3. Ahora vas a dar un paso más. Después de tener conciencia de las sensaciones físicas, vas a centrarte en la parte mental. Mientras tu cuerpo sigue a su ritmo, te vas a convertir en observadora de tus pensamientos, como si de repente, en la silla, en la cama o en ese lugar donde estás situada, te fueras un poco hacia atrás; basta si lo haces con la intención y la imaginación, y te pones a ver tu película mental. Como si te hubieras ido al cine y desde una butaca contemplaras frente a ti la pantalla en blanco en la que se proyectan todos tus pensamientos. Y eso impide que veas la pantalla blanca de atrás, sino un montón de imágenes, de palabras, de ideas, de hechos, de secuencias… que simplemente observas. Sí, puede que haya un ritmo atropellado, es normal. No tienes que hacer nada, solo jugar unos minutos a ser <u>observadora de esa actividad mental</u>.

¡Cuidado! Cuando te conviertes en observador no puedes interferir. Un observador observa, como el espectador en el cine; no puede levantarse y decirle al jinete que se baje del caballo. No funciona. Solo puede mirar. Así que eso es lo que vas a hacer: convertirte en el observador de tus pensamientos. Y si viene el mismo pensamiento repetido, lo observas. Si vienen muchos a la vez, los observas. Si vienen un montón de problemas, un montón de palabras, lo que sea… observa todo con atención. Párate y fíjate, porque normalmente sucede tan rápido que ni siquiera te detienes a mirar; o peor: prefieres evitar lo que pasa por tu mente a golpe de «¡Uf! ¡Qué agobio, quiero quitarme todo esto!».

En eso consiste el trabajo del espectador. Solamente se observa, como cuando uno se pone a mirar las nubes que pasan por el cielo: hay veces que si sopla el viento van muy rápido, cambian rápidamente de forma y casi no nos da tiempo a seguirlas; otras veces están muy quietas y van cambiando poco a poco, pero no podemos modificarlas, sino observar sin modificar. Esto es lo que tienes que hacer con tu pensamiento, con la actividad mental. Disfruta de la experiencia como experimento, permítete contemplar lo que venga, pase lo que pase, haya lo que haya. No es necesario que hagas nada: ni pararlo, ni acelerarlo, ni modificarlo. ¡Qué relax no tener que hacer nada!, ¿verdad? Ni siquiera relajarte.

4. Pasemos a otra fase. Ahora, desde ese estado de observadora, te vas a hacer algunas <u>preguntas un poco absurdas</u> que yo te voy a sugerir; luego, mira qué ocurre cuando te las planteas.

Por ejemplo: «¿De dónde vendrá mi próximo pensamiento?». Y puede que haya una respuesta muy rápida o que no la haya. Lo importante no es la respuesta, sino ese instante entre la pregunta y la respuesta que llega... o no llega. Cuando sencillamente observas tu actividad mental sin interferir, sin tener que hacer... y te formulas la pregunta, hay unos segundos, o un milisegundo, en que realmente parece que no hubiera respuesta, ni actividad, como si todo se parase. Vamos a intentar observar ese instante. Eres la cazadora de ese instante.

Al cabo de unos segundos, te vuelves a interpelar a ti misma. Y si al poco rato vienen respuestas u otros pensamientos, da igual, de nuevo los observas y después te preguntas otra vez: «¿De dónde vendrá mi próximo pensamiento?». Entonces, quédate a la escucha, a la espera. Comprobarás que siempre hay un instante en el que no pasa nada. Y ahí es donde hay que reposar, descansar, simplemente estar. Porque ese instante en el que no pasa nada, es en el que pasa todo. Luego te explico.

Cuando estás observando los pensamientos, la pregunta puede ser cualquier otra; eso sí, tan absurda o más, como: «¿Qué forma tendrá el próximo pensamiento?», o «¿Qué color tendrá el próximo pensamiento?», o «¿Cuánto pesa el siguiente pensamiento?».

Recuerda que lo importante no es la respuesta. La respuesta te da lo mismo, pertenece a ese contenido de información de la actividad mental, así que lo puedes poner otra vez enfrente de ti en la pantalla y simplemente dejar que suceda, que vaya, que venga con el resto. Lo realmente importante es mantenerse en la posición de observador, en la que no hay que hacer nada más que observar, plantearse de vez en cuando una pregunta un tanto absurda, y permanecer en ese instante de espera en el que no hay ni pregunta ni respuesta. Puede que al principio sea un milisegundo, tal vez luego sea un segundo, después serán varios segundos los que dure ese paréntesis donde no hay pregunta, ni respuesta, ni actividad. Y ahí todo es calma... ¿Te has dado cuenta? Además, es una calma casi mágica, porque es donde el inconsciente realmente reposa al cien por cien; y es atemporal, así que aunque le hayas concedido un milisegundo o tres segundos de esa paz, para él puede significar una eternidad.

Y lo mejor: cuando repitas esto varias veces, tu inconsciente accederá a ese estado de forma inmediata. Y así podrás lograr un montón de instantes, un montón de horas y de días con esa tranquilidad.

¿Cómo te encuentras después? Has notado el cambio sí o sí. ¡Y has conseguido dejar de pensar unos instantes! ¡Enhorabuena!

Todos los que prueban lo consiguen. Funciona siempre, es alucinante. Es maravilloso darte cuenta del PODER que tienes cuando experimentas ese relax mental y emocional, así como su respuesta inmediata en el cuerpo. ¡Y la de cosas que están pasando sin que te enteres!

Si lo haces una vez, obtienes un resultado instantáneo. Si lo repites durante un par de meses a diario, consigues un resultado integrado para siempre. Habrás cambiado tu actividad mental y tu nivel de estrés de por vida. Además, lo seguirás haciendo de manera automática y será progresivamente más efectivo, se habrá autoprogramado una nueva respuesta.

Según una investigación de la Universidad de Duke (Carolina del Norte, EE.UU.), el 40% de nuestros resultados, de nuestros comportamientos e incluso de nuestros síntomas físicos, son conformados por nuestros hábitos. ¡Un 40% es casi la mitad de tu vida!

El hábito se da porque tenemos un cerebro inteligente pero perezoso. Si dejas que funcione solo de manera automática, lo va a hacer transformando todo en el hábito que ya conoce; así puede descansar a menudo, aunque el resultado te perjudique. En realidad, es la ventaja instintiva de supervivencia de ahorrar energía; por eso, cuando queremos cambiar un hábito adquirido por uno nuevo, al principio da pereza y cuesta un poco hasta que se instala y entonces permanece.

He leído muchos estudios sobre hábitos, y mi conclusión y mi experiencia es que haciendo algo durante tres meses se produce un cambio definitivo. De ahí que a lo largo del libro te indique los ejercicios que debes hacer una sola vez (porque queremos darle un nuevo sentido puntual a algo o tener una experiencia) y los que debes repetir para que se conviertan en un nuevo hábito.

¡Atención!
2.2 Ejercicio «la nada en palabras»

Es hora de dar un pasito más. Puedes realizar este ejercicio después del anterior, todavía como observadora, sin participar, como si hubieras podido extraer todos tus pensamientos y estuvieran allí, delante de ti, pasando por esa pantalla. A veces verás una película de terror; otras, una película de acción o una romántica. Tienes la oportunidad de ir al cine de tus pensamientos en cualquier momento y gratis.

¿Qué es lo único que haces en este ejercicio? Muy bien: OBSERVAR.

1. Deja tus pensamientos como telón de fondo.
2. En una nueva pantalla, crea imaginariamente una lista de palabras positivas.
3. Quédate observándolas.

4. Deja que una te llame la atención y céntrate en ella. <u>Observa con curiosidad, espera a ver qué sucede con la palabra</u>, sin interferir. Como estás acostumbrada a hacer, hacer, hacer… y en la sociedad se promueve incluso hacer un poco más, pues al principio es raro, pero solo consiste en observar. A partir de ahora, es tu televisión mental. Y el programa de hoy lo protagonizan las «palabras positivas».

Mientras haces el ejercicio, te va a ocurrir, sobre todo al principio, que tu mente se desplace muy rápido a otro lugar. Pueden aflorar otros pensamientos (los de la pantalla de más atrás, ¿recuerdas?, que a veces pueden venir, ir, pasar, interferir), pero no pasa nada. Los dejas estar como si de nubes se tratase, como una interferencia que viene y se va, o se queda, pero tú vuelves a centrarte en esa palabra. Si surgen distracciones, sonidos a tu alrededor u otra cosa, está bien. Los observas, les abres paso hasta la pantalla del fondo, que ocupen un segundo o un tercer plano y de nuevo te centras en la palabra. Al fin y al cabo, eso es la vida misma, surgen distracciones, no vivimos bajo el árbol de la iluminación, así que te servirá para ir practicando el ejercicio en cualquier situación cotidiana, que es donde lo vas a utilizar.

Te aconsejo que le dediques un mínimo de un minuto diario, y luego dos, cinco…, y cuando lo hagas fácilmente, emplea diez minutos. No me digas que no los tienes porque pierdes muchos más mirando el móvil sin obtener nada a cambio.

Habrá más de un instante en todo el proceso en el que puedas reconocer de nuevo esos milisegundos, esos segundos, esos instantes de conciencia infinita en la que parece que no pasa nada, y realmente es así, pero a la vez está pasando todo. **En tu mente, en tu emoción y en tu cuerpo se está produciendo un *reset* y son capaces de regenerarse y hacer cosas que ni imaginas.**

Eso es lo que va a ocurrir con la práctica de estos sencillos ejercicios.

Si quieres continuar, puedes <u>hacerlo todo el tiempo que te ape-</u> <u>tezca</u>. Podrás darte cuenta de que todo tu SER ha bajado de re- voluciones, <u>te encuentras tranquila, sosegada y renovada</u>.

Si necesitas ayuda para centrarte solo en el ejercicio sin pensar qué es lo que tienes que ir haciendo, tienes el ejercicio completo guiado en el curso online.

Estás provocando un estado mental, emocional y físico impres- cindible para preparar tu cuerpo de cara al objetivo de ser mamá.

2.3 Intención y atención en el estado 0

Ya conoces la importancia de pasar un tiempo en la nada, en el infinito, en el todo, en ese estado de conciencia absoluto que yo llamo *estado 0*. Te va a relajar tanto, que experimentarás un estado completamente nuevo, donde tu biología podrá tener una respuesta nueva.

Es fundamental que tengas en cuenta dos aspectos cuando ha- gas los ejercicios: tu intención y tu atención.

La *intención* consiste en practicar el ejercicio con un pensamiento positivo, en presente y para algo preciso que vas a definir al ini- cio. Por ejemplo, comienza el ejercicio con la intención siguiente: «Preparo mi mente, mi emoción y mi cuerpo para mi embarazo, que es maravilloso durante nueve meses, y doy a luz a mi hijo completamente sano en un parto natural».

La *atención* es permanecer en modo observador, en presente, aquí y ahora, no en alerta, que tiene un matiz de estrés, sino aten- ta a ti, atenta a cómo estás, atenta a qué sientes, atenta a qué está pasando, observadora total.

Requisitos imprescindibles para hacer mejor el ejercicio: la intención y la atención adecuadas.

Expresa tu intención en **presente positivo pluscuamperfecto**. Es un tiempo verbal que me he inventado para definir ese estado.

Cuando comiences el ejercicio, toma conciencia de realizarlo centrada, poniendo la atención y la intención en llevarlo a cabo ahora y definiendo un objetivo positivo. Te sugiero que formules frases precisas al terminar, que amplifiquen y anclen tu estado, del tipo: «Me encuentro tranquila», «Me encuentro contenta», «Me encuentro renovada».

También puedes identificar algo que te está ocurriendo en el cuerpo, algo que te duele, algo que te molesta, algo que te han dicho que tienes… siempre hay algo: quizás la famosa reserva ovárica baja, o algo que te inquieta. Una vez definido claramente, manifiesta tu intención de que eso mejore de manera positiva, como si ya estuviese curado, mejorado o conseguido. No apeles a lo negativo, no queremos eliminar dolores ni miedos, nada de luchas, nada de querer quitar estrés, nada de connotación negativa. Todo va a ser intención y atención positivas, presentes y claras, concisas. Volveremos sobre la importancia de estos conceptos al abordar la siguiente ley: la de la claridad.

Un ejemplo de **intención y atención en presente positivo pluscuamperfecto** puede ser: «Me encuentro tranquila y relajada» o «La parte de mi cuerpo X (mis ovarios, mi útero, etc.) está preparado, relajado, renovado…». Recuerda que en tu inconsciente no hay espacio-tiempo, de manera que si lo expresas en esos términos, para una parte de ti es como si ya estuviera así.

La conciencia y ese estado 0 ampliado van a hacer el resto. Surgirán estados emocionales por los que te puedes dejar llevar, sin duda, son muy agradables. Disfrútalos.

No te olvides de practicar cada día unos minutos, ponte un aviso, cuéntaselo a una amiga o a tu pareja, hacedlo juntos, te va a servir para tu sueño de ser madre pero también en tu vida cotidiana con tu familia, tus compañeros, etc. Si te gusta que los demás estén bien, hazles el favor de estar tú bien. Ofréceles tu mejor versión.

En este capítulo has aprendido:

- No es necesario dejar la mente en blanco; es más útil y sencillo llevarla a un estado de quietud.
- No necesitas hacer nada para relajarte; cuanto menos intentas hacer, mejor.
- Solo OBSERVA.
- El estrés siempre empieza en la mente.
- El inconsciente se pone a trabajar para tu supervivencia, no para cumplir tu deseo consciente.
- Si aumenta tu estrés, el cuerpo entra en niveles de lucha o huida, y los mecanismos que se desatan van en contra de la concepción y el embarazo.
- Cuanto más tiempo pasa sin que consigas tu sueño, más aumentan tus niveles de estrés, lo cual agrava el problema y todo el proceso.
- Todo el mundo puede relajarse. ¡El cien por cien de las personas!
- Mente, emociones y respuesta física van unidas siempre.
- Los ejercicios no configuran una teoría, sino una experiencia.
- Las herramientas más fáciles son las más eficaces, pero no las utilizamos porque las subestimamos.

Y vas a poner en práctica:

- Pregúntate en qué nivel de estrés estás. Reflexiona y sé sincera.
- Realiza el ejercicio «estado 0» y el de «la nada en palabras» una vez al día durante doce semanas. Hay unos cuantos pasos sencillos:
    - Respiración consciente y observación del cuerpo.
    - Observación de la actividad mental en una pantalla.
    - Observación y preguntas absurdas.
    - Caza de instantes en los que no pasa nada.
    - Expresión de palabras positivas.
    - Observación de lo que hacen.
    - Especial atención a una de ellas y a lo que hace.
    - Caza de instantes en los que no pasa nada.
    - Observación y grabación de cómo te encuentras al acabar, de la calma que sientes.
- Pon intención y atención de principio a fin.
- Programa la intención del ejercicio en presente positivo pluscuamperfecto.
- Actúa, no basta simplemente con pensarlo. La acción es el antídoto contra la desesperación.

No dejes que el estrés
permanezca en ti.

**LA CHISPA DE LA VIDA
SURGE SIN QUE HAGAS
NADA ...**

*Y tu felicidad es compatible con tu
problema actual.*

Mis anotaciones

Mis anotaciones

Mis anotaciones

3. LEY DE LA CLARIDAD

Esta ley existe para sacarte de la confusión en la que vives, que es la de tener muy claros tus objetivos, en especial el de ser madre. Eso es solo tu pensamiento consciente, pero ya sabes que tu inconsciente no suele estar de acuerdo...

Con los principios de la **ley de la claridad** vas a comprobar que este es un objetivo dentro de otros, con un trasfondo mucho mayor. Y cuando pongas práctica los ejercicios, te darás cuenta de que todo tiene más sentido, un SENTIDO más CLARO, VERDADERO y CONSCIENTE. Te vas a hacer preguntas que no te habías planteado nunca, y obtendrás respuestas con las que no contabas. Descubrirás muchas cosas que ni siquiera te habías imaginado. Y además, podrás reconocer tu propio problema, como cuando ves el de alguien desde fuera, porque desde fuera todo se percibe mejor, ¿verdad?

Ponte manos a la obra sin leer nada más y anota en una hoja dedicada solo a esto la respuesta a las dos siguientes preguntas. Por favor, emplea al menos cinco minutos en escribir todo lo que se te ocurra aunque parezcan tonterías; apunta cada respuesta que te venga a la cabeza cuando te haces la pregunta **¿cuál es mi objetivo?**

Toma nota de lo que surja de forma espontánea. Unas veces dirás «ser mamá», otras «tener un hijo», otras «ser padres»..., y lo formularás de manera diferente, así que es importante que transcribas tus palabras exactas. **¿Cuál es mi objetivo detrás de mi**

objetivo? Esta cuestión puedes plantearla conforme a lo que hayas escrito antes, por ejemplo: «¿Cuál es mi objetivo detrás del objetivo de ser mamá, o de tener un hijo, o de ser padres…?».

El problema cuando no estamos en claridad es que estamos en confusión. Normalmente, perdemos un montón de oportunidades en la vida y en nuestros objetivos (como el de ser mamá), debido a que no tenemos claro qué es lo que queremos obtener de todo eso, de esa meta; no conocemos qué es realmente lo que perseguimos, ni cuál es el deseo de nuestro inconsciente. Nos desorientamos en ese lío que llamamos razón, que progresivamente se vuelve más obsesivo, hasta encontrarnos en la búsqueda extrema sin hacernos ninguna otra pregunta.

Pero todo lo demás en la vida también está pasando, ¿te has dado cuenta? Levanta la vista, mira al horizonte, adquiere perspectiva y pregúntate: **«¿Cuál es tu objetivo más allá de lo que crees?».**

No te concedas un tiempo para pensar; si dejas que llegue la respuesta, ya tendrás cosas que apuntar. Escúchate, y si la pregunta te parece rara, mejor; más profunda será la respuesta.

Al comenzar a escribir, es posible que pienses «¡No se me ocurre nada!», pero enseguida surgen un montón de ideas. Deja que tu mano ponga de manifiesto en el papel tus más ocultos deseos y descubre cuál es tu objetivo detrás de tu objetivo.

Entonces, interrógate: «¿Cuál es tu objetivo más allá de lo que crees?», «¿Para qué quieres tener un hijo?», «¿Para qué quieres ser madre y serlo ahora?», «¿Para qué buscáis ser padres?», «¿Para qué quieres traer un niño al mundo?», «¿Para qué quieres tener un niño en tu vida?», «¿Qué necesidad cubre en ti un hijo?».

Descubre cuáles son las expectativas que deseas cumplir: si responden a alguna necesidad (de cuidarlo, por ejemplo, o de que me cuide); si quieres conocer un amor que nunca has conocido (porque te falta actualmente, quizás el amor a ti misma o el que no recibiste); si se trata de darle sentido a tu vida; si tu afán es convertirte en tu madre o justamente lo contrario (convertirte en una mujer diferente a ella y así ser la mamá que nunca tuviste); si persigues hacer lo que no pudieron hacer contigo, reparar algún daño o compensar alguna carencia; si te has propuesto dar un niño a una familia o a algún miembro en concreto; si te parece fundamental para realizarte o para uniros como pareja, etc.

Deja que asomen respuestas que no habías considerado. He escuchado verdaderas reflexiones «inconcebibles». Quizás no sepas responder a ninguna y dudes acerca de tus motivaciones para engendrar a un bebé. Pues sigue; hay razones de verdad.

Tal vez las identifiques mejor al interpelarte en sentido contrario, en negativo, directa a tu inconsciente: «¿Para qué no tener un hijo? ¿Para qué no ser madre? ¿Para qué buscáis no ser padres? ¿Para qué no traer un niño al mundo, a tu vida o a esta familia? ¿Para qué no…?». ¡Porque tu inconsciente ahora mismo dice NO, pregúntale!

¿Para qué decir que "no", podría ser una solución?

SIEMPRE TENEMOS UN DESEO INCONSCIENTE QUE ES EL QUE MANDA, PARA DECIR SÍ O PARA DECIR NO.

Te pido que emplees el tiempo necesario para responder tranquilamente y por escrito, por supuesto. Apunta hasta lo que no tenga sentido.

Haciendo un día este ejercicio con una mujer, reconoció que para ella ser madre representaba su propósito de vida, que iba más allá, que había nacido para eso y que no entendía por qué se tropezaba con tantos obstáculos para lograrlo. Lo subestimó… y yo también, lo admito, pero no lo olvidamos… Hoy trabaja en esto, tiene dos hijos y ayuda a traer al mundo a muchos más; pasar por toda su experiencia era vital para llegar adonde está.

¿Por qué no le preguntas también a tu pareja? Luego se quejan de no ser partícipes, de que no les consultamos, y a veces es verdad. Quizás podáis charlar un rato juntos acerca del objetivo detrás del objetivo, y acerca de otras cuestiones. Podéis incluso abordarlo como un juego: que uno haga las preguntas durante diez minutos y apunte las respuestas, y luego al revés. Dejaos sorprender y sobre todo abríos, sin juicio; es información muy valiosa de la que no sois conscientes y está influyendo en vuestro resultado.

Ahondaremos un poco más en ello al tratar otra de las leyes —y mucho más en el libro de esta trilogía sobre la fertilidad titulado ¿Por qué yo no?—, pero nuestra parte inconsciente tiene un proyecto emocional para ese hijo, y no exactamente para él, sino para que venga al mundo a dar sentido a una necesidad vital no cubierta en nosotros.

De momento, crea un proyecto para tu futuro bebé, dale una razón a tu inconsciente, algo que cubra una necesidad VITAL en ti. ¡Felicidades! Has hecho tus primeros descubrimientos.

Cuando yo me hice estas preguntas, primero pensé: «¿Eh? ¡Qué chorrada! Servirán otras cosas, pero no para tener un hijo. No… no voy a escribir esto».

¡¡¡Me decía esto practicando mi propio curso!!! En el fondo, sabía que mi mente protectora me estaba saboteando, pero aún así me parecía surrealista. Entonces, me interrogué a mí misma muchas veces, y empecé a escribir…:

- Busco los hijos que he perdido.
- Para mis padres, para darles una alegría inmensa. (Me descubrí emocionándome al escribir esto).
- Para mi madre.
- Para mi padre.
- Para no morir, para que mi vida merezca la pena. (Después me di cuenta de que una parte de mí estaba muerta, fue un trabajo terapéutico duro pero de lo más sanador).

Ni te imaginas mi retahíla de respuestas, pero luego todo cobró sentido. Y actualmente no solo tengo a mi pequeño, sino que yo soy otra. Gracias a que no lo conseguía, pude descubrir todo esto en el proceso y sanarlo. Aún hoy siento un nudo en la garganta al reproducir lo vivido, pero con otra emoción.

Las respuestas de esta primera parte te habrán servido para tomar conciencia de muchos aspectos que pasabas por alto y para ganar claridad, incluso para entender el deseo inconsciente de no quedarte embarazada. Guárdalas bien porque volveremos a ellas en las dos últimas leyes: la de la creación y la de la fidelidad.

¡Atención!
3.1 Ejercicio «objetivos claros»

1. Sigamos ganando claridad. Escribe una lista de tus sueños a todos los niveles: en lo profesional, en lo personal, como mujer, en la pareja, en el amor, en el ámbito familiar, en tus relaciones sociales, en lo material, en lo económico, en lo físico, etc. Muchos de estos aspectos están relacionados, pero es importante que pienses en todos y te des cuenta de que el objetivo de ser madre tiene que estar integrado en el resto de objetivos y que debe haber coherencia entre ellos.

Además, vas a hacerlo pensando a corto plazo (en los próximos tres o seis meses, un año máximo), a medio plazo (dos o tres años) y a largo plazo (cinco, diez o más años). Aunque ahora te parezca una locura, pon en práctica este ejercicio; seguro que nunca lo has hecho, porque menos del uno por ciento de la población escribe sus objetivos, pero recuerda que es fundamental.

2. Tómate tu tiempo. Te puede llevar unas horas si te implicas en ello, puedes empezar la lista e irla completando. Identifica bien esos propósitos que te has marcado como objetivo, un sueño a alcanzar a corto, a medio y a largo plazo en todos los ámbitos, pensando en lo que quieres ser, hacer y tener. Sé clara y precisa.

3. Es muy importante que lo hagas en conjunto, porque te vas a dar cuenta de que ese sueño de ser mamá, de ser papás, es un elemento más entre todos tus objetivos. Y no pierdas la perspectiva para que disminuya la obsesión al ver el resto de cosas; pon atención y energía en otras metas; advierte incoherencias o bloqueos y analiza la relación que guarda tu objetivo con todo lo demás en tu vida. Tiene que pasar de ser LO ÚNICO a un sueño integrado.

Haz de tu vida algo único y vendrá. Si esperas a que venga para que tu vida sea única, se resistirá.

Es un ejercicio largo pero muy clarificador. Y no digas que tus objetivos consisten en «ser mamá, tener un buen trabajo y una familia feliz». Cada persona atribuye significados muy diferentes al concepto *familia feliz,* y si no, pregunta... Eso no son objetivos concretos ni precisos. Escribe algo detallado y claro que le puedas dar a alguien, como si se tratara de una carta a los Reyes Magos en la que expones exactamente lo que quieres y ellos, sin lugar a dudas, supieran qué regalarte. Esos sí son objetivos cristalinos.

4. Visualiza esa vida que deseas siendo mamá, primero a corto plazo, embarazada. Detalla el próximo año, tanto la gestación como otras situaciones que imaginas.

Cuando yo escribí mis metas, me veía encinta, con un poco de tripita; veía hasta cómo vestía, que iba a trabajar feliz (porque me encanta lo que hago), que recibía con una sonrisa a cada una de las personas que veo y a mis alumnos, que les enseñaba todo lo mejor para ayudarles, que les daba la noticia, que permanecía horas de pie en mis clases y no me cansaba, que mi día a día era emocionante y tranquilo. Referí pormenorizadamente cómo se lo comunicábamos a la familia, los momentos en que llegaba a casa y me tumbaba en el sofá abrazada a mi pareja, los viajes del próximo verano con el barrigón... y me ayudaba mucho a cumplir con la primera ley. Por supuesto, así fue como ocurrió; había veces en que leía lo que había escrito y me asustaba de lo real que era.

A medio plazo, igual. Me veía a tres años vista, con un niño de uno o dos, trabajando como siempre porque lo que hago me apasiona, creciendo con mi equipo que me ayudaba a delegar y a pasar más tiempo con mi hijo. Tenía momentos perfectamente creados en el parque jugando con él, viajando juntos, etc., y no hace falta que te diga que… así fue, así es… Y también relaté a largo plazo, en diez años, siendo mamá, lo que ocurría en mi vida laboral, en mi vida personal, en mi vida amorosa, en todo.

Te vas a dar cuenta de cuáles son tus objetivos más allá de tu objetivo. Cuanto más CLARAMENTE los definas, más activas el camino que te llevará hasta ello, por dos motivos:

a) Te sitúas más intensamente en el estado correcto.
b) El universo sabe qué darte, y lo hace en modo línea directa.

No se puede vivir feliz sin vivir consciente. Vivir con conciencia es el divino tesoro que te permite disfrutar de la vida con plenitud y que hace que todo tenga sentido.

¡Atención!
3.2 Ejercicio «lo que sí quiero»

Te tienes que asegurar de cumplir una norma, una ley dentro de la ley, y cuando expreses tus metas, nunca te enfoques en lo que no quieres.

Conjuga todos tus objetivos —incluido el de la maternidad, que estará integrado con el resto— en presente positivo pluscuamperfecto. Escribe como si fuese algo que ya estuviese sucediendo: «Soy mamá, tengo un bebé al que acaricio, puedo oler su piel», «Me levanto con una sonrisa al ver que está ahí a mi lado, en la cunita, en la cama…», «Puedo oír su respiración, duerme en nuestro cuarto», «En unos meses cuando va creciendo, vuelvo al trabajo porque me realizo también como mujer, como persona, como profesional, y me gusta compartir con mis compañeras nuestras maravillosas experiencias como mamás en el café de la mañana, y comento mi último éxito profesional con el proyecto que me han encargado sobre lo que sea» y «Esta noche tengo una cena divertidísima con unas amigas del colegio, mientras mi pareja cuida de nuestro bebé, confío en que todo está bien, por supuesto no soy imprescindible»…, y continúas detallando ese objetivo, de forma clara y concisa, sin quejas ni negatividad, ¡¡¡por favor!!!

Todo eso que escribes, lo estás viviendo, lo estás oliendo, lo estás sintiendo, como si lo estuvieras contando mientras ocurre. Ya sabes que el primer beneficio de hacerlo así, y el más importante, es que te va a situar más intensamente en el estado correcto.

Porque imaginar una situación gozosa, en la que eres capaz de percibir con los cinco sentidos aquello que tanto deseas, conduce a un estado anímico superoptimista. Por ejemplo, visualizar a tu hijo en el parque, jugando con tu marido y contigo; o que os levantáis un domingo por la mañana y viene a vuestra camita y estáis allí viendo la familia que habéis formado mientras os lo coméis a besos y le dices que te sientes orgullosa como mamá.

Si empiezas a escribir lo que no quieres («Yo solo sé que no quiero que sea un hijo solo», «No quiero que me quite mucho tiempo, ni libertad», «No quiero que un hijo que nos separe como pareja», «Lo que no quiero es que mi vida…»), entonces, el estado que genera en ti es completamente opuesto al de tu objetivo. Y de ese modo estarías incumpliendo la *ley del estado*. Por tanto, céntrate siempre en escribir objetivos claros, concretos y concisos, en positivo, en presente y perfecto, acerca de lo que sí quieres.

Además, supone otra ventaja: <u>el universo sabrá claramente qué es lo que tiene que darte, sin confusión</u>. Cuando dices «¡Ay! Sé lo que no quiero, pero lo que quiero no lo sé», despistas al universo, así que te puede dar cualquier cosa, incluso lo que no quieres porque al menos eso sí le ha quedado claro.

Si estás segura de lo que no quieres, utilízalo solamente para hacer una lista con ello, y a su lado poner lo contrario; de ahí obtendrás lo que sí vas a querer. Luego olvida para siempre lo que no deseas.

Utiliza este ejercicio para reescribir y actualizar el anterior («objetivos claros»). Y si por un casual no lo hubieras hecho, tenlo en cuenta al realizarlo por primera vez. Pero te advierto que si a estas alturas aún no te has puesto manos a la obra, solo con seguir leyendo no se van a producir todos los cambios; y si se te acumulan los ejercicios, no los harás. Ve paso a paso y obtendrás resultados.

3.3 Acceso a lo desconocido

Te invito a que busques en internet el vídeo «Dr. Quantum visita el Planeta Plano». Es muy sencillo, cortito (de unos cinco minutos), y en él, además de explicar cuestiones relativas a la física cuántica, el profesor Quantum muestra un aspecto importante de las personas, que es algo con lo que vamos a trabajar.

Mediante dibujos, se ve lo limitados que nos encontramos cuando tenemos un problema, cuando estamos dentro de nuestra obsesión, de nuestras limitaciones, fuera de lo conocido, y cuando no hallamos solución alguna. Asoman los miedos en la confusión de lo desconocido.

Está claro que cuando podemos salir un poco del problema, del que hemos hecho un mundo, y nos decidimos a dar un paso al lado, a adquirir cierta perspectiva, incluso a acceder a experiencias que no conocíamos hasta ese momento, ganamos mucha claridad, descubrimos otras formas, otras posibilidades, que allanan el camino a lo que deseamos en realidad.

Así que te voy a relatar la historia. Vas a ver lo que ocurre en el planeta 2D cuando sus habitantes ignoran que hay un planeta 3D, una tercera dimensión. Y después te cuento la moraleja y la solución que yo propongo para ayudarte en esto.

Transcripción del vídeo «Dr. Quantum visita el Planeta Plano»

DR. QUANTUM: *(Sobrevolando el planeta Plano y dirigiéndose al espectador).* Bienvenidos a Planeta Plano, un mundo de solo dos dimensiones: solo hacia delante y hacia atrás, a la izquierda y a la derecha. En este mundo no hay arriba ni hay abajo.

VOZ DE CUADRADO MASCULINO 1: Le he preguntado a Ray dónde estaba Dotty y me ha dicho que había salido.

MUCHAS VOCES FEMENINAS: *(Gritan cuando ven el dedo del Dr. Quantum entrar en el cielo de su mundo).* ¡Aaaayyyyyy!!!

VOZ DE CUADRADO MASCULINO 2: ¿De dónde sale eso? ¿Pero qué narices es, eh?

DR. QUANTUM: *(Dirigiéndose al espectador).* Los seres bidimensionales que viven en este mundo no pueden pensar en objetos tridimensionales. Los habitantes bidimensionales de Planeta Plano no pueden entender un cubo, una esfera, un tetraedro o a usted. Desde su perspectiva bidimensional, mi dedo tridimensional se ve más o menos así.

(Introduce de nuevo su dedo en el Planeta Plano en la mitad de un cruce y se oyen las voces de sus habitantes —cuadrados, triángulos y círculos—, que llegan al cruce desde sus cuatro calles y se dirigen hacia el dedo del doctor, que ellos ven como un gran óvalo gris).

VOCES MASCULINAS Y FEMENINAS: ¡¡¡Ohhhhhhh!!! ¡¡¡Oohhhh!!!

VOZ MASCULINA: ¡Pero bueno! ¿Qué es esto?

VOZ FEMENINA: ¡Corred!

(Todos los seres planos huyen corriendo en sentido contrario a donde se encuentra el dedo del profesor).

VOZ FEMENINA: ¡Ahhhhhh! ¡Ayyyyyyyyy!

(Ahora, el doctor interactúa con los habitantes y se dirige a uno de ellos).

DR. QUANTUM: ¡Hola, Circulito!

CIRCULITO: ¡Ahhhhhhh! *(Grita y se mete en una especie de cajita, que parece ser su casa).*

DR. QUANTUM: *(Se ríe).* ¡Ja, ja, ja! ¡El miedo a lo desconocido! ¡O a lo que todavía no se conoce! Es un enigma. Si solo vemos lo que conocemos, ¿cómo puede ser que alguien vea una cosa nueva? Lo desconocido… ¿Cómo logramos salir de nuestra caja? *(De nuevo se dirige al habitante).* ¡Hola, Circulito!

CIRCULITO: ¡Ahhhhhhh!

DR. QUANTUM: No tengas miedo.

CIRCULITO: ¿Quién ha hablado? ¿Dónde estás?

DR. QUANTUM: Esa es la parte más difícil de explicar. Estoy en otra dimensión, en otro espacio. Estoy encima de ti.

CIRCULITO: *(Grita y se encierra en uno de los cuartos de la casa).* ¡Ahhhhhhh! ¡Nooo! ¡Nunca, nunca esa palabra!

DR. QUANTUM: ¿Qué palabra?

CIRCULITO: ¡La que empieza por E!

DR. QUANTUM: ¿Encima?

CIRCULITO: ¡Ahhhhhhh! ¡Está prohibida!

DR. QUANTUM: Bueno, ¿y tú qué crees que significa?

CIRCULITO: No lo sé y no quiero saberlo. Si usas esa palabra puedes recibir un castigo muy grande. ¡Ahhhhhhh!. *(Circulito grita, sale del cuarto donde estaba encerrado y pregunta al doctor).* ¿Eres un fantasma?

DR. QUANTUM: ¡Je, je, je! En fin, espero que no. Solo tengo una perspectiva distinta de la tuya. Tú aún no puedes ver las cosas como yo.

CIRCULITO: ¿Ah, sí? ¡Demuéstramelo!

DR. QUANTUM: Bueno, ahora verás. Tienes una caja fuerte en la despensa. ¡Je, je, je! Dentro hay doce monedas, un testamento y un pasaporte.

CIRCULITO: ¡Ohhhhhhh! ¿Y tú cómo lo sabes? ¿Qué eres? ¿Eres un dios?

DR. QUANTUM: Bueno, no más que tú. Mira como estoy encima de ti.

CIRCULITO: ¡Ahhhhhhh!

DR. QUANTUM: ¡Je, je, je! En la tercera dimensión puedo ver el interior de las cosas de tu mundo.

CIRCULITO: ¿En la tercera dimensión? Eres un fantasma chiflado. ¡Solo hay dos dimensiones! ¡Mira! *(Circulito se desplaza a izquierda y derecha en su mundo).*

DR. QUANTUM: Y si quiero tocarte la parte interna del estómago, ¿cómo lo hago?

CIRCULITO: ¡Ufff! Tendrías que cortarme la piel, si no, es imposible. *(El Dr. Quantum le hace cosquillas a Circulito con el dedo y Circulito se ríe).* ¡Ja, ja, ja! ¡Para, para!

DR. QUANTUM: ¡Je, je, je! ¿Quieres más?

CIRCULITO: ¿Más, qué?

DR. QUANTUM: ¡Dimensiones!

CIRCULITO: ¡Ohhhhhhh!

DR. QUANTUM: ¡Direcciones!

CIRCULITO: ¡Eh!, no, sí, es que… ¡no hay! ¿Más? ¿Qué me pasará? ¿En qué me convertiré?

DR. QUANTUM: Tienes que convertirte para saberlo.

CIRCULITO: *(Duda con cara de preocupación y responde al doctor).* ¡De acuerdo!

DR. QUANTUM: ¡Muy bien! *(El doctor se frota las manos, coge a Circulito y lo lanza al aire. Circulito se convierte ahora en una esfera y puede ver su mundo plano por encima).*

CIRCULITO: *(Con los ojos muy abiertos exclama).* ¡Ohhhhhhh! ¡No tenía ni idea! *(Y sigue volando alto).*

DR. QUANTUM: *(Se dirige de nuevo al espectador del vídeo).* ¿A que es curioso? Lo que más tememos luego siempre es lo que más nos emociona.

¡Atención!
3.4 Ejercicio «2D-3D»

Habrás comprobado que tomar perspectiva y situarnos en un plano un poco más ampliado para vernos desde fuera, nos proporciona claridad. Te aseguro que esta parte, en la que nos podemos poner «a nuestro propio lado», es desconocida, pero existe y ofrece soluciones que ignoras. A todo el mundo le da un poco de miedo porque es más cómodo lo conocido que lo nuevo por conocer, y somos capaces (lo hacemos inconscientemente) de permanecer en una parte incómoda pero conocida. Es lo que yo llamo la **comodidad incómoda**. ¿Por qué nos instalamos en un problema en el que no nos encontramos bien? Porque no sabemos que hay algo más o cómo salir de ahí. Pero si logramos apartarnos y enfocarlo desde cierta distancia, lo que siempre vamos a ganar es claridad, un estado emocional distinto y nuevas opciones, nuevas realidades.

A partir de hoy, puedes practicar un ejercicio muy sencillo pero muy efectivo, que te permitirá tomar esa perspectiva tan necesaria en algunos momentos. Tiene mucho éxito entre mis alumnas y las mujeres que me consultan, porque funciona siempre. Todas coinciden en que es uno de los ejercicios más útiles y que lo siguen haciendo después incluso de tener a sus hijos, en situaciones problemáticas en las que están obsesionadas con algo, no encuentran salida, no ven solución, no saben qué hacer ya, qué comer, qué tomar, qué medidas adoptar para quedarse embarazadas o para dejar de pensar en ello, o cómo tomar una decisión, etc. Te puedo asegurar que se trata de un recurso muy efectivo no solamente ahora en este tema del embarazo, sino en un futuro, para utilizar todas las veces que en tu vida te encuentres limitada, en la comodidad de lo conocido, en un problema, sin perspectiva y confundida. Yo lo sigo practicando de manera habitual; si no le encuentro remedio a algo y empiezo a caer en un estado dañino, no falla: tiro de «2D-3D» y la cosa cambia.

1. Te explico. Comienza por fijar <u>dos espacios físicos diferentes</u>. Da igual si es una silla, el sofá, el suelo, de pie, etc.

2. Cuando pienses «¡Uf, no puedo más!» y te encuentres sumida en el problema, en la confusión, en <u>el bloqueo… quédate en ese espacio físico, que será tu dimensión 2D</u>. Vas a estar como en el Planeta Plano; entonces, métete de lleno en el problema, como Circulito corriendo de un lado a otro en un pasillo plano.

3. Entonces, cámbiate de lugar.

Desde ese nuevo lugar, vas a mirar a la que has dejado en el Planeta Plano, en el 2D.

<table>
<tr><td>

Espacio 2D

Con el problema,
sin solución,
limitada y con
emociones muy
limitantes

</td><td>

Espacio 3D

Con perspectiva,
con soluciones y
alternativas, con
emociones más
positivas

</td></tr>
</table>

<u>Obsérvala</u> como si de repente tú, que la ves desde fuera, hubieras dado un salto cuántico a otra dimensión, como si hubieras descubierto que hay una dimensión 3D.
Desde fuera hay más posibilidades, hasta ahora desconocidas, que te permiten ver con perspectiva y con claridad. Igual que si estuvieras al lado o enfrente de una buena amiga y percibieses

su problema desde tu propia óptica. Porque esto sucede cuando nos ponemos frente a alguien que nos está contando lo que le pasa, y es lo que deberíamos hacer siempre si realmente trabajáramos la empatía: estar con el otro, escucharle, darle soluciones o alternativas que no ve.

¡Pero cuidado! Se trata de ayudar sin caer en el problema. Esto no sirve de nada. Es como si una persona grita desde un pozo pidiendo socorro y cuando la oyes saltas al pozo para rescatarla. Estaríais las dos en el mismo problema. Así que realmente la mejor salida, el mejor apoyo y la verdadera empatía es decir: «Vale, tranquila, yo veo tu problema, pero desde fuera. Veo que estás ahí metida, que ahora no puedes salir, que estás muy preocupada, muy agobiada... Confía en mí. Dame unos minutos. Voy a buscar ayuda, una cuerda, lo que sea». Y desde tu perspectiva, puedes encontrar otras soluciones, volver y ayudar.

Esto es lo que vas a hacer con la persona que dejas en el espacio en 2D.

Es muy sencillo pero si necesitas que te guíe tienes el ejercicio detallado y guiado en el curso online.

Desde ese espacio diferente 3D, en el que tú <u>enfocas la situación con perspectiva</u>, le vas a poder hablar con palabras nuevas, distintas al típico «no te preocupes», que está cansada de oír. Palabras sinceras y diáfanas que surjan al verla desde fuera.

Hazlo antes de seguir leyendo, y dime: ¿qué ha pasado? Sí, solo con este ejercicio te sientes mejor instantáneamente. Va a conseguir que tu inconsciente entienda que hay soluciones más allá de lo que conoce, que puede haber un enfoque diferente más claro. Algo que aún no se le ha ocurrido o sí, se le está ocurriendo. Y sobre todo, va a lograr que de inmediato, al ocupar ese otro espacio y observar el problema con cierta distancia, que tu estado (físico, anímico, emocional) también pueda bajar de revoluciones.

Te aconsejo que hagas este ejercicio todas las veces que necesites al día, a la semana, en el momento en que des cuenta de que no ves claramente, que estás confusa, perdida, limitada en alguno de los aspectos respecto al tema del embarazo y de la deseada maternidad.

Estoy segura de que además lo vas a utilizar en muchas más ocasiones para afrontar distintos contratiempos que se presenten en tu vida. Cuando tengas práctica, lo harás más rápido, cambiando de espacio de una manera muy sencilla e incluso imaginaria, visualizando a tu yo limitado en el plano 2D al lado. Pero por ahora, hazlo como te he enseñado. El simple hecho de situarte en otra posición facilita que pienses, que sientas más relajadamente y, sobre todo, más claramente.

Así que a practicar este ejercicio, que es supersimple y superpotente. Como casi todo lo fácil, siempre es lo más eficaz, porque el inconsciente lo entiende enseguida y de forma sencilla.

Te garantizo que te va a evitar mucho sufrimiento, porque en vez de quedarte ahí, sentirás al instante otra emoción al ponerte en el 3D, al tomar perspectiva. Es inevitable, pasa aunque no quieras, ¡es genial! He invertido horas investigando cómo salir de ese agujero en el que nos encontramos, y este ejercicio me ha dado la clave. Me encanta; seguro que a ti también.

En este capítulo has aprendido:

- Hay un objetivo inconsciente, y otros objetivos detrás de ese.
- Siempre tenemos un deseo inconsciente que es el que manda, para decir «sí» o para decir «no».
- Cuando la biología dice «no» es porque tiene una buena razón de supervivencia para hacerlo, aunque no seas consciente de ello.
- Necesitas tomar perspectiva para tener mayor claridad.
- La comodidad incómoda te mantiene en el problema; debes explorar lo desconocido para encontrar nuevas respuestas, ganar claridad y verte desde fuera para romper con tus limitaciones.

Y vas a poner en práctica:

- Emplea tiempo para hacerte las preguntas del primer apartado y para responder por escrito a estas cuestiones: «¿Cuál es tu objetivo más allá de lo que crees?» y «¿Para qué no quedarme embarazada o tener un hijo podría ser una solución?».
- Hazte las preguntas en positivo y en negativo, varias veces.
- Practica este ejercicio también con tu pareja.
- Crea un proyecto para ese futuro hijo, dale una razón a tu inconsciente, algo que cubra una necesidad VITAL en ti.
- Haz una lista de todos tus objetivos, siente este de ser madre como uno más entre el resto, en todos los aspectos de tu vida y a corto, medio y largo plazo.
- Asegúrate de escribir en presente positivo pluscuamperfecto.
- Si escribes lo que no quieres, que solo sea para tener claro lo que sí quieres.
- Realiza el ejercicio 2D-3D en dos espacios físicos. En el 2D está «la versión de ti con el problema» y en el otro espacio que representa el 3D está «la que tiene empatía y se encuentra mejor».
- Actúa, no basta simplemente con pensarlo. La acción es el antídoto contra la desesperación.

No entres en la limitación de la confusión.

Y tu felicidad es compatible con tu problema actual.

Mis anotaciones

Mis anotaciones

Mis anotaciones

Mis anotaciones

4. LEY DE LA SINTONÍA

Esta ley completa muy bien la del estado y todo lo que hemos visto hasta ahora. Espero que sigas con tu lista de recursos, con los momentos que consiguen provocar ese estado emocional que debes mantener y que además es un gusto hacerlo, ¿a que sí? No tiene que ser un trabajo o una tarea que te cueste, sino un placer, porque es maravilloso esforzarse en algo que produce satisfacción y te permite permanecer en el estado emocional adecuado todo el tiempo posible.

Vamos a ver si estás sintonizada, como en la radio, con esa frecuencia que te mantiene en ese estado, y que a su vez sintoniza con el estado que nuestra biología necesita para dar una respuesta adecuada a nuestro objetivo.

Observa la siguiente imagen. Dedícale un tiempo, quédate unos segundos mirando, como esos cuadros extraños que dan lugar a múltiples interpretaciones, y apunta lo que ves, lo que te llama la atención, lo primero que has visto. Y además de eso, ¿qué más ves?

Después pídeles a otras personas que te digan que ven, rápido, sin darles tiempo a pensar, solo necesitas unos segundos para que te respondan.

¿Qué ha pasado?

4.1 Efecto ECO

¿Te has dado cuenta de que cada persona tiene una percepción distinta de lo que se supone que es «la única realidad»? A lo mejor, uno ha visto unas tijeras; otro, un bebé; otro, un hombre; otro, una mujer; otro, una tele; otro, nada de eso; otro, simplemente mucho jaleo; otro, gente en una fiesta; uno incluso siente agobio al verlo y otro, divertido, exclama: «¡Uy! ¡Una tele! ¿Dónde?».

¿Qué quiere decir esto? Pues que, en el mundo, en la vida, en el exterior, lo que la gente llama «la realidad», es solo su realidad. Igualmente, todo lo que tú estás viendo, lo que tú estás oyendo, lo que tú estás sintiendo, todo lo que estás viviendo, es solo tu realidad. Y es con lo que tú estás en sintonía.

Hay una verdad absoluta, aunque suene duro y no queramos admitirlo, y es que a cada uno se nos manifiesta eso que nosotros estamos sintonizando. Lo que ocurre es que lo hacemos de una manera inconsciente. Pero si sentimos rabia, envidia, celos, tristeza, frustración... esto es una frecuencia que emitimos, porque cada emoción vibra en una frecuencia. Y esto es con lo que sintonizamos. Y nuestra biología, cuando sintoniza con ciertas frecuencias, enferma, da respuestas a nivel físico y emocional.

Así que empieza a preguntarte qué es eso con lo que te encuentras ahí fuera porque quizás seas tú el origen. Puede que el simple hecho de considerarlo te lleve a sentenciar este libro, puede que ahora mismo sientas unas ganas tremendas de cerrarlo y no seguir, pero será mejor que no lo hagas y te des cuenta de que lo que hay detrás de esta idea es que si tú eres el origen, posees el cien por cien de posibilidades de cambiarlo; es tuyo el poder, solo tienes que saber cómo utilizarlo para propiciar los cambios necesarios. Y el libro que tienes entre tus manos va a ayudarte a conseguirlo.

Te hablo de lo que yo he llamado el *efecto ECO*. Por el **Efecto Creador-Observador u observador-creador**, en el orden en el que prefieras verlo.

¿Por qué es importante que entiendas esto? Porque cada uno de nuestros pensamientos, y en consecuencia de nuestras emociones (van unidos, no podemos separarlos, seamos conscientes de ellos o no), produce una onda, una vibración, que crea en el universo y materializa, y así ocurren cosas que vemos, que tocamos, que vivimos... Es algo que ha comprobado la física cuántica. Los experimentos del doctor Emoto servirán de ejemplo para que acabes de entenderlo.

El científico japonés Masaru Emoto dedicó parte de su vida a investigar y a demostrar cómo las emociones, las palabras y los pensamientos influyen en el agua, en sus estructuras moleculares. El ser humano es agua en un porcentaje muy alto, en torno al 70%, de manera que, según los estudios de Emoto, buena parte de nuestra estructura física es modificada por lo que pensamos y lo que sentimos. Increíble, ¿verdad? Por eso Emoto aseguró y demostró que nuestra biología cambia cuando cambiamos nuestras palabras, nuestros pensamientos y nuestras emociones. Y es verdad, yo he hecho la prueba; con sencillos ejercicios tú también la cambiarás. Tienes ese poder.

Fíjate en los cambios estructurales que se operan en la estructura molecular del agua con solo poner etiquetas sobre una botella, decirle ciertas palabras, emitir diferentes sonidos e incluso expresar intenciones, ideas y sentimientos.

Imágenes del agua en un ultramicroscopio

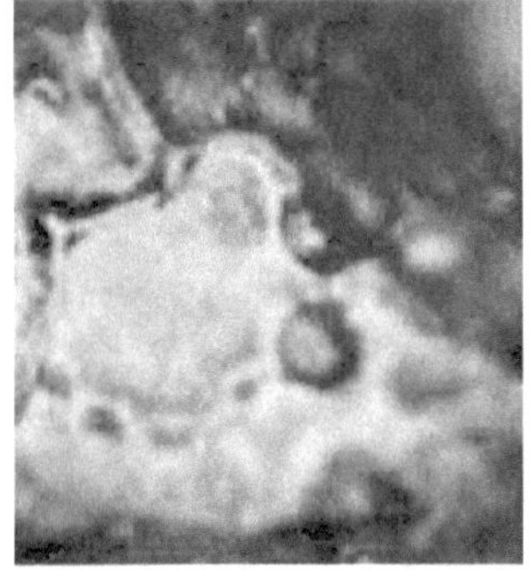

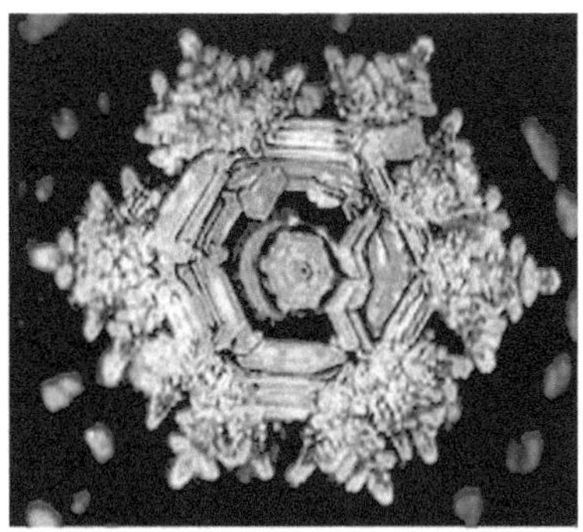

Agua expuesta
a pensamientos
negativos.

Agua expuesta
a pensamientos
positivos.

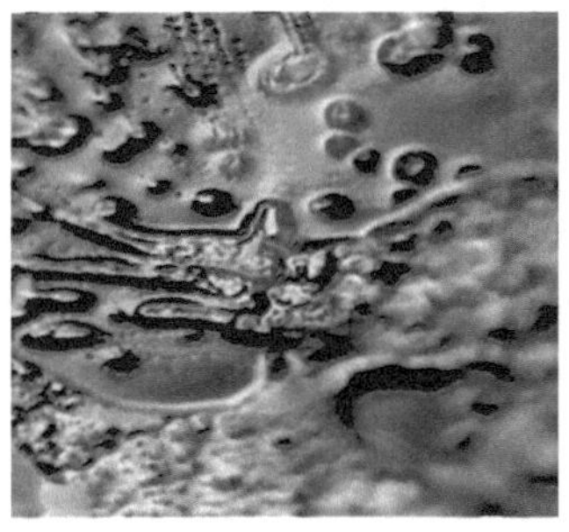

Estructura
cristalina
producida por
la frase sobre
botella de agua
"me enfermas, te
voy a matar"

Estructura
cristalina
producida por
la frase sobre
botella de agua
"amor y gracias"

Si las palabras, las emociones y el pensamiento alteran así el agua, ¿qué te harán a ti?

Encontrarás decenas de referencias a las investigaciones del doctor Emoto, imágenes y vídeos en los que puedes saber más sobre cómo funciona lo que te acabo de contar, pero para lo que ahora nos ocupa no voy a profundizar en ello, no es el objeto de este libro; lo que me interesa es aprovechar ese conocimiento y ese funcionamiento para producir cambios en el cuerpo.

Las emociones, las palabras, los sonidos y los pensamientos modifican la estructura molecular del agua. Y nosotros somos agua en un 70%. Es fácil saber qué tienes que hacer para cambiar tu estructura.

Imagina la influencia en los bebés que se desarrollan dentro del útero materno, en un medio acuoso y en ese momento de la vida en el que el porcentaje de agua en el cuerpo es aún mayor: más del 80%. Fíjate si será importante que tengas esto en cuenta una vez embarazada…

No hay ninguna verdad absoluta ni objetiva. ¿Recuerdas las imágenes del principio? La única realidad es la subjetiva, la de cada uno, la tuya propia, y tienes el poder y la responsabilidad de cambiarla.

Para realizar cambios en tu estructura molecular basta con que apliques estos principios y obtendrás los resultados. Di palabras bonitas, elimina de tu vocabulario las expresiones feas y malsonantes, los pensamientos y las emociones negativas, entiende como negativo lo que produce un estado desagradable en ti. Pon palabras amables y amorosas en el agua que bebes, en la puerta de tu nevera, escritas en tu tripita; escucha música que te deleite, música clásica (esta es una de las razones por las que dicen que funciona ponerles música de Mozart a los bebés cuando están en el vientre de la madre; es por estos cambios que se producen directamente en la estructura molecular del agua).

Otro experimento que demuestra tu capacidad para modificarlo todo es el **efecto observador**, sobre cómo creamos la realidad. Hay muchas más demostraciones, pero creo que con estas tendrás suficiente para comprender que hacer esto es vital para ti, para conseguir los cambios que necesitas en tu cuerpo y para que se produzca de manera mágica, sencilla, natural, el milagro de una nueva vida.

Ya sabes que me gusta mucho cómo lo explica el Dr. Quantum. Te transcribo un vídeo que podrás localizar en youtube[4]; puede ayudarte verlo a la vez que lo escuchas o lees. Reconozco que captar su mensaje no es fácil o intuitivo, aunque a mí me parezca obvio (puede que hayan influido los años de física que llevo a mis espaldas). De todas formas, tu inconsciente lo conoce todo; deja que sea él el que reciba el mensaje.

Transcripción del vídeo «Experimento de la doble ranura»

DR. QUANTUM: *(Se dirige al espectador del vídeo desde un laboratorio).* Y aquí tenemos al padre de todos los misterios cuánticos: el experimento de la doble ranura.

Para entender este experimento, primero tenemos que ver cómo actúan las partículas o las bolitas de masa.

Si disparamos al azar un objeto pequeño —canicas, por ejemplo— hacia la pantalla, vemos reflejado un patrón en la pared de detrás, en la que han rebotado tras pasar por la ranura. Y ahora, si añadimos una segunda ranura, lo lógico es esperar ver una segunda franja en la pared de detrás.

---

4 https://www.youtube.com/watch?v=C2HX3lFqCwc

Ahora probemos con ondas. Las ondas alcanzan la ranura, se propagan y llegan a la pared de detrás, donde tienen mayor intensidad justo enfrente de la ranura. La franja de resplandor demuestra precisamente esa mayor intensidad. Es un efecto similar al de la franja que dibujan las canicas. Pero cuando añadimos la segunda ranura ocurre algo distinto. Si la parte superior de una onda choca con la inferior de otra, se eliminan entre ellas. De esta forma, en la pared, obtenemos un patrón de interferencias. Donde chocan las dos partes superiores hay más intensidad, las líneas resplandecientes. Y donde se eliminan, no hay nada.

Así pues, cuando lanzamos algo, es decir, materia, a través de dos ranuras, obtenemos esto: dos franjas de golpes. Pero con ondas, el resultado es un patrón de interferencias con muchas franjas. Muy bien de momento. Vamos a ponernos cuánticos. ¡Je, je, je!

Un electrón es un pedacito minúsculo de materia, como una canica diminuta. Lancemos una ráfaga a través de una ranura. Se comportan como las canicas: solo una franja. Si lanzamos estos pedacitos minúsculos a través de dos ranuras, tendrían que dibujarse, como en el caso de las canicas, dos franjas. ¿Qué? Un patrón de interferencias. ¡Hemos lanzado electrones! ¡Pedacitos de materia! ¡Pero aparece un patrón como con las ondas, no como con las canicas! ¡Oh! ¿Cómo pueden trozos de materia generar un patrón de interferencias como una onda? ¡No tiene sentido!

Pero los físicos son muy inteligentes y pensaron: quizás las bolitas rebotan unas contra otras y crean ese dibujo. Y decidieron lanzar los electrones de uno en uno. Así, no podían afectarse unos a otros. Pero estuvieron así una hora y vieron aparecer el mismo patrón de interferencias. «No podemos ignorar la conclusión», dijeron.

Cada electrón sale como partícula, se convierte en una onda de posibilidades, pasa por las dos ranuras e interfiere consigo mismo hasta que golpea la pared como partícula. Pero matemáticamente es aún más curioso: pasa por las dos ranuras y por ninguna, pasa por una y por la otra. Todas estas posibilidades están superpuestas las unas con las otras.

El experimento desconcertó muchísimo a los físicos. Tanto que decidieron mirar con atención para decidir por qué ranura pasaba en realidad el electrón. Pusieron un dispositivo de medición junto a la pantalla de las dos ranuras para ver por cuál pasaba y lanzaron el electrón. Pero el mundo cuántico es mucho más misterioso de lo que podían haberse imaginado. Cuando miraron, el electrón volvió a comportarse como una canica pequeña. Dibujó un patrón de dos franjas, no un patrón de interferencias.

La misma acción de medir, observar por qué ranura pasaba, conllevó que solo pasara por una, no por las dos. El electrón decidió actuar de manera distinta, como si fuera consciente de que lo observaban. Y en ese momento, los físicos se adentraron para siempre en el extraño submundo de los acontecimientos cuánticos. ¿Qué es la materia? ¿Canicas? ¿Ondas? ¿Y ondas de qué? ¿Y qué tiene que ver el observador con todo esto? El observador destruyó la función de onda con solo mirar.

Cada vez que se observa, se crea una realidad. Es el observador el que la crea.

¡El OBSERVADOR modifica la realidad! Tu realidad es lo que tú eres, ves, oyes, piensas, crees, dices, haces y sientes.

CADA UNO DE TUS PENSAMIENTOS Y EMOCIONES
PRODUCE UNA ONDA, UNA VIBRACIÓN, QUE CREA EN
EL UNIVERSO Y MATERIALIZA.

4.2 Potencia observadora-creadora

En esta ley quiero que veas lo que la física cuántica puede demostrar en cuanto al efecto observador y cómo materializamos. Pero no para que te sientas culpable y pienses: «¡Oh, Dios mío! Si creo mi realidad, ¿por qué estoy creando lo que no quiero?». Porque no sabes lo que sucede. Ya te dije que las leyes funcionan, las conozcas o no, pero cuando las conoces y las aplicas obtienes cambios y realidades a tu favor. Por eso es importante que entiendas que esto está ocurriendo, aunque de manera inconsciente. El observador —la observadora en tu caso— modifica la realidad. Y la realidad en la que te encuentras en este momento es parte de lo que tú eres, de lo que ves, de lo que oyes, de lo que piensas, de lo que crees, de lo que dices, de lo que enfocas.

Ahora que ya estás convencida, vamos a cambiar los pensamientos y las emociones que generan efectos secundarios en tu biología, pero ahora para tu beneficio.

SI ya practicabas con regularidad los ejercicios de las tres leyes anteriores, a partir de ahora vas a prestarle más atención aún a tu estado, a tus pensamientos, a tus actos, a tus palabras. Yo te recomiendo que al menos tres veces al día te dediques a ser observadora de la observadora que va creando su realidad, y lo hagas conscientemente.

Te puedes poner una alarma y te paras a reflexionar simplemente un segundo, dos, tres, cinco, diez: «¿Cuáles son las palabras que estoy utilizando?», «¿Qué me digo?», «¿Qué pienso?», «¿En qué me estoy enfocando?», «¿Cuál es el estado en el que me encuentro?». Y esa toma de conciencia te va a servir para centrarte en lo que realmente te potencia como creadora: en la alegría, en la capacidad, en decirte algo precioso, lleno de amor. De todo lo que está pasando a tu alrededor, siempre puedes quedarte en lo negativo o en lo positivo, está claro. Pero ahora que eres consciente, sí puedes elegir a propósito. No es necesario que hagas nada raro: ¡Hazlo! ¡Punto! Es una decisión que puedes tomar en cada instante, no depende de nadie más, ¿o aún crees que sí? Pues no, la decisión de enfocarte en lo positivo solo depende de ti.

Una vez lo haces, rompes el círculo vicioso y ese bucle ya no puede continuar. Así que focaliza todo lo que a tu alrededor te potencia como creadora. Seguro que cuando suene tu alarma estás en disposición de conectar con esa parte positiva que te impulsa a crear. Recuerda que como observadora estás constantemente creando, y que cuando creas puedes observar, pero lo que observas te permite crear. De modo que hay que estar atenta. Luego el cerebro solo se acostumbra a hacerlo. Esta es tu misión para las próximas semanas: ver las cosas mejor de lo que son, porque no son de una manera, sino como tú las observas. Empieza a observarlas de otra forma desde este preciso instante. Y así, poco a poco, vas a ir diseñando y creando un futuro lleno de posibilidades nuevas, mejores, con una realidad más orientada a lo que realmente quieres observar y crear.

A partir de ahora pregúntate si realmente estás en sintonía con eso que quieres crear, y si la respuesta es no, ¡cámbialo!

¡Atención!
4.3 Ejercicio «lo esencial»

Te propongo el siguiente ejercicio para alcanzar la sintonía de la que te he venido hablando, y si aún hay algo que no está en la frecuencia de tu objetivo, te facilitaré un elemento más para lograrlo.

1. Busca un lugar y un momento adecuados. Te vas a tener que mover entre dos espacios; en caso de que necesitases concentrarte en algún detalle del ejercicio, dedícale el tiempo que consideres oportuno y continúas con el resto después. Si quieres acceder a un audio guiado para hacerlo más fácil, ya sabes que tienes a tu disposición el curso completo de las leyes de la fertilidad[5].

Y en lugar en el que estás, vas a crear dos espacios físicos (e incluso un tercero, del que hablaremos en el punto 5):

a) Uno en el que te encuentras ahora mismo, o elige el que quieras, pero uno va a representar el momento actual. Puede ser de un metro de diámetro, puede ser más o menos grande. Es el espacio que se corresponde contigo en el presente, con tus circunstancias, tu estado emocional, tus pensamientos y tus objetivos de hoy.

b) Y a unos metros de ti, como si de repente hubiera una línea del tiempo que te llevase hacia el futuro, crea otro espacio, en principio, de manera visual. No hace falta que llegues a él; basta con que sepas que está allí, en el futuro, en ese horizonte delante de ti, en un espacio físico donde reside tu objetivo cumplido.

---

5   https://www.patriciabartolome.com/lasleyesdelafertilidad/curso-las-leyes-de-la-fertilidad

Puedes realizar este ejercicio con cualquier objetivo o subobjetivo dentro del general, que es el de quedarte embarazada, ser mamá, tener un hijo... Formúlalo como tú quieras.

2. Cuando hayas definido clara y visualmente ambos espacios —el presente y el futuro—, cierra los ojos e instálate tranquilamente en el actual. Cerciórate de si tu objetivo futuro realmente lo es. Comprueba, como hiciste con anterioridad, si es de ti para ti, si has escrito ya claramente ese objetivo y todos los relacionados con él, y déjate sentir.

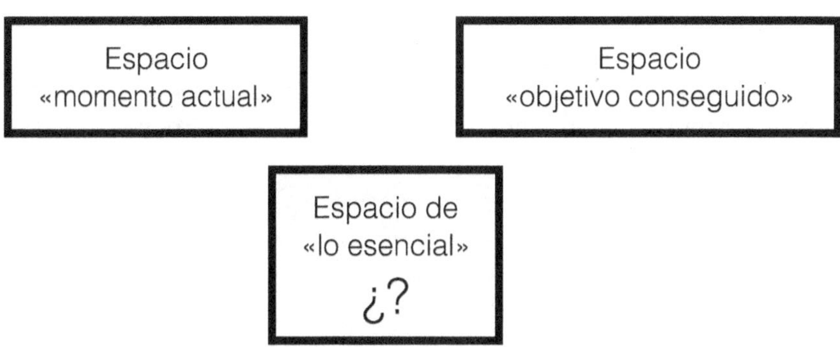

3. Desde el espacio actual, mira si estás en sintonía con ese espacio del objetivo ya cumplido. A todos los niveles: emocional, mental, económico... Para ello, hazte la siguiente pregunta: «¿Tengo sintonizada la frecuencia que me lleva a ese objetivo?».

Si la respuesta es afirmativa, podrás dar un paso más. Y si es negativa, apunta, anota, toma conciencia de qué es eso que aún no has sintonizado, que todavía no está en tu frecuencia. Resulta sencillo, y una vez que eres consciente puedes empezar a modificarlo, con alguna de las herramientas que ya hemos visto o con alguna de las que conocerás en las próximas leyes. En ocasiones, necesitamos seguir hacia delante para retroceder de nuevo, y avanzar definitivamente después.

4. Avanza unos pasitos y dirígete hacia el espacio futuro. Se trata de un momento muy importante, así que concédete un tiempo para ir hacia allí y entrar. Ese espacio contiene información super-valiosa para ti, porque es el ámbito físico, energético, inconsciente, que te representa con el objetivo ya cumplido.

Una vez dentro, repara en cómo te sientes cuando ya lo has logrado. Y vuelve a preguntarte si te encuentras en sintonía con la que ves en el espacio físico del pasado, la que eras unos meses o un año atrás. En el supuesto de que no lo estés, valora qué tienes que modificar, qué pequeño movimiento que es preciso para sintonizar la frecuencia correcta.

Y además, en ese espacio del objetivo ya cumplido, vas a hacer otra comprobación: si hay plenitud, si el estado es realmente emocionante. Pasa allí un rato, vive ese momento del objetivo ya cumplido y deja que lleguen a ti imágenes, situaciones, palabras, emociones… Mira cómo te ves, qué está ocurriendo y cómo te sientes. Observa si todo está bien o si hay alguna incomodidad por muy leve que parezca, algo que parece que no encaja, que no está en sintonía… porque eso te proporcionará algunas claves.

Anota cualquier cosa incómoda que percibas. Después, piensa e intenta ponerlo en palabras. ¿Qué es eso que te falta, que falla, que no encaja…? Si lo sabes, fenomenal; y si no, puedes ponerle palabras, no pasa nada. Llámalo *la incomodidad*. Si hay alguna sensación de vacío, quizás estés desconectada de lo que realmente te conduce a tu objetivo, o es posible que lo estés viviendo de una manera demasiado racional, con una mente demasiado consciente, así que sé permeable a todo lo que ocurre en ese espacio.

5. Cuando ya tengas esta información, busca un tercer espacio en el lugar donde te encuentras, que no es ni el actual ni el proyectado, sino *el espacio de lo esencial* para ti, para cumplir ese objetivo o verlo ya cumplido. Identifica lo esencial para ti, que puedes saberlo conscientemente o no; lo normal es que no lo sepas.

Lo esencial es invisible a los ojos.

6. ¿Ya estás lista? Pues acércate hacia ese espacio de lo esencial, adéntrate en él y observa qué ocurre. Mira qué es lo esencial para ti, para que se cumpla ese objetivo y para ver ese objetivo ya cumplido. Y déjate sentir. Puede que una simple sensación física signifique la respuesta o puede que no. Ábrete a lo que encuentres: la pareja, el papá, el amor, el dinero, la vida, la confianza, la soledad, la libertad… lo que sea. Y permite que te sorprenda la respuesta o las respuestas. Pero hay algo esencial para ti, imprescindible para que se cumpla tu sueño de ser madre.

Si sentimos un vacío o alguna incomodidad, nos hemos olvidado de los deseos de nuestra alma; solo estamos en la mente, en la mente consciente.

7. Si has descubierto algo o simplemente sabes que hay algo esencial para cumplir tu objetivo, pero desconoces qué es, no importa. Lo sepas o no, «cógelo». Siente que te inundas de eso que es necesario para ti, aunque ignores de qué se trata. Asígnale un símbolo o un color y llévalo al lugar actual y después al del objetivo conseguido. Como si pudieras trasladar lo esencial a los otros dos espacios, de manera imaginaria pero real.

Llévalo al momento actual y comprueba qué sucede cuando te instalas en ese espacio hoy, aquí, ahora, con eso que es esencial. Mira qué cambia en ti, en tu cuerpo. Y luego vete al espacio del objetivo ya conseguido, de nuevo, con lo esencial. Si de camino necesitas pasar por el espacio de lo esencial, hazlo, cárgate de ello y cuando llegues, descárgalo en el espacio del objetivo conseguido. Siente la fuerza de eso que es esencial para ti cuando lo deposites y observa qué ocurre, qué se ha modificado, qué sientes, qué has descubierto.

Tal vez ahora mismo ya seas consciente de qué es lo esencial, o dentro de un rato, o cuando repitas el ejercicio, o en las próximas horas, o en los próximos días… Puede que de repente «¡Cling!», se te encienda la bombilla, o puede que nunca seas consciente, pero no importa. El trabajo estará hecho de la misma forma.

Acaba el ejercicio a tu ritmo. Al terminar, tanto tu espacio actual como el espacio del objetivo ya conseguido tendrán eso que es esencial para ti y que te pone en sintonía.

Recuerdo el caso de una chica que, al realizar esta práctica, en el espacio actual se sentía nerviosa, apagada, sin vida… Andando hacia el espacio del objetivo cumplido, esa sensación aumentaba hasta el punto de que no era capaz de continuar caminando, como si lo único que pudiera hacer fuera tirarse al suelo como muerta. En el segundo espacio, se sentía de nuevo enérgica, y cuando miraba atrás, se veía paralizada, negra… En el espacio de lo esencial, la palabra surgió de inmediato: *vida.* Le faltaba vida. En ese momento no entendía mucho, pero no hizo falta para cargarse de eso, llevarlo hasta el momento actual y sentir que se equilibraba.

Después le expliqué lo que podía significar, y justo era su historia familiar. Se trata de un bloqueo que encuentro con frecuencia en mujeres con las que trabajo de manera individual. Te lo cuento con detalle en uno de los casos reales que recojo en mi libro «¿Por qué yo no?», con respuestas a través de historias reales de infertilidad que cambiaron su resultado.

Es sorprendente, sí, pero tu inconsciente lo conoce todo, y este ejercicio es muy efectivo para sacar a la luz lo que te bloquea y no está en sintonía.

En este capítulo has aprendido:

- Cada persona interpreta de manera distinta lo que se supone que es la única realidad.
- A cada uno se nos manifi esta eso que estamos sintonizando.
- Las emociones, las palabras, los sonidos y los pensamientos, modifi can la estructura molecular del agua, y somos un 70% agua.
- No hay ninguna verdad absoluta ni objetiva. La realidad siempre es subjetiva. Tienes el poder y la responsabilidad de cambiar la tuya.
- Cada observador crea su realidad según la observa.
- Si no estás en sintonía con eso que sueñas, no lo puedes crear.
- Si sientes un VACÍO o alguna INCOMODIDAD cuando conectas con tu deseo cumplido, es que TE HAS OLVIDADO DE LOS DESEOS de tu ALMA, SOLO ESTÁS EN LA MENTE.
- LO ESENCIAL ES INVISIBLE A LOS OJOS.

Y vas a poner en práctica:

- CONVIÉRTETE EN OBSERVADORA CREADORA.
- Observa tu estado, tus actos, tus palabras, lo que piensas y lo que te dices, al menos tres veces al día.
- Observa qué te encuentras y enfócate en lo que te sintoniza con la creación que deseas.
- Observa las cosas mejor de lo que son, diseña y crea un futuro lleno de posibilidades nuevas y mejores. La realidad está para observarla y mejorarla, no para juzgarla.
- Pon palabras amables y amorosas en el agua que bebes, en la puerta de tu nevera, escritas en tu tripita…; escucha música que te deleite, música clásica.
- Realiza el ejercicio de lo esencial, observa lo que falta en el espacio actual, lo que falla en el espacio del objetivo cumplido, y sintoniza con lo esencial, DESCÚBRELO O CRÉALO y añádelo a los espacios anteriores.
- Actúa, no basta simplemente con pensarlo.

Observar nunca es juzgar ni juzgarte. No sintonices con lo que no quieres crear.

LA FRECUENCIA DE LA VIDA HAY QUE SINTONIZARLA

Y tu felicidad es compatible con tu problema actual.

Mis anotaciones

Mis anotaciones

Mis anotaciones

¡Ey! Enhorabuena!

Ya conoces las cuatro primeras leyes. Si has hecho todo lo que te he indicado, habrás descubierto un mundo nuevo, y experimentado los primeros cambios. ¿Has visto lo que ha pasado?

- ✓ ¡¡Tus emociones han cambiado!!
- ✓ ¡Tu mente ha cambiado!
- ✓ Tu nivel de estrés ha bajado.
- ✓ Puedes tomar perspectiva cuando quieras.
- ✓ Ya no puedes verlo nunca igual.
- ✓ Y con todo esto, con nuevas emociones, nuevos pensamientos, nuevas palabras... puedes modificar tu estructura molecular. Tu cuerpo está cambiando.
- ✓ Puedes observar otra realidad.

¿Te das cuenta de que donde ya creías que no había más posibilidades, se abren algunas nuevas?

Y lo mejor de esta primera parte es que si haces los ejercicios, notas los cambios inmediatamente.

Vamos con la segunda parte, que empieza de manera apoteósica: RE-NACIENDO.

SEGUNDA PARTE

**Desbloqueando una nueva vida.
Elimina las limitaciones y ábrete a nuevas
posibilidades.**

- Ley de la autonomía
- Ley de la grandeza
- Ley de la importancia

5. LEY DE LA AUTONOMÍA

Todo lo que vas a encontrar aquí valdrá con que lo conozcas, lo tengas en cuenta y realices los ejercicios correspondientes una sola vez, o dos como mucho, si te encuentras con alguna complicación.

Sé que esta ley significará todo un descubrimiento para ti y que quizás encuentres en ella la razón a tu mayor bloqueo. Aunque el bloqueo suele ser multifactorial, he visto ya a varias mujeres en mis cursos y en las mentorías que dicen no haberse planteado esto nunca, y que después de un trabajo consciente se han quedado embarazadas.

Dividiré la exposición en dos partes: la «autonomía de la fertilidad» y los «mimis».

Antes de comenzar, quiero recordarte que mantengas el estado emocional y mental con las dos primeras leyes, y que te dediques unos minutos siempre que empieces un nuevo capítulo y también cuando vayas a hacer los ejercicios.

Te aconsejo que respires hondo, que cierres los ojos un par de segundos, que abras como un paréntesis, y que al inspirar, te centres más en ti, en el lugar donde te encuentres (de pie, sentada, apoyada, tumbada…), para trabajar un rato contigo misma; eso te permitirá ponerte en contacto con tus sensaciones, tus informaciones, tus emociones...

Así que cada vez que inspires, conecta con todo ello. Y cada vez que sueltes aire, apoya bien tu cuerpo, deja caer cada uno de tus miembros, siente tus brazos, tus manos, tus piernas, tu respiración, tus párpados… y aleja el resto, como si de repente pudieras parar el tiempo y aparcar todo lo que está ahí fuera: el trabajo, la familia, el mundo, las preocupaciones, lo bueno de hoy, lo malo…, como si al espirar te sumergieras en una pequeña burbuja, ajena a lo que te rodea, donde el ambiente es más relajado, de paz, de estar a solas contigo.

Y así, una, dos, tres veces… las que necesites para que al abordar cada una de las leyes trabajar más centrada, en el estado más adecuado (de apertura, de relax y de conciencia). Entonces, abre los ojos porque ya estarás preparada para continuar.

¿A qué me refiero con el término *mimi*? Pues lo utilizo en dos sentidos:

a) En primer lugar: cuando decimos «mi bebé», «mi futuro hijo», ¿es de mí para mí? ¿Te has hecho esa pregunta? Ya sé que no; yo hago preguntas muy raras. No te lo has planteado porque tampoco te has parado a pensar si de manera inconsciente estás cumpliendo el deseo de mamá, el de papá, el del abuelo; el deseo de traer a ese niño o niña que no tuvieron mamá o papá; ese segundo hijo, ese tercero; ese nieto, esa nieta… ese hijo varón, porque solo habían nacido chicas; ese último que seguirá con el apellido o con el negocio, incluso aquel que tuvo tu bisabuela y falleció. La expresión «de mí para mí» significa todo eso.

Haz la prueba, y para ello, lo mejor es que te formules la pregunta y dejes llegar la respuesta. Ya sabes cuál es la técnica: reflexiona unos instantes, medita sobre la historia de tus padres, de tus abuelos, de tu pareja. No sería extraño que, muy inconscientemente, desearas traer un hijo al mundo para satisfacer la necesidad de otro. Y entonces, se produce en ti la contradicción «quiero darle ese hijo a… pero quizás yo en realidad no lo quiera y sea un hijo no de mí para mí, sino de mí para otros». Esto es importante, porque el inconsciente conoce dicha información. Para que haya coherencia biológica tiene que haber fuera de ti que sea para ti en tu interior. No es egoísta, ni raro; es una necesidad vital interna, de mi inconsciente individual y de mi parte inconsciente vital en el clan familiar.

Imagina cuando no está tu pareja o, cuando en vez de esa pareja, es otra. Ya sé que la mayoría de las veces lo que queremos es formar una familia con la persona que tenemos al lado, pero lo que me interesa que compruebes es que ese bebé no es para la otra persona. Tu inconsciente lo sabe.

Es importante que sepas que el deseo inconsciente es o no, de ti para ti.

Es parte de tu experiencia vital, aunque después puedas compartir esa maravilla de traer una nueva vida al mundo con toda la familia, con esos abuelos entrañables que van a disfrutar de sus nietos y se les va a caer la baba, y por supuesto con tu pareja, con la que creas el nuevo núcleo familiar, una nueva unión y un nuevo vínculo de amor.

b) En segundo lugar, lo que entiendo por *mimis* es lo que también llamo *mimamamemima*. Piensa y responde: ¿qué es eso que haces de manera tan única, tan fabulosa, eso mejor que tienes, que sabes, que eres y que puedes y deseas transmitir?

Escríbelo, porque en ocasiones, a nivel inconsciente, es posible que dudes acerca de si serás una buena madre, y aunque volveremos sobre ello en la ley de la creación y en la parte de creencias, ahora es importante que te des cuenta de que cuando has pedido de ti para ti, pueden surgir un montón de cosas que quieres enseñar y transmitir para que alguien tenga, sepa, vea, conozca, aprenda de ti. Estas son razones poderosas para el inconsciente.

He oído a mujeres asegurar que no querían un hijo que se pareciera a su familia, a su madre, a su padre… Pero el inconsciente sabe que tú vienes de tu papá y de tu mamá, así que el niño o la niña heredará rasgos de sus abuelos y de ti, porque tú también compartes algunas de esas características.

Pero seguro que a veces no te das cuenta de todo lo que tienes de manera diferente, de todo lo que has evolucionado, aprendido, cambiado, mejorado y que, a día de hoy, puedes comunicar o mostrar. Por tanto, a fin de reconocerlas, elabora una lista de todas esas cualidades de las que te sientes orgullosa y que te gustaría enseñar al siguiente que venga para que sea una persona estupenda que te hará muy feliz. Porque le va a servir en su vida, en su aprendizaje, en su desarrollo y en todo. Así que empieza ya a confeccionar la lista de *mimis* y de *mimamamemimas.*

Luego haz un pacto por escrito con esa nueva alma y comprométete a entregarle tus *mimis,* exprésale lo que deseas experimentar, sé sincera sobre lo que eres, lo que has vivido, lo que has aprendido, lo que le darás… No tiene que ser todo formidable, cuidado; sea lo que sea, **¿sabes que hay almas esperando justo eso?** Vivir esa experiencia contigo, con vosotros. Solo tienes que ser plenamente consciente.

5.1 Tu nacimiento. Dime cómo naciste y te diré…

Cuando hablo en esta ley de *autonomía,* me refiero a la primera autonomía, a la primera vez que fuiste autónoma para el inconsciente, para la supervivencia de la biología. Fue el día en que naciste.

Fue ese instante en el que cortaron tu cordón umbilical y te convertiste en un ser independiente de mamá. Hasta entonces, dependías al cien por cien del alimento de mamá, de la comida de mamá, del oxígeno de mamá, de las emociones de mamá… todo venía de mamá. Eras un ser cien por cien dependiente de mamá. Una vez que nacemos, cualquier persona que nos coge en sus brazos podría llevarnos a otro lugar, a otro país, a otra casa…; somos independientes en ese sentido. Podemos vivir y sobrevivir fuera de mamá y del ámbito maternal o familiar, biológicamente hablando.

En nuestro inconsciente hay una grabación sobre esa primera autonomía, sobre esa llegada al mundo y sobre ese momento en el que comienza nuestra vida, desligada de mamá aunque luego sigamos tomando el pecho y, por supuesto, necesitemos a nuestros padres para todo cuando somos bebés. Y no en concreto a nuestros padres, sino a unos seres adultos que nos cuiden; esto, para el inconsciente, es vital.

Lo primero que vas a conseguir son los detalles sobre tu nacimiento, si es que no los sabes. Si los conoces, vuelve a interesarte por ellos, porque seguramente descubras nueva información, te lo aseguro. Estoy acostumbrada ya a oír comentarios como: «No te lo vas a creer… me enteré de… Y no entiendo que no me lo hubieran contado antes, y además mi madre me ha dicho que…». Y casi siempre esos datos son muy importantes, así que habla con mamá, con papá, con tus abuelos… y recaba las historias y los pormenores de cómo naciste.

Apunta todo: la hora, si era de día, de noche, si hacía frío, si hacía calor, si estaba tu mamá sola, si estaba acompañada, si estaba deseando que nacieras, si no quería que llegara ese momento, si te acogían con ganas, si fue inesperado, si fue previsto, si fue provocado, si fue deseado o no deseado, si fue rápido, si fue lento, si fue con mucho dolor o con mucho sufrimiento, si fue con mucha alegría o más bien al contrario. Son tantas las formas en las que ocurre esa primera autonomía… Y es vital que conozcas todo minuciosamente, en especial, posibles vivencias traumáticas, como haber estado a punto de morir la madre o el bebé. Esto ya es un grado más de información que puede estar bloqueando tu embarazo.

Dile a tu madre que por favor te cuente eso que nunca te ha contado, cómo lo vivió, que estás ahí para escucharlo, que quieres saberlo, aunque una parte de ti lo sabe de sobra. Porque tu inconsciente lo conoce todo, y también cómo lo viviste tú desde ahí dentro: podías tener muchísimo miedo, muchísima prisa, muchísima quietud; podías no querer salir, no querer llegar; podías tener falta de oxígeno, falta de alimento o sensación de morirte (les ocurre a algunos bebés, por la forma en que se ha producido el alumbramiento). Resulta asombroso, he visto a muchas personas revivir ese momento y es algo que no se puede fingir.

Infórmate y toma nota de lo que te puedan contar y de lo que sepas. Y sobre todo, averigua si la mamá o el bebé se hallaron en peligro de muerte. Hay mujeres que me cuentan que su mamá estuvo a punto de morir en el parto de ellas, por una gran hemorragia o por una complicación, o porque el bebé venía con tres vueltas de cordón todo y al final hubo que practicar una cesárea de urgencia. Cualquier riesgo de este tipo es imprescindible conocerlo.

Si en tu inconsciente biológico existe una asociación con la muerte, aunque haya sido unos instantes, por protección te va a «salvar» de esa situación evitando que te quedes embarazada. Y no subestimes nada ni intentes entrar en razones. Algunas mujeres me dicen que ya tienen un hijo pero que no logran concebir el segundo; sucede que ellas son las segundas entre sus hermanos, y el inconsciente sabe que el peligro de muerte se dio con el segundo nacimiento. **El inconsciente lo conoce todo, incluido cómo has nacido y si ha habido peligro o un fuerte *shock* asociado.**

<u>Recopila todos los matices de ese gran momento de tu primera autonomía, es decir, sobre tu llegada al mundo.</u> La vas a necesitar para entender y trabajar los ejercicios.

He visto muchos miedos y bloqueos que vienen de ahí. Sí amiga, te aconsejo que dediques un buen rato a esta investigación, pues tal vez la causa de que no logres un embarazo radique en cómo naciste tú. Cuando te hayas documentado suficientemente, o ahora mismo (recuerda que a tu inconsciente no se le escapa nada), te invito a que cierres los ojos y dejes que te vengan sensaciones, circunstancias, emociones de cómo se desarrolló ese largo trance (o corto, depende), y apunta, siente, deja que salga todo a la luz, porque a partir de ahí podrás hacer cambios en tu estado actual. Mientras completas tu relato, voy a contarte algo más…

5.2 Tipos de concepción-vida fetal-nacimiento

En este apartado vamos a ver diferentes maneras en las que hemos podido nacer, cómo ha podido ser la vida dentro del útero materno y también cómo hemos sido concebidos, porque todo puede estar influyendo en tu vida y en tu imposibilidad de ser mamá. Además, esta información te puede ser muy útil para conocer muchas otras cosas acerca de ti. Pero sobre todo, buscamos los bloqueos que pueden estar provocando que tu embarazo no se produzca o que no llegue a término.

Lo más común es que hayamos venido al mundo sin complicaciones y transcurridos los nueves meses de gestación. Porque el nacimiento es un proceso natural; lo inician el bebé y la mamá, que se coordinan y se ponen de acuerdo para empezar ese gran momento del parto, del comienzo de una nueva vida. Pero si nuestro propio alumbramiento no ha sido normal, hay que realizar comprobaciones.

Aunque no sepas por qué, tu inconsciente está protegiéndote de eso, e impide que te quedes embarazada para no volver a pasar por esa situación anormal, quizás también con algún peligro o alguna anomalía de la que seguro ya te has dado cuenta o pronto lo harás.

Habrá que averiguar si a mamá la anestesiaron, si la durmieron por completo, si tenemos la sensación de que nadie se ha enterado de que hemos venido al mundo… He visto mujeres que no son plenamente conscientes de que hay un día en que se llega a la vida; sin ir más lejos, la que aquí escribe (luego te cuento cómo fue mi llegada). También puede que tengamos la sensación de que nadie nos recibe o acoge, que no se nos espera; o de rechazo, y esta sensación puede ser uno de los primeros *shocks,* es verdad que no nos acordamos, pero la conocemos y podemos hacer un trabajo para transformarla.

Si tienes práctica en este tipo de meditaciones o regresiones, basta con que te relajes o con que apliques alguna de las técnicas que ya has aprendido o alguna de las que te enseñaré más adelante. Pregúntate, respira y retrocede con cada respiración, hasta que aparezcan respuestas, imágenes, emociones, como hacemos con otros ejercicios. A veces, la grabación es tan intensa y profunda que la hacemos acompañadas en terapias individuales. Pero ahora conviene que descubras por ti misma todo lo que puede estar bloqueando tu embarazo; al fin y al cabo, **solo hay una persona en el mundo que conoce tu nacimiento y tu bloqueo a fondo, eres tú.** Yo te voy a ayudar a tomar conciencia y a cambiar esa información, pero la grabación es tuya y solo tuya, aunque hasta hoy fuera inconsciente.

Desde luego, cuando todo es normal, los demás se sienten implicados en tu nacimiento, la gente te espera. Y al hacer alguno de los ejercicios siguientes te darás cuenta de que, seguramente, cuando puedas reproducir o revivir el nacimiento de un futuro hijo, también te parecerá que sucede de una manera natural y sin ninguna complicación, pero lo veremos después. Primero hay que hacer el trabajo del parto de una misma.

A poco que indaguemos, encontramos personas cuyos **embarazos o concepciones no han sido deseados**, ni planeados, ni esperados y, posiblemente, ni aceptados, ni queridos. Porque cuando, por las circunstancias que sean, nuestros padres, o nuestra mamá, no querían tenernos, queda grabado y se repite en nuestro inconsciente: «No a la vida», «No me esperan», «No me acogen», «No me quieren». De lo que no te das cuenta es de que tu inconsciente habla en ti y repercute en el siguiente que venga, así que comprueba si la información que tú guardas es esta.

Además, puede que hayamos nacido con un **sexo que no es el que nuestros padres deseaban**, y esto repercute inconscientemente mucho más de lo que podemos pensar. Es probable que les hayamos oído decir que querían un niño o una niña, y puede que si somos una niña y nuestro padre o nuestra madre deseaban un niño por encima de todas las cosas, en nuestro inconsciente se haya grabado el mensaje de «niña no deseada».

Por tanto, sentimos ese rechazo, y cabe la reacción, también inconsciente, de no aceptarnos o de no mostrarnos como niña. Incluso hay mujeres que llegan a somatizarlo y, por ejemplo, registran niveles de testosterona mucho más altos de lo normal u otras alteraciones que influyen biológicamente en el no embarazo. Asimismo, hay mujeres que, al no aceptar su condición, sufren irregularidades o ausencias de regla, que a veces se convierten en terribles dolores, y se apartan de todo aquello que las relacione con el sexo femenino; ante eso, nuestra biología responde simulando un chico o un hombre, y en ocasiones puede acarrear alguna complicación en el embarazo. Te repito que esto es algo superinconsciente, nunca producto de lo que conoces o razonas.

No olvidemos, en esta relación de casos que referimos, el del aborto, accidental o inducido, involuntario, voluntario…, o el de una muerte fetal dentro del vientre de la madre. Si después se vuelve a quedar embarazada, el bebé que va a nacer, cuando es concebido y desarrolla su primera etapa de gestación en el útero materno, retiene esa información —más relacionada con la muerte que con la vida— en cada una de sus células, en cada uno de sus óvulos. Probablemente te resulte extraño, pero el inconsciente funciona así. Ignorarlo significa fracasar una y otra vez en el intento de entender cómo y por qué no se produce un embarazo; lo sé porque lo veo habitualmente.

Las niñas que **nacen después de un aborto** —espontáneo o provocado— tienen muy grabados de forma inconsciente —e incluso a veces bastante consciente— mensajes como «no deseo vivir», «no quiero la vida», «la vida me hace daño», «la vida no merece la pena», «me acerco más a la muerte que a la vida», «**yo no debería estar aquí**, no debería llegar a la vida»… Y como el inconsciente no sabe de quién hablo, ni si me refiero a ahora o a hace cuarenta años, simplemente es una información en mí, siempre en presente, que es el tiempo verbal del inconsciente. Así que el hecho de que una parte de él archive mensajes contrarios a la vida se va a traducir en un bloqueo de ese nuevo embarazo que ahora tú estás buscando. ¿Es esta tu historia? Compruébalo.

También puede ocurrir, cuando eres una mujer nacida tras un aborto, que sean otras las causas de esa grabación. Quizás vengan de gente cercana a la muerte, que tiene miedo a la muerte, que está un poco **muerta en vida**, que siempre se muestra triste o deprimida… En fin, si es este tu caso, seguro que te suena lo que te estoy contando, porque yo siempre le hablo a tu inconsciente, no a tu consciente.

Otro caso muy distinto, pero igualmente motivo de bloqueo, es el de un parto muy rápido, cuando no hay tiempo de llegar al hospital y el bebé ha nacido en casa o en el taxi, y como consecuencia ha surgido algún problema. Entonces, el bloqueo en cuanto al embarazo se debe al miedo a ese momento. Y lo mismo sucede cuando **el nacimiento es o demasiado tardío o prematuro**.

De cualquier modo, estas anomalías pudieron **poner en peligro la vida** del bebé (es decir, de nosotras) o de la mamá. Que la madre haya estado expuesta a semejante riesgo imprime un sentimiento de culpabilidad a nivel inconsciente, porque mamá podría haber muerto por mi culpa, y yo como mamá puedo morir cuando un bebé nazca. Esta es una grabación superfuerte que me encuentro muchísimas veces. Si te reconoces en ella, anótalo en mayúsculas.

> EL INCONSCIENTE, ENTRE DOS GRADOS DE ESTRÉS, SIEMPRE ESCOGE EL MENOR.

En cuanto a los **partos prolongados**, hay grabaciones de una **situación muy difícil** para dar a luz, también con culpa y, además, **con mucho dolor**. Como entre dos grados de estrés, el inconsciente siempre escoge el menor, elige el de evitar que tú te quedes embarazada, pues el dolor físico y emocional que te podrían causar tantas horas de parto sin progreso implica un nivel de estrés mucho mayor.

En relación con lo anterior, si has sido una niña de **cesárea** puede que tengas grabada alguna complicación o alguna dificultad, como venir atravesada, estar mal colocada o traer vuelta de cordón… El inconsciente registra esa información de dirección equivocada, de estar paralizada o atrapada («si me muevo, me muero») y no permite que repitas esa situación de parto, así que te impide concebir un bebé.

Según hayan sido **partos naturales o con anestesia**, se dan otras situaciones, como inducirlo (rompiendo la bolsa o mediante medicamentos) por razones médicas, y a lo mejor eso es lo que ha posibilitado que tanto nosotras como nuestra madre hoy estemos vivas y nos ha salvado. Pero lo que graba nuestro inconsciente no es eso, porque no conoce el futuro, sino el peligro de muerte del momento, y se queda ahí anclado, en pausa. Si esto ha ocurrido en el parto de nuestra madre o de nuestra abuela, ha dejado rastro en nuestro ADN. Ya sabes (y si no lo sabes, te lo digo ahora) que heredamos información emocional, no solo rasgos físicos. Al propósito, puedes ver en el blog de mi web, el artículo escrito después de una investigación sobre el tema, en el que recojo nueve demostraciones de la herencia emocional[6].

Otros factores que pueden explicar el bloqueo son **cualquier ayuda que nos haya podido hacer sentir daño o peligro, como un fórceps, o cualquier problema con el cordón umbilical, con ahogo, falta de oxígeno, intoxicación…**

Por supuesto, influye también si hay una **concepción de gemelos y uno se pierde por el camino**, porque es posible que nosotras tengamos grabada esa conexión intrauterina con el hermanito o la hermanita que se perdió. Y nuestro inconsciente retiene la misma información que cuando se produce la muerte de un bebé anterior, y como medida de protección para que no se repita el trauma, la solución biológica es impedir el embarazo.

No sé si te has dado cuenta, pero no quedarte embarazada es una solución muy recurrente a todos estos problemas, ¿verdad?

Reflexiona sobre lo expuesto hasta aquí. Espero que te sirva, que te haya hecho saltar algún clic o encenderse la bombillita, por si te ves reflejada en alguno de los casos. E insisto: cualquier descubrimiento, cualquier sensación, cualquier pregunta, cualquier idea… puede ser la clave.

Anota cuál es la tuya, cuál puede ser tu bloqueo. Investiga tu caso y recuerda que lo que no encuentres lo conoces inconscientemente. Siéntate un ratito, respira, conéctate con ese momento. Tus células

---

6 https://www.patriciabartolome.com/transgeneracional/demostraciones-transgeneracional-1/

y tu biología lo saben todo sobre ti, deja que aflore la información que puede estar influyendo en tu problema de fertilidad.

Para terminar, te contaré algo de mi propio caso. Te dije que lo haría, así que ahí va:

Mi madre siempre me había asegurado que su embarazo había sido genial, y el parto aún más. Con esa información me había quedado durante más de 35 años, hasta que llegué al punto en el que tú estás ahora.

Nunca me confesó lo que más tarde descubrí. Y cuando hablamos de ello, mi reacción le pareció desmesurada, pero lo entiendo, esa había sido mi forma de vivirlo. Lo que sí me dijo es que no se había enterado de nada; la habían sedado por completo, así que para ella todo fue genial, nunca tuvo ningún dolor ningún problema, ninguna molestia... Y añadió, orgullosa, que cuando empezó a sentir un poquito de dolor le advirtió al doctor que ya no podía más y lo siguiente que recordaba era estar felizmente en la cama con un bebé al lado.

A mí esta historia me había valido también. Pero como soy muy intrépida y ya conocía lo que te voy a proponer en el próximo apartado, decidí revivir ese instante que mi madre parecía no poderme detallar.

Cuando lo hice, sentí una angustia que no podía aguantar, una soledad, una desazón, una sensación que no le deseo a nadie. Me encontraba completamente sola, sola e indefensa para llegar al mundo; mi madre no estaba porque la habían dormido; mi padre tampoco porque en aquel entonces no dejaban entrar a los hombres en el paritorio; y ni siquiera sentía a los médicos. Nadie aparecía allí. Alguien debió de tirar de mí y ponerme en algún lugar, pero no tenía ninguna sensación de haber sido ayudada, sino de hacerlo todo sola. Como un bebé tan pequeño carece de las herramientas para nacer sin ayuda, mis sensaciones eran fatales, tenía mucho miedo. Incluso recuerdo haber dicho que no quería venir, que me quedaba allí, que no podía superar aquello sola. Un poquito después entendí que nunca jamás había tenido conciencia de nacer; y si me apuras, ni de vivir. También fue muy angustiante sentir a mi madre como muerta; para mí, ella no estaba conmigo.

Desde que realicé este trabajo consciente, cambió mi vida, y espero que a través del siguiente ejercicio te cambie también a ti o al menos te ayude a cambiar cualquier grabación negativa que pueda haber en tu inconsciente sobre el momento más importante de tu vida: tu nacimiento, tu primera autonomía. Porque sin lugar a dudas, va a influir en el nacimiento que se produce en ti cuando tienes un hijo. Recuerda: el inconsciente no distingue entre tú y el otro, ni lo real de lo virtual; únicamente reproduce la información de la que dispone, la que ha vivido.

¡Atención!
5.3 Ejercicio
«visualizando embarazo y parto»

Este ejercicio es de comprobación. Vamos a ver cómo representa tu inconsciente el embarazo y el nacimiento de un futuro hijo.

1. Puedes hacerlo sentada o tumbada. Asegúrate de que puedas pasar unos minutos relajada mientras lo realizas. Como siempre, empieza con uno de los ejercicios de relajación; por ejemplo, con «estado 0», el primero de la ley de la nada. Respira conscientemente, ponte en observación y permite que tu cuerpo descanse. Entras en un estado más receptivo al contacto con tu inconsciente.

2. Es ahí donde vas a comenzar a imaginarte embarazada: de un mes, del momento en el que te enteras, de quince días… deja que se haga en ti esa primera vez que dices «¡Estoy embarazada!». Y mira qué ocurre en ti, qué sientes; explora las sensaciones positivas y las que no lo son tanto, como los miedos. Es un ejercicio para observar, para conocer, no para provocar. La mente siempre diría: «¡Ah! ¡Pues estoy muy feliz! ¡Todo está muy bien!». Pero no es eso lo que queremos, sino encontrar información nueva; y si no la hay, no pasa nada, pero ten curiosidad siempre por descubrir.

3. Figúrate que estás viendo la película de tu futuro, sin provocar nada; simplemente, permite que te sorprenda. Y espera a que pase el tiempo. Quizás unos días, quizás un mes, quizás ver la primera ecografía. Mientras, que transcurra en ti la película. Observa qué es lo que puedes ver y lo que no. Si de pronto alguna escena te perturba y te impide seguir, eso nos dará una información que después podrás solucionar con el siguiente ejercicio.

4. Por ahora, estás en una fase de exploración. Continúa pasando el tiempo, superas esa primera barrera de las 8-10 semanas, y luego de las 12. Tu bebé está ya más formadito (puedes incluso saber el sexo), se te empieza a notar la tripita. Entonces, deja que venga cualquier imagen: frente al espejo, paseando por la calle, con tu pareja, sola… ¿Puedes verla? ¿Qué sientes?

Si no la puedes vivir, si no te hace sentir bien, toma nota, porque es posible que tu inconsciente se resista a pasar por ahí. Puede ocurrir si has tenido algún aborto —provocado o natural—, incluso más de uno, si se ha producido siempre en una etapa determinada (a las seis semanas, a las ocho, a las diez…). Cuando te acerques a ese límite quizás sientas que algo en ti se tensiona, te pones nerviosa o tienes miedo, o quieres llorar. Anótalo porque es un dato importante y párate en ese momento en el que haya un bloqueo a observar qué ocurre. Permanece ahí unos minutos mientras te llega información, porque tú la tienes.

Si por el contrario, nada te inquieta de la película y continúas atenta a la evolución de ese embarazo, de esa vida que crece, deja que afloren sensaciones, imágenes, emociones… Y que así pasen los cinco meses o los seis, esa última parte del embarazo, ese último trimestre, esa barriguita más grande. Observa si estás sola, si estás acompañada, si estás bien, si te sientes alegre, tranquila, si hay algo que peligra… y poco a poco, ve aproximándote al momento del parto. Cuando tengas que parar esta grabación, hazlo, pero lentamente y visualizando cómo se desarrolla. No se trata de que tú provoques cómo quieres que pase, sino de que veas cómo pasa en tu inconsciente, que es el que te va a aportar la información que tienes grabada, o cuáles son sus bloqueos.

Recuerdo a una mujer que aseguraba no poder hacerlo. Podía verse embarazada, pero no el parto, y esto la agobiaba muchísimo. Decía que notaba cómo el bebé desaparecía de repente. Después descubrió que su nacimiento había sido similar al mío:

nadie se había enterado, no había nadie en su nacimiento, ni siquiera ella. Parece que después de sufrir un accidente, sedaron a la madre, y ni ella ni el bebé se enteraron de que había llegado ese momento. Por eso, su inconsciente no tenía referencia, de manera que cuando intentaba imaginar el parto, no era capaz, y cuando forzamos un poco le daba pánico, porque al inconsciente le da terror lo desconocido.

Si puedes verte en esa situación en la que empiezas el parto y llega tu bebé y le puedes ver la carita y todo está bien... estupendo. Pero si lo que percibes es miedo, nervios, sangre, alguna mala sensación... o no puedes visualizar el momento, escríbelo, porque puede ser algo que te está bloqueando. Incluso ve un poco más allá e intenta ver al bebé en tus brazos, de unos días, de un mes, incluso de un año o de dos. Deja que tu inconsciente muestre las posibilidades en el futuro referentes a este tema.

Tómate el tiempo necesario para hacer este ejercicio y comprobar si para ti, inconscientemente, existe la posibilidad de tener un embarazo, un parto y un bebé en el que todo está sano, correcto, normal. O si por el contrario, hay algún bloqueo. Posiblemente estés en la pista de cuál es realmente el problema.

Con lo que hayas descubierto vamos a dar el siguiente paso.

¡Atención!
5.4 Ejercicio «renacer»

Nunca es tarde para volver a nacer. Porque poseemos la rara virtud de vivir (inconscientemente) en ausencia de espacio-tiempo. Si tenemos una grabación, ya sabes que permanece activa hasta que la borramos, y que si recordamos o visualizamos algo, vemos una foto, nos ponemos a pensar sobre algún episodio que ocurrió hace un año o diez, o veinte, nuestras emociones y nuestra biología pueden responder de inmediato en el presente, aunque no esté pasando ahora mismo, sino que simplemente lo revivimos.

Esta es la capacidad que tiene nuestro inconsciente, y la tiene para bien y para mal; por tanto, ya que la conoces, utilízala a tu favor. Y como podemos actualizar la información en el momento que queramos y cambiar en un instante aquello que sucedió hace cuarenta o cien años, hoy vas a volver a nacer.

¡Ojo! No cambiamos el hecho en sí, cambiamos el sentido que le dimos, la forma de vivirlo y las emociones implicadas, las creencias que se instalaron…, pero todo esto conforma un programa, que es el que vamos a modificar, porque al hacerlo, se transforma todo lo demás.

Este ejercicio te será útil en un montón de situaciones. Por ejemplo, en relación con lo que te contaba antes sobre las circunstancias en que fuiste concebida o sobre cómo naciste: si eras de un sexo no deseado para tus padres, si fuiste un accidente, o si sufriste algún trauma durante la vida fetal (alguna muerte, algún aborto anterior). Aplicar las pautas que aquí sugiero te va a ayudar a liberar cualquier conflicto (o varios) que hayas descubierto —relativo a la concepción, a la gestación o al nacimiento— y cuyas consecuencias repercuten en tu vida actual bloqueando tu embarazo bloqueado.

Este es un ejercicio largo y muy intenso, que te recomiendo que hagas de manera guiada en el curso *las leyes de la fertilidad*, para que puedas sacarle todo el partido y el realizar el cambio que realmente supone. Si lo quieres intentar de todas formas te lo explico a continuación paso a paso y todo lo detallado que he podido.

1. Lo primero que te voy a pedir es que identifiques bien esos problemas y los escribas en una lista. El sentido con el que se han grabado no es más que una impronta muy temprana en tu vida, antes de llegar aquí, por eso son muy inconscientes, pero están, fueron los primeros programas instalados.

2. Una vez los hayas identificado bien, <u>siéntate cómodamente</u> como si estuvieras en una sala de cine, con tus palomitas, y te prepararas para ver una preciosa película. La pantalla está en blanco, pero de repente se apagan las luces y el proyector comienza a funcionar. Entonces, secuencia a secuencia, ves tu nacimiento, o tu concepción, o ese momento concreto de tu vida fetal, o la película que incluye todos ellos.

3. Para liberar un determinado evento (de la fecundación, del embarazo de tu madre o de tu llegada al mundo), <u>sitúate en ese instante concreto</u>; el resto irá sucediendo y avanzando hasta el final. Si lo haces guiada por alguno de los audios del curso *online,* yo te orientaré e iré acercándome de manera progresiva al momento del parto hasta que este suceda.

4. Entonces, contempla en la pantalla el fotograma fijo de ese instante. Estará tu mamá, porque o bien sigues dentro de ella —en el segundo, en el tercero, en el quinto mes— o estás ya muy próxima a nacer.

5. <u>Observa a mamá</u> en la sala de partos, en un hospital, en casa, donde sea. Olvídate un poco de la realidad que crees conocer. Sabes lo que te han contado sobre esa historia de tu nacimiento (en qué lugar se produjo, cómo era, dónde estaba mamá, quién la acompañaba…), pero puede que ahora, en esa pantalla frente a ti, se empiece a reproducir una película diferente. No importa, deja que avance. La información válida es precisamente la que se está proyectando, porque es la que almacena tu inconsciente; a veces sucede de manera metafórica. Así que fíjate en esa mamá, en su tripita, en su postura, en su cara, en lo que oye, en lo que ve, en lo que siente… Tú estás ahí dentro.

6. A continuación, haz lo siguiente: mira cómo <u>te levantas de esa butaca y entras en la película</u> (es un cine interactivo). Dirígete a la sala de partos, a la habitación, al lugar donde está mamá con su bebé dentro, que eres tú… y coge unas toallitas suaves, húmedas pero calentitas. Coge todo lo que necesites porque hoy vas a ser tú la que acoja a ese bebé en el momento del nacimiento. Aguarda un rato, hasta que mamá se exprese. Observa todos los detalles y espera a que salga el bebé; cuando llegue ese momento, recíbelo en tus brazos y acarícialo. Como si de repente le pudieras hablar y decir «¡Hola, bebé!». Llama por su nombre a esa preciosa nena. Comunícale tu cariño, tus palabras tranquilizadoras, tu amor, que le garanticen esa seguridad, esa bienvenida a la Tierra, al mundo. Dedícale todo el tiempo que necesites y que necesite; dile cuánto la quieres, cuánto la amas, cuánto la esperabas, la deseabas, necesitabas conocerla, acariciarla… puedes olerla, notar ese tacto suavecito, calentito, esa mirada, ese cuerpo.

7. Así <u>estáis ahora el bebé y tú. Es el momento de cortar el cordón</u>. Si puedes hacerlo, continúa con el ejercicio. En caso de que no puedas, identifica qué es lo que te impide cortar; ¿sientes que pierdes a mamá, o que la abandonas?, ¿te pesa la tristeza…? Exprésalo; de esa forma exteriorizas tus emociones y poco a poco podrás avanzar. No te detengas, sigue con el ejercicio y explora lo que acontece después. Ese detalle del cordón es importante; si tú eres incapaz de cortarlo, pide ayuda externa. En tu imaginación todo vale para que puedas realizarlo, de un modo que te haga sentir conforme, nunca forzándolo.

8. Después de cortado el cordón, cuando ya por un lado está mamá y por otro el bebé, le vas a explicar a esa niña el conflicto que has descubierto. Quizás que sus padres deseaban un niño, o que fue un accidente y ni siquiera la esperaban, o que en un momento determinado no la querían, o que antes de ella otro bebé había fallecido en ese mismo lugar donde ella ha estado nueve meses. Explícale todo lo que te parezca importante, para que ahora lo conozca conscientemente. No es ni bueno ni malo; ha sido así. Emplea el tiempo necesario para hablar con ella; seguro que ha tenido consecuencias desagradables, pero también otras de las que no se había dado cuenta, que le permiten ser hoy quien es: esa mujer que ve frente a ella, esa bella mujer que la sostiene en sus brazos. Pero no le des este recurso demasiado pronto; primero háblale del problema, y luego, de su trascendencia.

9. Tras expresarle todo eso, con emoción, con sentimiento profundo de amor, tómala de las manitas, acaricia su carita o su naricita, y como si tuvieras una máquina de rayos X o incluso un superpoder que te permitiera atravesar (igual que en las películas) el cuerpo de las personas, vas a entrar delicadamente en su pequeño cuerpecito, localizar dónde está grabada esa impronta y retirarla. Pasa tu escáner; tal vez la encuentres en un riñón, en los ojitos, en su pecho, en la piel, en el brazo izquierdo… Dondequiera que esté, límpiala con esas toallitas suaves, húmedas, con un algodoncito, con una gasita y todos los instrumentos necesarios, pero sin hacer daño, como si fuera un poco mágico. Y asegúrate de completar bien la operación de eliminar la grabación del conflicto; <u>comprueba que todo queda limpito</u>.

10. Como la impronta que has borrado deja un vacío, llénalo con lo que tú sientas: un simbolito, una bolita, una imagen, un color con una forma… lo primero que te venga a la cabeza, que para ti represente el amor, la ternura, la aceptación, el cariño, o lo que ella necesite.

11. Cuando notes que el bebé ha borrado su grabación y la ha sustituido por la información nueva, deposita todo lo que has empleado para la operación visual —ese símbolo, ese color—, junto con lo que habías sacado del bebé, al lado de la mamá. Entonces, dirígete a ella y dile: «Toma, esto es tuyo, es vuestro, venía de serie en el bebé, pero es muy inocente, muy chiquitita, y no le pertenecía». Y podéis coger otra toallita húmeda, calentita, limpia, y pasarla por el cuerpo completo del bebé, porque el agua borra las huellas, purifica. Así que dale un buen baño al bebé, y al terminar, arrópala y abrázala.

12. Desde el calor de tu abrazo, enséñale a su mamá mientras le dices: «Mira, mamá está ahí y está bien, está viva», y en caso de que haya ocurrido algo grave, adviértele que no es su culpa, que ella simplemente nació, algo inevitable biológicamente, pero que no es responsable de lo que ocurre en el cuerpo que le ha servido como canal. Le estará siempre agradecida, pero no tiene culpa de nada.

13. Ya puedes salir de la película; hazlo con la niña, y vuelve a tu butaca en la sala de cine. Verás que la pantalla se apaga y que tú estás ahí con el bebé. Mantén una última conversación con ella. Llámale por su nombre y aprovecha para contarle todo lo que desees: «Bienvenida a la Tierra, ahora te protegen mis brazos, tienes todo el permiso para vivir como quieras, para crecer saludable, para desarrollarte, para ser mujer, para tener pareja, para ser una nueva mamá…». No limites ese tiempo, disfrútalo. Ella se lo merece y lo necesita; tendrá un gran impacto en su vida. Puedes usar cuentos para transmitirle tu mensaje.

14. Alcanzará un estado de calma, de seguridad, de tranquilidad...; en cuanto eso ocurra, integra al bebé en un espacio interior de tu cuerpo. Deja que sea tu propio cuerpo quien te diga dónde: en el vientre, en el pecho, en el estómago, en la cabeza, en tus manos... Y permite que el bebé se acomode ahí, como si de repente dentro de ti pudiera descansar esa nueva información, esa calidez, esa certeza de existir, de vivir, de poder crear vida y estar en contacto con ella.

15. Finalmente, con la niña ya integrada en ti, respira hondo varias veces, hasta que te sientas genial, en paz, e incluso se dibuje una sonrisa en tu cara. Fija esos sentimientos con un color y respira profundamente amplificando ese color, esa sensación, como si todo tu cuerpo pudiera teñirse de ese color, meterse en una burbuja de ese color. Como si de repente tu interior, tus límites y tu exterior fueran de ese color, de esa sensación, de esa emoción, de esa información.

Y poco a poco, a tu ritmo, ve abriendo los ojos con mucha curiosidad para ver cómo responde tu cuerpo a todo tu cambio. Sigue respirando profundamente los próximos segundos, los próximos minutos, los próximos días. Porque algo en ti ya nunca volverá a ser igual.

Tan pronto como acabes el ejercicio «volver a nacer», quiero que hagas unas comprobaciones. Retrocede unos pasos, sitúate en el momento de tu nacimiento, mira si han cambiado las sensaciones respecto a lo que sentías antes a la información que conocías y sobre todo respecto a esa visualización que has hecho con anterioridad al nacimiento de tu hijo, del embarazo y de tu propia llegada al mundo.

Analiza si algo ha cambiado, si había incomodidad, si ahora hay tranquilidad. Porque esto querrá decir que hay una parte de tu inconsciente que ha modificado la información. Recuerda que es posible hacerlo porque no tiene espacio-tiempo, como en los sueños, y todo lo vive en presente; si ahora existe otra información, ese será su presente desde hoy.

Haz la comprobación durante unos segundillos o un par de minutos, o vuelve a realizar el ejercicio entero si necesitas revisar todo el embarazo, el parto y el después. Mira qué ha cambiado (o no), si hay más tranquilidad, si la visualización es más clara, si ahora ocurren cosas de una manera más fácil, o simplemente ocurren cosas que antes no ocurrían. La finalidad de esta prueba es, precisamente, detectar si se ha modificado algo en esa grabación que podía estar bloqueándote.

5.5 Siguientes autonomías

Ahora que has aprendido tanto sobre esa primera autonomía, incluido todo aquello que has podido arrastrar, grabar y que, en cierto modo, espero que con los ejercicios hayan cambiado o empezado a cambiar, vas a preguntarte por tus siguientes autonomías. ¿Y qué es eso?

Pues tu inconsciente, que suele volver a comprobar, suele intentar volver a nacer de nuevo en cada cumpleaños. Mira cómo son tus celebraciones, si puedes celebrar tu vida y tu nacimiento cada año. Y mira también cómo es esa autonomía en todos los aspectos: si a los X años pudiste independizarte fácilmente o si cuando te intentas independizar hay algo que siempre te lo impide, como un cordón que no has podido cortar. Recuerda la primera vez que te fuiste de casa, o la siguiente, o el día en que te trasladaste a vivir con tu pareja. Observa si hubo alguna similitud, si esas ocasiones fueron tan difíciles como tu nacimiento.

Sé consciente de si has sido capaz de trascender eso y de si puedes ser independiente, adulta, porque es importante para quedarte embarazada. A veces, cuando no podemos tener plena independencia de mamá y nos sigue atando a ella el cordón, hay una parte de nosotras que tampoco puede ser mamá. Porque para el inconsciente es una manera de mantenerse niña o hija. Si de repente corto el vínculo y me convierto en mamá, quizás ya no pueda hacer el papel de hija, pero el caso es que yo tengo que seguir siendo su niñita, sin permiso para crecer, para ser adulta, para ser madre. Incluso hay ocasiones en que llego a ser la mamá de mi mamá; de ello hablaremos un poco más adelante.

Ahora quiero que te pares a reflexionar, ya que hemos hablado tanto de nuestra concepción, de nuestra vida fetal y de nuestro propio nacimiento, para ver si aquella primera vez en que fuiste independiente has podido revivirla después en otras independencias sucesivas y en el hecho de ser adulta, de crecer y sobre todo de poder cortar ese cordón, no solo físicamente, sino también mentalmente, psicológicamente, inconscientemente y de todas las maneras posibles. Así que te dejo haciendo esa reflexión, y si te encuentras con algo raro o alguna prohibición, o alguna limitación al respecto, anótala para utilizarla en ejercicios posteriores o en algún trabajo que estés realizando de manera individual.

Estoy segura de que gracias a esta ley has hecho grandes descubrimientos, un gran esfuerzo y un gran cambio. Si has identificado algún problema del que con los ejercicios propuestos no puedes salir, si no has sido capaz de cortar el cordón umbilical en el ejercicio de renacer, si no has podido crecer, si no has logrado avanzar, puede que haya una relación de dependencia muy fuerte con mamá y una estructura de culpa. Al menos, eres consciente; nos pondremos a trabajar sobre ello después. Podemos cambiar las cosas a partir de que tomamos conciencia, y la verdad es que la culpa no es más que un error de entendimiento. Nos creemos que dejamos o abandonamos al otro, o que podemos hacer sentir al otro de una manera, o que quizás hayamos tenido el poder de poner en entredicho la vida del otro… pero no es posible hacer eso conscientemente, solo que nuestro inconsciente se lo ha creído.

Explícale esto a ese recién nacido, y observa si así cambia algo.

A veces hemos entrado en la culpa en vez de en la responsabilidad; o en el bloqueo de la impotencia, que es más duro que el de la culpabilidad (al fin y al cabo, con la culpa podemos hacer cosas y nos vuelve más poderosas). En cualquier caso, simplemente has de aceptar lo que sientes, no lo que ocurre, sino lo que sientes.

La mayoría de las mujeres pueden hacer estos ejercicios solas, pero algunas como Lourdes no son capaces sin acompañamiento, sin una protección extra en ese punto donde el inconsciente está en peligro de muerte. Me dijo: «Patricia, cuando voy ahí no veo nada, nada de nada, lo he intentado un montón de veces y no pasa nada, escucho el ejercicio guiado en el audio del curso, pero no hay forma».

Cuando lo hicimos juntas entendió lo protector que puede llegar a ser nuestro inconsciente, no la había dejado entrar ahí a ella sola. Su madre no sabía que estaba embarazada, lo descubrió a los seis meses, cuando de repente se puso de parto. Y no solo venía Lourdes, sino un hermano. Los gemelos nacieron prematuros, pasaron varios meses en una incubadora aislados, entubados, a punto de morir, sin su madre, sin contacto entre ellos, sin contacto con la propia vida.

Cuando poseemos una información que nos da demasiado miedo porque su vivencia tiene una intensidad emocional superior, el inconsciente nos protege y no nos deja experimentarla solas. Si ese es tu caso, ponte en contacto conmigo en el correo que encontrarás al final del libro y lo hacemos juntas. Sentirte protegida te ayudará a entrar en esa oscuridad.

En este capítulo has aprendido:

- Nuestro inconsciente conoce la intención última de concebir un hijo.
- Nuestro deseo inconsciente tiene que estar en consonancia con la necesidad vital de tener un hijo «para satisfacer la necesidad vital inconsciente» nuestra o de otra persona en el clan familiar.
- Tu inconsciente lo conoce todo, incluido cómo has nacido y si ha habido peligro o un fuerte *shock* asociado.
- La manera en la que te ha impactado emocionalmente tu concepción, tu vida fetal y tu nacimiento, afecta a tu fertilidad.
- Solo hay una persona en el mundo que conoce tu bloqueo a fondo, eres tú.
- El INCONSCIENTE, ENTRE DOS GRADOS DE ESTRÉS, SIEMPRE ESCOGE EL MENOR.
- Está científicamente probado que en nuestro ADN hay información emocional que puede llegar a somatizarse, y que se puede cambiar. La genética ya no es inamovible.
- La información grabada en el nacimiento, que es nuestra primera autonomía, es un programa que se reproduce en tus siguientes momentos de independencia.
- Nunca es tarde para volver a nacer. En tu subconsciente todo es posible; aprovecha este poder de cambio en ti.

Y vas a poner en práctica:

- Recuerda seguir practicando las tres leyes anteriores. Realiza la breve relajación de «estado 0» antes de comenzar un nuevo ejercicio.
- Lista de *mimis* y de *mimamamemimas*.
- Mi futuro hijo, «¿es de mí para mí?».
- ¿Qué es eso que haces de manera tan única, tan maravillosa, eso mejor que tienes, que sabes, que eres y que puedes y deseas transmitir?
- Haz un pacto por escrito con esa nueva alma.
- Investiga todos los detalles sobre tu concepción, tu vida fetal y tu nacimiento.
- Visualiza tu futuro embarazo y el parto. Descubre los bloqueos.
- Haz el ejercicio de «re-nacer».
- Actúa, no basta simplemente con pensarlo. La acción es el antídoto contra la desesperación.

No permitas que la limitación que se grabó en tu concepción, tu vida fetal y tu nacimiento sirva de bloqueo en la concepción, la vida fetal y el nacimiento que deseas ahora.

LA VIDA ES... NACER, CRECER... Y RE-NACER ;)

Y tu felicidad es compatible con tu problema actual.

Mis anotaciones

Mis anotaciones

Mis anotaciones

6. LEY DE LA GRANDEZA

Esta es una ley que encanta, porque permite salir de los límites y dar un salto cuántico. Te cuento: el tamaño sí importa, y no seas mal pensada…

Me refiero a que la mayoría de las veces, cuando pensamos en nuestros sueños, lo hacemos en pequeñito, ¡y esto nos limita! De modo que lo que conseguimos es también pequeñito, está confinado dentro de unos límites muy reducidos que merman nuestras posibilidades, y conseguimos muy poco o nada debido a que pensamos en miniatura, porque creemos que no vamos a lograr algo, que lo que vamos a lograr es poca cosa, o que no es posible, o que no lo merecemos, o que es muy difícil, o que muy pocas lo logran, o que si yo lo consigo tiene que ser de una forma dificultosa…

Todos esos límites que ponemos, evidentemente nos los encontramos fuera, aunque en ocasiones lo hacemos de manera inconsciente, ya sabes, pero casi seguro que piensas así, y durante mucho tiempo. Dicen que uno es lo que piensa la mayoría del tiempo o a uno le pasa lo que piensa la mayor parte del día. Entonces no nos damos cuenta, pero lo cierto es que pensamos, repetidamente a lo largo del día, de una manera limitada, en pequeñito, en negativo, en imposible, y esto es lo que está ocurriendo finalmente. Así que derribemos esas barreras.

Tendemos a pedir poquito porque parece que es más fácil de conseguir, pero no: si pensamos en pequeñito, obtendremos ese resultado, y en este tema del embarazo puede que se nos dé tan poco, que sea nada. Por tanto, empecemos a quitarnos miedos, y a dejar de creer que hay algo que no merecemos. Una vez, una mujer a la que estaba acompañando en todo este proceso, me dijo: «Si a mí me vale con uno, y me dan igual las náuseas o tener un embarazo fatal. Como si no me tengo que mover, ni volver a dormir…». ¿Pero cómo se puede pedir eso? Porque si lo decimos y lo pensamos, lo creamos.

Por favor, el pensamiento crea, ya lo has visto, de manera que nunca digas ni pienses semejante cosa. Es tu miedo a no conseguirlo, lo sé. Hay que pensar en grande, con confianza, sin límites ni miedo; si temes, tu inconsciente cree que hay algo que temer.

Si prescindieses ahora mismo de los límites en torno a ese objetivo concreto de ser mamá, ¿qué pensarías? ¡Ojo! No sirve «Es que ya lo he intentado mucho», «Es que no puedo», «Es que me han dicho que a mi edad…», «Es que creo que esto es un castigo por…». Paaaaaraaaaa.

En tu imaginación todo vale, de modo que imagínate que tuvieras una varita mágica y te pudieras ir al inicio de la historia, cuando os planteasteis por primera vez ser padres; y desde ahí, como si no hubiera pasado el tiempo, empieza a idear un futuro próximo en el que descubrís que estás embarazada y sueña sin límites, atrévete a soñar. Además, acompaña tu sueño de todo el resto de objetivos también sin límites, porque este es uno más dentro de tu vida, no es el único, ¿recuerdas? Entonces, ese objetivo de ser madre a lo grande tiene que ir junto al resto. Observa cómo es tu vida cuando no pones limitaciones de ningún tipo. ¿Pero hasta soñando la vas a limitar? Sueña con la familia, como mujer, como pareja, como profesional… ¿Cómo son todos tus objetivos, y este dentro del conjunto, ahora que no hay límites?

Revisa todos los objetivos que escribiste para comprobar que no los has limitado tú misma, porque estoy segurísima de que sí lo has hecho (lo veo con demasiada frecuencia). En cuanto los repases, te vas a dar cuenta de que has pensado en pequeñito. Así pues, coge esas hojas, léelas y plantéate: «Vale, si ahora mismo no hubiese límites, ¿qué escribiría aquí, en mis objetivos?».

Recuerda que los habías conjugado en presente (simulando que ya estuvieran sucediendo), en positivo, y esta vez todavía más… ¡en pluscuamperfecto! Sueña de manera ilimitada.

Hacer esto va a reforzar lo que ya vimos en la primera ley (la del estado), en la emoción que está siempre por encima de las leyes, y en todas verás que se va a generar en ti un estado mucho más profundo.

Mira esa mamá, crea el mejor embarazo; deja que todo ocurra de manera mágica mientras tienes la mejor relación de tu vida con tu pareja, disfrutando al máximo del momento en el que engendrasteis a ese bebé. Mira qué felices sois al ver la prueba de embarazo; vive el mejor día de tu vida, estás embarazada y casi ni te has dado cuenta de lo bien que te va, de lo bien que te encuentras físicamente, del estado de felicidad que tienes. Siente cómo transcurre ese embarazo y escríbelo si quieres darle más fuerza, sin límites, con todo lo que puedas pedir, soñar y más. Te encuentras de maravilla, ¿verdad?

6.1 Cómo y Cuándo

En la ley de la grandeza me gusta hablar de los límites de las **2C: Cómo** y **Cuándo.**

6.1.1 La primera C es… ¿cómo?

Una de las cosas que más nos limita es pasarnos la vida preguntándonos cómo. Tanto, que casi podría sumar las dos C solo con esta primera parte, porque nos lo planteamos infinitas veces: cómo me quedo embarazada, cómo me voy a quedar embarazada, cómo puedo ser mamá, cómo puedo saber qué estoy haciendo mal, y cómo y cómo y cómo, y esto es terrible, **es un comecocos**.

Yo sé que todas caemos en esa trampa, y seguro que a lo largo de estos capítulos te ha asaltado la duda ¿pero ¿cómo hago...? Para eso tienes este libro, para que sepas cómo, pero solo para algunas cosas: para que sepas cómo encontrarte emocionalmente bien, relajada, etc.; eso sí, para quedarte embarazada tengo una mala noticia: cuanto más te preguntes cómo, más limitada estará la respuesta. ¿Por qué? Porque **la mente lo limita todo pensando en cómo. ¿Por qué? Porque solo se le puede ocurrir lo que ya conoce.**

En otras palabras: siempre que te preguntes cómo, estarás limitada a las respuestas que ya conoces, de forma que te metes en un bucle, cómo cómo cómo, pues haciendo esto, haciendo lo otro, tomándome este superbatido, haciendo el amor de esta manera, poniéndome con las piernas patas arriba media hora, comiendo no sé qué..., y tú ahí sigues: cómo y cómo y cómo, pero cómo va a pasar... No se te ocurre nada nuevo porque estás bloqueada en el cómo; tu mente se ha quedado en ese espacio tan limitado de lo que conoce que, en este tema, de momento no te ha funcionado. Además, el bombardeo del cómo provoca un estado mental muy pesimista, muy frustrante, muy culpable y superestresante; lo mejor que puedes hacer es pararlo y recordar la ley de la nada: cada vez que te descubras haciéndote esta pregunta, cambia y haz el ejercicio de «estado 0».

Imagínate un círculo de esos que tienen porciones triangulares, como los quesitos, y que tu mente conoce (como pasa en todas las personas) uno de esos quesitos. Esa porción contiene lo que te han enseñado, lo que has oído, lo que has visto en tu entorno, en la tele, lo que has aprendido en tus vivencias… y eso es todo lo que conoces, pero **el universo está lleno de posibilidades que aún no has descubierto**, incluso de posibilidades que existen que no hace falta ni conocer. En ocasiones, ocurren cosas y no sabemos cómo, pero sí sabemos que pasan, ¿verdad? Esto quiere decir que hay un enorme abanico de oportunidades para ti, para lograr por supuesto tu objetivo sin que sepas a día de hoy cómo va a pasar.

En resumen, este cómo incesante es uno de los más grandes errores en los que vivimos, y nos vuelve locas sin sentido. También sucede en otros ámbitos: en el entorno laboral, en la pareja… El mundo entero se pasa media vida preguntándose cómo y cómo…, pero solamente se nos ocurren las opciones que ya sabemos. ¿Cómo voy a encontrar un trabajo? Pues uno te dirá: «Mirando en estas páginas de internet», pero otro no las conocía; y habrá quien responda: «Pues apuntándote a un grupo de *networking*», y otro no tiene ni idea de lo que es eso. Lo cierto es que en cada momento que te formulas esa pregunta, lo único que se te ocurre es lo mismo que ya conoces, y el estado inmediato siempre es horrible.

No pierdas de vista el vasto horizonte que se muestra frente a ti y te ofrece otras opciones, tal vez más fáciles, más eficaces, más rápidas, más rentables… hasta ahora desconocidas para ti.

Se te presenta una nueva perspectiva… la de los genios, a quienes les llegan ideas maravillosas o *iluminaciones*. Dicen que tienen conexión y acceso al universo de las realidades posibles, que de repente se les enciende una bombilla y, sin más, se les abre una puerta en ese estado de consciencia en el que afloran las ideas nuevas.

Esto es lo que te va a suceder a ti cuando practiques los ejercicios de la ley de la nada (especialmente, «estado 0»), y puedas ampliar los momentos de acceso a la conciencia universal. Hallarás pistas para seguir y para acertar con la respuesta.

Los genios poseen otra particularidad: no solamente se les ocurre algo, que en principio puede parecer disparatado, sino que **tienen la curiosidad** y la capacidad de ponerse a investigar, a explorar, a practicar, a preguntar y a actuar.

Gracias a esto evolucionamos, crecemos y vamos descubriendo un panorama distinto, pero la mayoría se queda preguntándose cómo… Para salir de ese quesito tan limitado del cómo ya conocido, te voy a enseñar algunos ejercicios. Y por favor, ¡sé curiosa! Confía en que hay opciones que todavía no conoces; existen y van a aparecer para ti. No te pares a pensar, actúa.

Me encanta esa frase que dice:

> NO SÉ CÓMO VA A PASAR, PERO TENGO CURIOSIDAD
> POR VERLO.

6.1.2 Y la segunda C es… ¿cuándo?

Esto, más que una limitación, es una forma de encuadrar lo que se va a materializar. Lo que vas a hacer es ponerle una fecha a tu objetivo ya cumplido; no cuándo te vas a quedar embarazada, tampoco un día exacto ni una hora. De lo que se trata es de darle un tiempo limitado y un marco determinado a tu sueño, porque el universo materializa mejor cuando tiene delimitado algo.

Pon una fecha que sea razonable y creíble para ti. Sé realista pero déjate guiar por la intuición. Si te dice noviembre de dentro de dos años, no empieces a negociar con tu mente que si es mucho, que si no sé qué… es simplemente la fecha en la que ya ha pasado todo, ya tienes a tu hijo y puedes comprobar que se ha cumplido. Deja que se te presente una fecha, no le des más vueltas; de esta forma deberías definir todos tus objetivos. Recuerdo a una mujer que me dijo: «El 18 de agosto del año que viene», no sabemos por qué. El caso es que era marzo, y en agosto del año siguiente me escribió. Se había encontrado esa anotación y me mandó una foto con este mensaje: «Patricia, se cumplió».

Para hacérselo entender bien a tu parte inconsciente y al universo, respira y ponte en contacto con tu interior, con cualquiera de los ejercicios que has aprendido. Si has practicado, a estas alturas tendrás más desarrollada tu intuición; además, ahora se han abierto nuevas posibilidades hasta el momento desconocidas. Desde ahí, pon una fecha que a ti te parezca verosímil, espera a que te llegue y apunta. Va a ser como una pequeña certeza para ti, incluso te puedes visualizar en ese futuro, mirar a la del pasado que eres hoy y confirmarle que se ha cumplido. Deja que ese tú que conoce el futuro te hable y te diga: «Soy mamá».

¡Atención!
6.2 Ejercicio «no sé cómo»

Lo primero que vas a hacer para salir del comecocos es algo muy sencillo; tanto, que la mayoría dice ¿cómo? Ya sabes, es la pregunta del millón.

Consiste en elaborar una lista de acontecimientos que ocurrieron en tu vida, que lograste, que fueron un éxito, que hicieron realidad un sueño, que te encontraste viviéndolos y no sabes cómo surgieron.

Todos podríamos anotar miles, porque en realidad casi nunca sabemos cómo tienen lugar las experiencias que vivimos. Muchas veces me dicen: «Sí, sí. Yo sí sé cómo, sé cómo encontré a mi pareja. Fue un día en que había quedado en un bar con unas amigas y allí estaba él». Nooooo, ni se te pasaba por la cabeza que lo conocerías ese día, en ese lugar y de esa manera… esa es la verdad. Hay ejemplos muy claros. ¿A que en más de una ocasión has pensado «quién me lo iba a decir a mí…»? Cuando imaginas a una futura pareja ignoras cómo será o cómo lo conocerás… y cuando realmente pasa, tampoco sabes cómo.

Por lo mismo, cuando te preguntas «¿Cómo me voy a quedar embarazada?», evidentemente hay una relación sexual o un tratamiento médico imprescindibles, pero lo cierto es que desconoces cómo se producirá, al igual que la mayoría de las cosas maravillosas que te pasan en la vida, así que disfruta haciendo tu lista.

En resumen, la vida es una cadena de acontecimientos, uno detrás de otro, que suceden sin saber cómo, y la maternidad es uno de ellos: tener un hijo; o si ya lo tienes, buscar un segundo…; o si después de una búsqueda de años, y tras adoptar o tener un hijo biológico, de repente llega otro inesperadamente… Sé que ocurre esto porque veo muchos casos y también me ocurrió a mí. Llevaba un montón de tiempo intentándolo, había probado muchas terapias (entre ellas, las que te estoy enseñando), y bastó un trabajo muy sencillo… El mes de febrero que tenía por delante prometía ser frenético en la empresa, sin descanso siquiera los fines de semana por unos cursos que impartía. Entonces, me olvidé totalmente del cómo, porque simplemente no disponía ni de un instante libre para pensarlo (aunque yo ya no solía gastar un solo segundo en eso), y… ¡sorpresa! ¡Quién me lo iba a decir! En una temporada a tope de trabajo, en la que no me di respiro, viajé, dormí mal, me salté todas las normas de alimentación y no me preocupé en absoluto de mi ciclo menstrual; como te digo, no paré. No sé cómo, pero llegó; no sé por qué ese día y no otro. Lo que sí sé es que antes había intentado de todo, sin éxito. Podrás leer mi experiencia, junto con la de otras mujeres, en mi libro ¿Por qué yo no?, donde recojo conflictos reales y concretos.

¿Qué te parece? Así funciona la magia de la vida y del cómo sin saber cómo. Cada vez que ocurre algo sin que sepamos de qué modo, abrimos una puertecita a ese universo. Sé consciente y amplía esa porción de quesito del que hablamos antes. Cuando dejas de pensar en cómo y te inclinas hacia la curiosidad de ver cómo sucederá, te abres a nuevas oportunidades y verás…

Ya tienes tu <u>lista de recursos «Cosas que llegaron sin saber cómo»</u>, y además, a tu inconsciente se le ha empezado abrir esa puerta hacia otras posibilidades.

Ahora te enseñaré un ejercicio para salir de tus límites. Recuerda que en el inconsciente todo transcurre de una forma sencilla y básica, y cuando permites que tu mente salga de sus límites, accedes a otro nivel donde hay muchas más opciones y es más fácil conseguir tu objetivo, de una forma relajada, porque no es necesario que pienses cómo.

¡Atención!
6.3 Ejercicio «sal de tu caja»

Vas a explorar nuevas posibilidades, así que te recomiendo que busques un espacio en el que te puedas mover. Como en otras ocasiones, necesitarás dos espacios físicos diferentes:

a) Uno será el que corresponde al momento actual, ese en el que hasta hoy has vivido «como en una caja» (metafóricamente hablando), y te vas a meter ahí. Para ello, adopta la postura, en el suelo o en una silla, sentada o agachada, y respira profunda y lentamente varias veces. No te resultará cómodo, porque al fin y al cabo, estás confinada en un espacio reducido, lo mismo que puede ocurrir a nivel mental, energético o emocional.

Y acurrucada en tu caja particular, observa cómo es: pequeña, cuadrada, rectangular, etc. Con las tapas cerradas, puede que te sientas un poco agobiada, es una sensación claustrofóbica, pero sin darte cuenta vives así, ajena a un mundo de oportunidades, y sigues dentro aunque sea molesto y no tengas sitio. Y si miras a un lado, a otro, o arriba, no ves nada, no hay más posibilidades; como en la vida cuando piensas en tu sueño de ser madre, piensas: «¿Cómo voy a salir de aquí? ¿Qué voy a hacer? Me falta espacio y nuevas perspectivas. ¡Qué rollo, qué aburrido, qué desesperación!». Te has quedado sin opciones porque encerrarse en una caja (simbólica) significa recluirse en el mundo limitado de lo conocido, de lo experimentado, de lo que nos han contado, de lo que sabemos conscientemente…

Poco a poco, a tu ritmo, <u>irás abriendo la caja</u>, sacarás tímidamente la cabeza para mirar a tu alrededor y es posible que sientas algo de miedo frente a un panorama tan desconocido para ti, aún sin explorar…

b) Ya fuera, muévete a otro espacio físico. Es un espacio lleno de nuevas alternativas, muy distinto al de tu antigua caja, en el que has vivido hasta hoy. Pero ahora estás fuera y aquí te vas a expandir, incluso físicamente. Estira los brazos, agáchate, levántate, que tu cuerpo perciba que estás en un entorno sin límites.

Conocido – Confort
Limitado
Imposibilidad

Desconocido –
Incómodo   Ilimitado
Posibilidad...

¡Sal de tus límites!

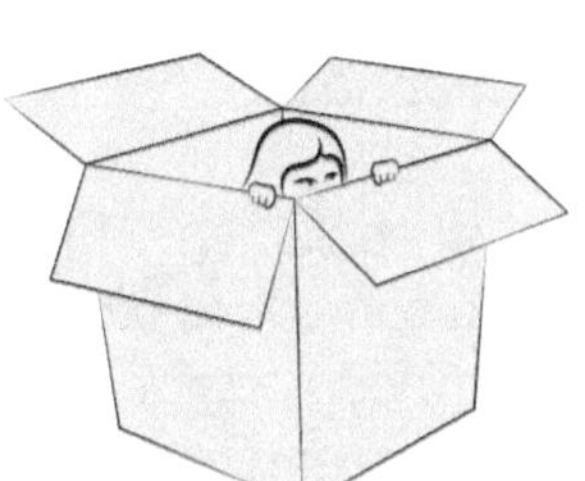

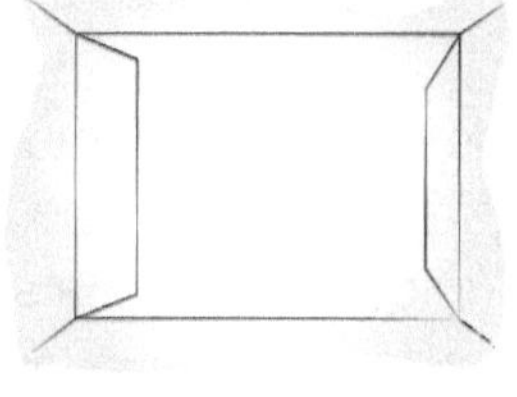

Ahora eres consciente de que te habías enclaustrado en tu quesito; date cuenta para que puedas acceder a esta dimensión de una manera inconsciente y ver todas las demás porciones que no habías considerado. Con curiosidad las vas a ir descubriendo. Relájate, porque ya no necesitas el cómo.

En adelante, tu único cómo va a ser imaginar «cómo va a ser tu sueño cumplido». Céntrate en cómo cambiar tu estado emocional, tu vida, tus pensamientos y tus sentimientos en torno al deseo de tener un hijo, no sobre cómo conseguirlo. E imagínalo a lo grande, sin límites.

Es importante abordar en este punto la cuestión de lo que yo llamo…

6.4 Las estructuras

Vivimos en un mundo en el que todos estamos educados en lo mismo, y esto refuerza el conflicto del cómo, porque solo tomamos en consideración lo que conoce la mayoría y nos parece normal vivir encerrados en esa caja, de modo que las respuestas que vas a encontrar son las que tú también te has dado hasta ahora.

Pero tienes que estar despierta para librarte de estas estructuras mentales de la sociedad en general, porque los demás, al igual que tú en el pasado, están dentro de su caja preguntándose cómo; así que olvídate a partir de hoy de lo que dicen, olvídate de esa gente que hay ahí fuera metida en cajas, formando como una telaraña en la que se han quedado atrapados.

En eso consisten las estructuras a nivel social: en un inconsciente colectivo que ejerce una gran influencia sobre ti, te produce más inseguridad (lo que yo llamo la *seguridad incómoda de lo conocido)* y te impide probar cosas nuevas, confiar y creer que va a pasar. No lo permitas, y cada vez que oigas «¿cómo...?», piensa: «Eso será una posibilidad en tu caja, para mí hay muchas más», incluidas las que no conoces,. Sal de la estructura general, recuerda que lo ilimitado es posible y haz tuyo este lema: «No sabía que era imposible y lo consiguió».

Atención, preguntas para comprobar si has aprobado la ley de la grandeza: «¿Cómo va a llegar tu objetivo de tener un hijo?», «¿Cómo vas a conseguir ser madre?».

No tengo las respuestas, pero sí una gran curiosidad por ver cómo surge y cómo pasa todo. Concédete el permiso de sentir esa curiosidad porque es una emoción milagrosa que le abre las puertas a lo nuevo.

En este capítulo has aprendido:

- Tus pensamientos limitan tus resultados.
- Salir de tus límites te permite dar un salto cuántico.
- EL TAMAÑO SÍ IMPORTA. ¡No temas! ¡Piensa en grande! SIN LÍMITES. Tú sola te pones los límites.
- LA MENTE lo limita todo pensando en el cómo.
- A la mente solo se le puede ocurrir lo que ya conoce.
- El universo está lleno de posibilidades que aún no has descubierto, pero que existen.
- La curiosidad te permite avanzar.
- Encuadrar tu objetivo lo hace más real.

Y vas a poner en práctica:

- Revisa si has limitado tus objetivos y modifícalos pensando en grande. Sueña sin límites.
- Haz una lista de cosas que ocurrieron, que lograste, que fueron un éxito, un sueño... ¡sin saber cómo!
- Sal de tus límites, sal de tu caja.
- Permanece despierta y sal de las estructuras.
- Pon fecha para tu sueño ya cumplido, anótalo, sitúate allí y observa cómo era el pasado. Deja que esa mujer del futuro que ya es madre pueda hablarte.
- Actúa, no basta simplemente con pensarlo. La acción es el antídoto contra la desesperación.

No pienses ni te preguntes cómo
sucederá.

NUNCA SE SABE CÓMO SE PRODUCEN LOS MILAGROS

Y tu felicidad es compatible con tu problema actual.

Mis anotaciones

Mis anotaciones

Mis anotaciones

7. LEY DE LA IMPORTANCIA

En esta ley vamos a tratar algo que te sonará mucho… Seguro que has oído más de una vez eso de que te olvides, de que **«cuando dejes de pensarlo, vendrá»** o «cuando dejes de obsesionarte con estar embarazada, de repente sucederá». Y en cierto modo es así, porque todos hemos visto casos de parejas que han estado un montón de tiempo buscando un bebé, que incluso entran en un proceso de adopción o en un tratamiento de reproducción asistida, que finalmente, tras años de espera, logran ser papás y… en cuestión de meses, «sin quererlo», otra vez embarazados. Entonces, se sorprenden y piensan: «Resulta que he estado ahí venga y venga, pico y pala, y nada. Y ahora que ya lo había conseguido, que ya daba igual… ocurre de forma natural».

Es increíble, ¿verdad? ¿A que te suena? El «milagro» se produce porque se ha ido el exceso de importancia, del que vamos a hablar. Te voy a explicar cómo y por qué. Además, también te voy a proporcionar un par de truquitos para que logres rebajar el potencial de tu obsesión, mediante unos ejercicios que puedan ayudarte y que, así, se cumpla tu objetivo.

Es una ley muy importante sobre todo para el entendimiento, porque hay una necesidad mental en los humanos de comprender lo que se nos escapa, o para lo que no encontramos una explicación. Si la mente racional se muestra incapaz de dar una respuesta, nos la inventamos, porque no podemos vivir sin entender; de ahí que nos preguntemos con insistencia: «¿Y por qué, y por qué a mí, y por qué así…?».

Hoy vas a conocer un porqué más que te servirá para tranquilizarte, para relativizar, para decir: «¡Ah, vale, ahora entiendo por qué pasa esto!». Y vamos a aclararlo, pues te ayudará a alcanzar antes ese objetivo, ese deseo de ser mamá.

Pongámonos manos a la obra con las **herramientas BEBÉ**. Ya sabes que me gusta sugerir algún nombre con el que te resulte más fácil recordar todas las leyes y todos los ejercicios. Podemos darle un toque de humor y llamarlo «bebé y olvida», pero «olvida» en el buen sentido, el de restarle importancia a todo esto.

Cuando hablo de la técnica BeBé, me refiero a las dos Bes, la Balanza y el plan B.

7.1 La BALANZA

¿Por qué una balanza? Porque el universo siempre, siempre, siempre está funcionando con una ley que es la del equilibrio. Energéticamente, se están creando cargas excesivas, negativas o positivas, que son campos electromagnéticos. Entonces, cuando pensamos y sentimos en exceso creamos una energía no muy positiva. Pero da igual, el universo no entiende qué es positivo y qué es negativo, aunque sí percibe un exceso de carga. Cuando nos ponemos a darle vueltas a la cabeza y a hablar todo el día sobre lo mismo, caemos en un exceso de atención y de importancia que a veces llega a la obsesión. Aunque nosotras nos digamos: «¡No, si yo no estoy ahí todo el tiempo!», sí lo estamos mentalmente cuando nos acostamos, cuando nos despertamos, cuando salimos a la calle, cuando buscamos en internet, cuando vemos a otras mujeres embarazadas, cuando intentamos encontrar otra solución (¿cómo hacer?, ¿cómo hallar la manera?, ¿por qué yo no?, ¿por qué a mí?). Este exceso de importancia crea una sobrecarga a nivel mental, y la mente es un circuito eléctrico cuya intensidad no conviene extralimitar. Además, se produce también a nivel emocional; de hecho, la ciencia asegura que el campo eléctrico del corazón llega muchos metros más allá de nuestro cuerpo físico.

Por todo lo que pensamos y lo que sentimos, **nuestro propio cuerpo es un campo electromagnético**, y sus cargas van variando conforme a ese estado mental y emocional. Para plena gozar de una salud plena, es necesario mantener ese campo equilibrado y no saturado. Pero cuando estamos en alguna área o situación de nuestra vida demasiado emocional, nos desequilibra, creamos un exceso de potencial.

¡La de veces que me pregunté en mi vida para qué me servía la física que estudié! ¡Pues mira! Para entender todo esto. En los principios del *transurfing*[7]—una forma de pensar y de actuar para conseguir lo que se quiere volviendo a lo que realmente somos—, se explica detalladamente el tema de los potenciales excesivos y de las cargas que se crean en exceso. Son cinco tomos, aunque yo te los resumiré muy brevemente, para que logres beneficiarte de sus efectos y los apliques directamente a tu deseo de ser madre. En la naturaleza todo debe estar equilibrado. Si hay un salto de presión atmosférica se equilibra con el viento. Si hay una diferencia o exceso de temperatura, se acaba compensando con un cambio térmico, se cargan las nubes, descargan con la lluvia. Esto está sucediendo en la naturaleza todo el tiempo.

Como los fenómenos naturales, los seres humanos cometemos excesos, en cuanto a lo que pensamos y a lo que sentimos, y generamos ese potencial excesivo. A mí me gusta explicarlo como en una balanza. ¿Qué hay que hacer si en un lado de la balanza hay un peso o una fuerza enorme? Tirar muy fuerte del otro lado para poder equilibrar ese exceso y que la suma de los dos haga la media.

---

7 Técnica descubierta por el físico ruso Vadim Zeland.

En tu campo electromagnético ocurre lo mismo: solo sabe de cargas, no de deseos conscientes de lo que quieres o no quieres, ni de lo que lo crea o destruye.

Quizá ya te estés empezando a preguntar cómo vas a compensar todo el peso que has puesto en ese extremo de la balanza diciendo «¿Y por qué a mí, y por qué yo, y cuándo va a pasar…?», con esa sobrecarga emocional que te provocan los estados de rabia, de ira, de presión, de tristeza… Pues justamente, con todo lo contrario.

¿Por qué es así? No lo sabemos, pero sí es posible constatar, en la física y en la naturaleza, que se tiende al equilibrio sin descanso.

Has creado un exceso de «quiero ser madre», «quiero estar embarazada», «embarazo», «embarazo», «embarazo»… El universo es ajeno al mensaje en sí, pero capta el exceso que se crea. Si solo piensas en concebir y ser mamá, ¿qué hace la otra parte de la balanza para contrarrestar eso? Precisamente, lo opuesto: «Nada de embarazo, nada de bebé, nada de mamá». No te quedarás en estado bajo ningún concepto, o lo perderás. Esto parece un poco disparatado y demasiado categórico, pero es cierto. Hay una fuerza en el otro extremo que tira del extremo contrario, para que la suma de ambos llegue a un término medio y se equilibren.

Por eso, cuando lo hemos logrado y rebajamos la importancia, es posible que el otro extremo que estaba «suelto» suba por inercia y de repente se ponga en el extremo que deseábamos. Aplicado a la experiencia, se traduce en otro bebé cuando menos lo esperábamos, tras haber adoptado un niño o haber empezado un proceso de reproducción y nuestra confianza en ello se ha relajado. En situaciones como las referidas, el otro extremo de la balanza salta. Ya no tiene que estar tirando del otro lado, del «no, no, no», y por efecto rebote se va al «sí, sí, sí». Al decir tú «no, ya está», el otro lado sube y se convierte en lo contrario. Esta es la razón por la que ocurre cuando ya no se busca.

Ahora que conoces la estrategia, tienes que hacerlo de manera consciente, tienes que conseguir reducir toda la importancia, como si tiraras la toalla, pero no de una manera resignada, sino en el estado emocional y mental correcto, que realmente te dé igual.

7.2 Las tres importancias

Hay tres máximas que has de tener en cuenta cuando estás en la búsqueda.

7.2.1 El objetivo nunca es tal por prestigio o por importancia, por cumplir o por alcanzar otras metas. Y tú te preguntarás: «¿Cómo se puede pretender ser mamá "por importancia"?». Pues sí, he podido comprobar en muchas ocasiones que si no lo consiguen se sienten menos mujeres, inferiores desde el punto de vista social o familiar; para las que tener un hijo es la manera de atrapar al hombre con el que están, etc. Y satisfacer esos otros deseos a nivel consciente y a veces inconsciente es lo que realmente les hace obsesionarse.

Sé sincera contigo; no te pongas a pensar, sino a sentir. Deja que sean tu cuerpo, tus emociones, tus sensaciones las que te hablen sobre ello. He visto mujeres que en lo más profundo se decían: «¿Cómo yo, que he tenido éxito en todos los ámbitos de mi vida, no lo voy a tener en este? Tengo que hacerlo, porque si no, habré fracasado», o «Quiero conseguirlo porque todos mis hermanos (o mis hermanas) son padres (o madres), y si yo no lo logro, seré la oveja negra, incluso se van a alegrar». Y hay otros muchos motivos; para algunas personas, conquistar este objetivo significa ganar importancia. Si te sientes identificada, sabrás de qué hablo. Puede que estés pensando «esto no va conmigo». No pasa nada. Tú eres la única que lo tiene que valorar. Si lo has hecho, enhorabuena; hay que ser valiente para reconocer este tipo de pensamientos.

7.2.2 Nunca te creas demasiado importante. A veces, la importancia reside en un falso exceso de confianza en una misma, una prepotencia que oculta una profunda desvalorización y autodesconocimiento. Me han consultado mujeres que decían: «¿Cómo yo no voy a conseguir esto? A mí eso no me pasa, yo sé... yo conozco...». En algunos casos, mujeres de éxito en otras áreas, y también especialistas, terapeutas y otras profesionales con poca humildad. De nuevo, si esto no va contigo, olvídalo. Pero te pido que medites bien sobre ello. Las mujeres que sufren de esta importancia difícilmente lo reconocen.

7.2.3 Nunca creas que algo es tan importante. Nada en la vida es tan importante, y te lo voy a demostrar en breve. Es muy probable que estés cargando de importancia el sueño en sí, el embarazo, el ser mamá, la vida con hijos, tu futuro ideal...

Valora estos tres pilares de importancia. Puede que estén tirando fuerte al otro lado de la cuerda o de balanza y que sean la causa de tu bloqueo.

7.3 Lo más importante... lo peor

Lo siguiente que vas a hacer es ponerte en el extremo contrario: en lo peor. No suelo hacer esto en los ejercicios. Pero ahora quiero llevarte al mejor estado emocional posible y mantenerlo.

A veces estás en la carga excesiva del ideal, imaginando el sueño de ser madre, buscando debajo de las piedras el milagro que funcione, etc. Pero ahora te vas a ir al otro extremo, aunque te parezca un poco raro y digas «¡Uy, no, no, no! Yo esto no lo quiero hacer, me hace sentir fatal. ¡Qué horror!»... Te contaré que lo haces repetidamente, de manera inconsciente e incontrolada. Y ahora lo vas a mirar de frente. Confía en mí, te dará buen resultado.

Hazte estas preguntas y pon por escrito las respuestas:

- ¿Qué es eso tan importante que puedes perder?
- ¿Qué es eso tan importante que vas a perder si no lo consigues?

Después, recréate en esas ideas, porque las tienes pero las rechazas, y aquello a lo que te resistes persiste. En cuanto te sitúes en lo peor, se te empezarán a ocurrir ideas como: «Pues no quedarme embarazada nunca, no tener hijos», «Puedo perder a mi pareja, siento vacío, el futuro no tiene sentido»... Ponte tremenda, ¡venga! A ver si justo cuando te lo pido no lo vas a hacer.
¿Qué es lo peor que ves en tu vida, el año que viene, en diez años? ¿Qué es eso tan trascendente que va ocurrir, que puedes perder, que puede pasar? ¿Qué es lo peor que puede suceder?

En la vida, unas veces se gana y otras se aprende. Lo que sí está claro es que **en la vida se juega**. Tú estás jugando, has apostado. Ponte en ese estado, en esa situación, en ese futuro y apunta. Seguramente, cuando lo escribas, te vas a dar cuenta de muchas cosas.

¡Atención!
7.4 Ejercicio «Lo normal»

¿Qué tal ese ejercicio de ponerte en lo peor? Probablemente, «¡terrible!». Pero… seguro que al escribirlo te has parado en algún detalle y has dicho: «Bueno, pues mira, no sé, pensaba que podía ser peor». Y has logrado encontrar, sin que yo te dijera nada, tus propios recursos y aspectos positivos. Si eso ya ha ocurrido, ¡genial!, has dado el primer paso. Si no, vamos a hacer ahora otros ejercicios para que ocurra.

Vas a aprender a equilibrar la balanza disminuyendo la importancia, de lo exterior y en tu interior.

Busca en tu vida objetivos que has conseguido y que cuando ya los alcanzaste perdieron su importancia. Elabora una lista con ellos. ¿Eres de las que se ha dado cuenta de que hay miles? ¡Por no decir todos!

Para mí, esto fue LA REVELACIÓN, porque cualquier cosa, cuando la estamos buscando, cuando es un deseo, cuando la anhelamos, cuanto más tarda en llegar… más importante, más obsesiva, más terrible se vuelve. Pero sea lo que sea, incluso aquello que te ha parecido **lo más importante de tu vida, cuando ya está conseguido se vuelve normal.**

De verdad, haz una lista completa de proyectos, por escrito, que un día eran importantísimos y después, o ahora, se han vuelto supernormales. Puede ser cuando buscabas un trabajo, un desafío profesional, una pareja, una casa, o el logro que fuera. Funciona con el objetivo que quieras. Vas a ver que siempre, cuando llegaste a él, se volvió normal.

Observa las cosas que tienes a tu alrededor. Puede ser algo material, una situación, un reto, incluso otro hijo (porque hay mujeres que están buscando un segundo o un tercer hijo, y lo viven igual que si buscasen el primero; es la obsesión, la forma en la que cada una lo vive, el sentido que le da). Fíjate en que lo que parecía una prioridad por encima de cualquier otra en tu vida, ahora lo tienes y ya ni piensas en ello, se ha vuelto algo supernatural.

Sirva de ejemplo mi propia experiencia: la maternidad, que se ha integrado de tal forma en mi día a día, que ya no le doy importancia, y a veces hasta me sorprendo quejándome porque me falta tiempo, estoy cansada, bla bla bla... Te aseguro que nunca imaginé que me afectarían circunstancias de este tipo, que por cierto he superado, pero han aparecido otros intereses, nuevos retos, nuevos sueños... y podría meterme en la misma espiral, pero no, porque la conozco, porque soy consciente de que nada es tan importante y eso es lo que hace que de manera mágica todo suceda (y si no pasa, no hay problema). Recuerdo que cuando fumaba me hacía promesas que hasta daban sentido a mi nueva vida; hice todo tipo de terapias, de cursos, de rituales, y al final lo dejé siguiendo estas pautas que aquí recojo, pero hoy es agua pasada. Resulta increíble. Para mí era lo más importante. Cuando me quitase ese vicio, mi vida iba a ser otra. Entendí que el exceso hacía crecer mi dependencia, y eso lo cambió todo. Se lo explico a muchas personas que quieren dejar de fumar o conseguir cualquier otro fin que han cargado de importancia. Siempre les ayuda porque siempre funciona.

Confeccionar esta lista es lo que le va a dar una nueva referencia a tu mente y normalidad a tus nuevos objetivos. A partir de hoy, nada será igual de importante.

Dales normalidad a tus objetivos, en vez de importancia.

Cuando reparas en todos esos aspectos sin importancia pero que un día fueron tan importantes, te das cuenta del tiempo que pierdes obsesionada y sufriendo sin que merezca la pena, y te garantizo que cuando consigas quedarte embarazada y tener ese bebé, pasarán unos meses, un año como mucho, y se habrá vuelto lo normal, lo natural. Será parte de tu rutina cotidiana, sin más. Cuidado, no pretendo decir que no sea magnífico, igual que el resto de la lista, pero no te asegurará la felicidad de por vida, ni nada de lo que ahora puedes imaginar. Un día te acordarás de esto. Conviértelo en tu filosofía de vida, te prometo que te va a cambiar.

¡Atención!
7.5 Ejercicio «un futuro sin importancia»

Vas a hacer de tu futuro algo normal. El universo, las cargas y las fuerzas no tendrán que realizar ese enorme trabajo por contrarrestar lo que hoy estás convirtiendo en un exceso. Así que lo vamos a transformar en algo equilibrado.

Escribe cómo es tu futuro dentro de unos meses, de unos años, en el que has conseguido tu objetivo y ves tu día a día como algo normal, incluso natural. Habla con otras mujeres; te contarán detalles que corroboran lo que yo te planteo. Cuando buscamos un sueño que no tenemos, lo idealizamos, por eso se crea el exceso.

Escríbelo dentro de la naturalidad, de la cotidianeidad, y así no será tan ideal como te imaginas ahora. Puedes comer jamón, hacer ejercicio y todo lo que más te guste (estando embarazada, a veces no); es una tontería, lo sé, pero son los pequeños detalles los que hacen maravillosa la normalidad. Habrá cosas que no sean tan fabulosas. Escucha a las madres, no para ponerte pesimista, sino para crear un futuro normal: no dormirás seguido, estarás más cansada, no tendrás libres las veinticuatro horas del día… Incluye otras nuevas metas a las que cargar de importancia, proyectos profesionales, lo que sea.

Que tu sueño no se convierta en lo único. El exceso de importancia lo aleja de ti.

Escribe detalladamente ese futuro sin importancia. A partir de hoy, es lo normal.

¡Atención!
7.6 Ejercicio «el plan B»

Por último, en esta ley, con todo lo que ya has escrito, con esas listas del pasado y del futuro, de esos objetivos que perdieron importancia, ahora vas a poner en marcha el PLAN B.

Como recordarás, al empezar el capítulo te he hablado de las 2 B: una era la BALANZA y la otra es el PLAN B. Siempre que tenemos un plan B, conseguimos que el A pierda importancia. Cuando solo tenemos un plan, un objetivo en mente, ponemos toda la carne en el asador para que ocurra, y eso lo carga de importancia. Así que vamos a jugar (conociendo cómo funciona, realmente es juego), a restar importancia creando otros planes. Te aconsejo el plan B, pero puedes hacer el C, el D, el E, el F y todos los que quieras. La finalidad es eliminar el apego.

Para conseguir algo, a veces tienes que decir: «Bueno, mira, me olvido, se acabó, renuncio». Cuando logramos alcanzar un estado interior que nos permite hacer eso con tranquilidad, entonces aparece. Pero tienes que hacerlo de verdad.

Hazlo porque sabes que funciona, pero cuando te encuentres en el estado verdadero en el que seas capaz de imaginar un futuro sin ese objetivo y, que incluso así, parezca genial. Entonces, ya no será tan importante, y tanto si ocurre como si no, estarás feliz, lo cual significa que funciona. Tu misión en esta ley es jugar a renunciar. Olvídate, juega durante un tiempo a pensar «Venga, vale, hasta aquí», a ver cómo es mi vida si me pongo en lo peor (comprueba la lista que has hecho), si no sucede, si fracaso en el intento… qué pasa, qué otras cosas hay en mi vida, qué me espera si renuncio a este objetivo y me centro en otros planes, en el plan B. Seguramente, una parte de ti que replique: «¡No, no, no! ¡Pero vamos a ver! Yo estoy haciendo esto para conseguirlo». Ya, pero recuerda que tenemos que engañar a tu inconsciente. Mientras sigas en el exceso de importancia, hay un montón de fuerzas tirando del otro lado, que justamente te dan el resultado opuesto para poder equilibrar.

No quiero decir con ello que abandones y te olvides, no. Intenta todo lo que esté en tus manos, lo que te propongo en este libro y otros recursos de los que dispongas. Pero de lo que hablo es de no cargar de importancia al hecho de conseguirlo o no. Y más aún: de que conseguirlo es lo normal, no hay otra opción.

Insisto: juega. Prescinde del objetivo por unos días, por unas semanas, mira qué ocurre, cómo vives cuando te centras en el plan B. Por ejemplo: «Vamos a ver cómo es mi vida cuando no tengo hijos, a qué me voy a dedicar; puedo dedicar más tiempo a la pareja, a mí, a mi vida profesional; puedo adoptar un niño, puedo...». En definitiva, se trata de que hagas el plan B, y el plan B, no incluye el A. Tener un plan alternativo le restará importancia al que tienes ahora, y eso va a hacer que la balanza se equilibre por sí sola. Tu felicidad no debe depender de una única motivación, de un único amarre.

A mí me gusta mucho la metáfora del barco: cuando tú ves un barco grande (imagínate lo que pesa y lo que mide), amarrado en el puerto, cualquier inclemencia (una fuerte tormenta, el viento...), alguien que venga y corte ese cabo... cientos de contingencias pueden hacer que el amarre se deteriore y que el barco se vaya a pique. El barco eres tú cuando cargas cada vez más importancia en tu objetivo: estás enganchada a un solo amarre. Y esto, además de que crea una importancia totalmente excesiva, que ya hemos explicado, te genera una inestabilidad interior cada vez mayor. Has perdido la perspectiva, has perdido el resto de objetivos; por tanto, imagina que eres un barco que a partir de hoy va a lanzar un montón de cuerdas más a puerto para crear amarres adicionales, amarres a la vida. Así, tu objetivo principal perderá un poco de importancia. Y no olvides que todo esto es un juego para el inconsciente.

Elimina el apego. Para conseguir algo, hay que renunciar a ello.

Siéntate tranquilamente a observar desde dentro de tu barco cómo vas lanzando a puerto más cabos, más amarres de tu vida: tu pareja, tu profesión, tus amigos, tu propia evolución y crecimiento personal, tus pasiones… Anúdalos bien fuertes, porque tu felicidad depende de todos ellos. Y el de ser mamá, el de tener un hijo, es uno más.

Pon por escrito tu plan alternativo, cómo es tu futuro en el plan B, cuáles son las otras opciones en tu vida cuando no eres madre, cuando no hay embarazo. Tienes que ver sus facetas positivas hoy. Y en cuanto lo hagas, verás que tu estado interior va a relajarse de manera automática. Incluso algunas mujeres me han confesado:

«¿Sabes qué? ¡Siento hasta liberación! ¡Voy a disfrutar un tiempo de este momento, de la no maternidad!» o...

«¿Sabes que llevo cantidad de años siendo madre (de mi madre, de mis hermanos pequeños, de mi propia madre)?».

Esto puede ser también una toma de conciencia, deja que te ocurra.

En este capítulo has aprendido:

- El exceso de importancia crea cargas y potenciales excesivos que por naturaleza necesitan equilibrarse.
- El universo tiene que hacer grandes esfuerzos al otro lado para contrarrestar la fuerza de tu exceso. Suelta lastre.
- Nada es tan importante.
- Todo pierde su importancia cuando se consigue; entonces, se vuelve normal.
- Para conseguir algo, hay que renunciar a ello.

Y vas a poner en práctica:

- Escribe lo peor. ¿Qué es lo peor que ves en tu vida, el año que viene, en diez años? ¿Qué es eso tan importante que va ocurrir, que puedes perder, que puede pasar? ¿Qué es lo peor que puede suceder? Date cuenta de que hay cosas positivas.
- Haz una lista de todas esas cosas sin importancia pero que un día fueron tan importantes, y hoy son normales. ¿Para qué sufriste tanto?
- Ejercicio UN FUTURO SIN IMPORTANCIA. Escribe tu futuro y míralo con normalidad.
- Crea el plan B. Que tu vida cobre sentido y seguridad con decenas de amarres.
- Actúa, no basta simplemente con pensarlo. La acción es el antídoto contra la desesperación.

No le des excesiva importancia
a nada.

¡EN LA VIDA NADA ES TAN IMPORTANTE! Y ENTONCES... LA VIDA SUCEDE

Y tu felicidad es compatible con tu problema actual.

Mis anotaciones

Mis anotaciones

Mis anotaciones

TERCERA PARTE

Eligiendo una nueva vida.
Llénate de energía y valor.

- Ley de la elección
- Ley de la potencia
- Ley del valor

¡Estamos en el ecuador!

Si has llegado hasta aquí haciendo lo que te enseño paso a paso, tienes mi más sincera enhorabuena, de verdad. Sé que a veces no es fácil, pero las acciones son las que dan resultados; si solo lees o piensas, no cambia casi nada.

Y si no lo has hecho, te cuento… Ya estamos en la mitad del libro, ya has aprendido muchas, muchas cosas, pero no se trata únicamente de aprender, sino también de obtener resultados, así que espero que estés aplicando los consejos y ejercicios que has visto hasta aquí para que se produzcan muchos cambios en tu vida y tu idea de tener un hijo se esté gestando como ocurre con los bebés, que desde que se planean hasta que nacen pasan unos cuantos meses. El problema es que ese período de gestación a veces está bloqueado; es el bloqueo de la pre-gestación.

En esa fase del proceso te encuentras tú ahora; tras tres meses, tres años o diez intentando ser mamá, en este momento tienes unos meses para gestarlo en el plano de tus ideas, de tu subconsciente, para que finalmente se haga realidad en el plano físico. Esto ocurre con todo, y aunque ha habido mujeres que se han quedado embarazadas tras una sola visita o con la aplicación de las primeras leyes de este libro, mi experiencia me dice que en más de 90% tardan entre 6 y 12 meses poniendo en práctica todo el trabajo. Quizás te parezca demasiado y quieras encontrar un atajo.

A mí también me pasó; si después de medio año esperando me hubieran propuesto inyectarme circonita líquida en vena para obtener resultados inmediatos, lo hubiera hecho, pero pretender algo así significa no haber entendido el proceso, y puede convertirlo en un camino muy duro y muy largo en términos de salud, de dinero y de tiempo, con desenlaces no siempre exitosos.

Por tanto, deja de buscar soluciones exprés, ponte a trabajar y asume tu responsabilidad en relación con los cambios que debes practicar en ti. Yo ya conseguí mi propósito: soy madre y disfruto de mi hijo cada día. Estoy segura de que tú podrás decir lo mismo cuando cambies el chip.

Vamos con la tercera parte en la que... **vas a ser un referente para otras mujeres.**

8. LEY DE LA ELECCIÓN

Gozamos de un **maravilloso poder: el de elegir**. De hecho, solamente hay dos cosas que podemos hacer conscientemente: una es ELEGIR, y esto es una buena noticia, teniendo en cuenta que le damos tanta importancia a lo racional, a lo consciente, a lo que pensamos, a eso que creemos que dominamos o controlamos.

La otra es razonar. No quiere decir que siempre hagamos buenos razonamientos, o positivos, o razonamientos que nos ayuden realmente a conseguir nuestros objetivos. Igual que al elegir no siempre hacemos una buena elección. Pero eso no lo sabemos hasta que no vemos el resultado; de ahí que a veces elegir es algo que nos da miedo, porque ha habido situaciones en nuestro pasado en las que no elegimos bien. Para mí, esto es una ilusión del futuro, porque cuando nosotros elegimos, siempre elegimos bien. ¿Por qué? Porque en el momento en que tomamos una decisión o hacemos una elección, hemos contado con todos los valores, con todas las circunstancias, con todos los factores que nos rodean y de los que disponemos en ese instante a todos los niveles. Evidentemente, al cabo de algunos minutos, días, horas, semanas o años, contamos con otros factores, otro conocimiento, otros resultados, y es entonces cuando decimos: «¡Ay! ¡Tenía que haber hecho otra cosa! ¡No fue buena la elección! ¡No fue la mejor decisión!». Lo peor es que te quedas instalada en esa creencia de que te has equivocado y de que no supiste elegir.

Inconscientemente, esto nos hace temer que elegir pueda ser peligroso, de lo cual nos bloquea para tomar decisiones. Pero si cambias la perspectiva y piensas **«Cuando elijo, siempre elijo bien, porque lo hago conforme a las circunstancias del momento»**, esa elección será la buena. Este nuevo enfoque te va a servir como base para que puedas tomar decisiones de todo tipo en tu vida, y además, con determinación, con mayor seguridad (porque decides según el momento, no conoces el futuro).

De todas formas, como es un conflicto que veo habitualmente en un porcentaje altísimo de personas, le dedico buena parte de un capítulo («El conflicto del adivino») en el libro *Eres fértil*, perteneciente a esta trilogía. Soy testigo a diario del tenso debate interior de muchas mujeres que se arrepienten de haberse sometido a ciertos tratamientos para su embarazo, o de no haberlos hecho, o de haber hecho algo (o no) en un momento dado, o de cómo actuaron en su primer embarazo (si lo hubo), o de cómo se dio su primer aborto, etc. Como esa tensión suele provocar un fuerte bloqueo, he querido reservar espacio suficiente para su análisis y para aprender a liberarse de ese conflicto y esa culpa generada.

Vamos con la cuestión de lo que significa elegir, que es lo que más nos importa en esta ley. Cuando perseguimos un objetivo, algo que queremos en el futuro, muchas veces lo llamamos *deseo* o *sueño*. Pero esto representa un problema, porque **un objetivo nunca es ni un deseo ni un sueño, es una elección**. Al desear o soñar, estamos a la espera; sin embargo, al elegir, lo hacemos «con todas las de la ley», lo cual significa que no hay otra posibilidad. Una elección es la única posibilidad. Elijo *a, b* o *c,* y punto. Y eso es totalmente diferente a nivel inconsciente y a nivel energético. Un deseo y un sueño pueden ocurrir o no, se pueden materializar o no, los puedo escoger o no.

Pero **la elección es una determinación**, que quiere decir **«no hay otra posibilidad»**. Te voy a poner un ejemplo muy básico y cotidiano: cuando vas a un supermercado, escoges algún producto y te lo llevas: ¡ya está contigo! Pues será lo que apliquemos en esta ley. No nos vamos a quedar ni en los deseos ni en los sueños, sino que vamos a elegir. Hacerlo te ayudará a que tu meta de ser madre se cumpla, porque a partir de hoy no va a ser ni un deseo ni un sueño nunca más, va a ser tu elección.

¿A que mientras lees esto ya hay algo en ti que siente un nuevo poder?, como si fuera más seguro, como si tuvieras más certeza. Sí, es que hacer una elección implica que algo ya esté contigo. No hay otra posibilidad. Elegir es decidir, y decidir también es comprometerse. Porque cuando uno toma una decisión en firme, además de asumir que tendrá un resultado, debe aceptar que requiere de un compromiso. Oirás a gente que cuenta acerca de su relación de pareja: «Bueno, es que nos iba muy mal y entonces he estado mucho tiempo pensando. La verdad es que me gustaría que cambiase o me gustaría hacer mi vida de nuevo…», pero esto es un deseo, un sueño de que fuera de otra forma, y se queda en un pensamiento. Ahora bien: el día en que una persona toma una decisión, no hay vuelta atrás; se convierte en una realidad, en algo serio, en algo firme, en algo que ya no puede ser de otra manera, en algo que no admite ninguna otra posibilidad.

Esto es lo que vas a hacer con tu proyecto de ser mamá: convertirlo en tu elección. Notarás de inmediato que te liberas, que tu objetivo empieza a ganar fuerza desde el momento en que lo eliges. Porque sabrás que ya no puede ser de otra manera. Tiene carácter de ley, créeme. O mejor, no me creas, prueba y comprueba.

Para apoyar tu elección utilizarás las declaraciones, que son «la intención de» más «la determinación de»; es decir, cuando yo tengo intención de ser madre y además le sumo la determinación de ello, esto se convierte en una declaración y en una elección. Los deseos son meras intenciones, solo son sueños, solo son pensamientos, pero les falta la determinación.

Esos son los dos conceptos con los que más vamos a trabajar en esta ley: **la intención** y **la determinación**. A tal efecto, como siempre, te propongo un par de ejercicios con los que podrás hacer realidad todo lo que hasta hoy estaba en el aire, que lo contemplabas en tu mente y en tus más profundos sueños. En adelante lo empezarás a materializar si le das el carácter de elección.

¡Atención!
8.1 Ejercicio «la elección»

1. Ponte de pie, como si estuvieras frente a un jurado. Levanta una mano con la palma mirando al futuro y pon la otra mano sobre el corazón. Vas a hacer tu declaración y tu juramento. Una declaración no es una afirmación, ni un pensamiento positivo, ni la repetitiva cantinela de «quiero ser madre, quiero ser madre, quiero ser madre…». No. Es mucho más que eso.

2. Colócate en esa intención y en esa determinación: en esa postura física, exterior y también interior. Empieza a respirar profundamente a la vez que, como te indicaba, te pones de pie frente al futuro, frente al mundo, frente al universo, frente a tu espejo, frente a tu vida, frente a ti. Y con la mano en alto y la otra en el pecho, expresa tu declaración de intención más determinación, de ser, de tener…; grítale al mundo tu elección: «¡Voy a ser madre!», «¡Voy a tener un hijo!», «¡Voy a tener otro bebé!». Formúlalo a tu manera, pero declara. Y observa qué cambia en ti cuando posees esas dos herramientas —la intención y la determinación—, cuando puedes decirlo con certeza, sin duda. Solo haz la prueba, como si pudieras conectar con un poder dentro de ti y otro fuera de ti, en ambos lugares, que te ayudan a contactar con la determinación. Esto permitirá que realices esta declaración con intención más determinación. Y esto, a partir de hoy, se va a convertir en tu elección. Di «elijo ser madre» y observa qué se produce ante ti, dentro de ti. ¿Qué cambia cuando puedes hacer de ello tu elección, tu declaración y tu juramento?

«¡Hoy declaro que voy a ser madre! ¡Hoy juro que voy a ser madre! ¡Hoy elijo ser madre!».

Repítelo cuantas veces quieras. Es importante que mantengas una mano en alto (como cuando y decimos: «Juro, declaro, elijo») y la otra mano en el corazón.

3. Además, puedes grabarlo con ese gesto u otro que para ti sea representativo del juramento y de la elección. Te recomiendo que primero hagas la declaración, tu elección, con la postura física referida, y que después, cuando veas que va ganando fuerza, hagas tu propio gesto; por ejemplo, una palmada, los puños en alto, un salto hacia atrás, un símbolo con los dedos. Lo que quieras, pero deja que esa elección no solo sea de palabra, sino también de pensamiento, de sentimiento, de emoción..., grábala y repítela.

Elección + decisión + compromiso = declaración con intención + determinación.

8.2 Formaliza tus objetivos: el contrato

La elección que haces de manera consciente (con gestos, palabras, emociones...), conforme a la técnica del juramento, es transmitida al inconsciente y provoca un fuerte cambio que puede ser aún más poderoso mediante un contrato; así que vamos a formalizarlo, porque cuando firmamos un contrato de cualquier tipo en la vida real, adquirimos un compromiso (con respecto a lo que aseguramos que vamos a realizar, a ser, a cumplir...) que le otorga su valor.

Para ello, te voy a proponer que retomes esa hojita en la que habías anotado tu gran objetivo de ser mamá y todos los demás que giran en torno a él (a nivel familiar, a nivel profesional, a nivel personal, a nivel de vida...). Todo eso que has proyectado en tu futuro y que además hoy has elegido.

Retoma lo que escribiste y dale una vueltecita redactándolo en forma de contrato y en formato elecciones. Es decir, comienza con los formalismos característicos de este tipo de textos. Puedes encontrar plantillas en internet, o si lo prefieres, usa como modelo alguno propio en el que quieras basarte. Los contratos siempre empiezan con la misma fórmula: «Yo, …, con DNI …, nacida el día … en …» (algo que nos identifique) y continúa con los compromisos que adopta cada una de las partes: «me COMPROMETO a elegir ser madre». Plasma de esa manera tus objetivos y te darás cuenta, al releerlos, de que quizás los hayas puesto en modo intención, en modo deseo, en modo me gustaría, ojalá, quiero… ¡No, no! Hoy incorpora a esas frases el carácter de elección: «Elijo ser, elijo tener, elijo (lo que aparecía en tu lista)…». ¿Recuerdas que ya utilizabas el presente positivo pluscuamperfecto? Pues ahora igual, pero con carácter determinante: «Elijo…».

Además, vas a completar ese contrato con dos ANEXOS:

1. ANEXO 1: COSAS A ELIMINAR AQUÍ Y AHORA. Entra en pensamientos, en sentimientos, en acciones, en cosas que tienes, que haces, que dices… e inclúyelas en este primer anexo. Elabora una lista tan extensa como quieras y sé concreta a la hora de expresar qué es lo que te comprometes a eliminar, por ejemplo: «Elimino aquí y ahora mis pensamientos negativos sobre "no lo conseguiré"», «Elijo eliminar aquí y ahora mi vivencia de esta situación como un tabú»… Cuando acabes, firma con tu nombre y tu DNI.

2. ANEXO 2: COSAS QUE TENGO Y AGRADEZCO AQUÍ Y AHORA. Este segundo anexo tiene mucha fuerza porque te va a poner —y más aún después de haber hecho el anterior—, en un estado muy positivo: el de agradecimiento. No te pierdas en generalidades como: «Agradezco que soy feliz, agradezco la familia que tengo, agradezco el trabajo…». Analiza cada detalle de tu vida por los que te sientes agradecida, y escríbelos en una, dos o cinco hojas. No importa si te parecen insignificancias; en conjunto, llenan un gran saco.

Este será el contenido de tu contrato. Así que… ¡manos a la obra!, a redactar tu documento de elecciones y compromiso.

Posiblemente te haya surgido la duda de con quién lo firmas, ya que en un contrato siempre hay dos partes. Puedes hacerlo con tu Dios o tu Diosa, tu ser superior, el universo… con lo que creas que es el ser que te da energía, tu mejor aliado, tu doble… Te hablaré de él en la siguiente ley.

¡Atención!
8.3 Ejercicio «yo declaro»

Ahora que ya tienes tus elecciones, tu contrato, tu lista de cosas para eliminar y tus agradecimientos, vas a realizar un ejercicio de fuerza con ello: el «Yo declaro…».

Te aconsejo que te sitúes cómodamente en un espacio. A solas y a ser posible de pie, ponte ante ti, ante el universo, ante la familia, ante tu futuro, ante todo… y lee en alto tu contrato (tu objetivo y tus objetivos, que son ahora tu elección), a modo de declaración, como si comunicaras al mundo el resultado de tu decisión.

Como siempre, te recomiendo que antes hagas una pequeña práctica de respiración, de ponerte en contacto contigo misma, con tu interior, con tu fuerza, con tu intención y tu determinación. Desde la certeza y la seguridad que te confiere estar en contacto con algo superior que no sabes lo que es pero te lleva a tener esa determinación, empieza diciendo: «Yo … (tu nombre), con DNI … declaro decir la verdad y toda la verdad». Ese va a ser el primer punto de tu declaración, con tu contrato en mano, con tus elecciones, con la postura, el gesto y la firmeza que posees.

8.4 Más declaraciones…

A continuación, enumera tus nuevas declaraciones, las que vas a hacer cada mañana, cada día… Te aconsejo que elijas bien el momento para enunciarlas con fuerza: cuando te levantes (es uno de los mejores), cuando empieces la jornada, cuando te acuestes… Haz tu propia lista de declaraciones. Léelas en alto a diario para que se vayan integrando en ti. Parece algo muy simple, y lo es, pero tiene mucha fuerza; hazlo, necesitas esa fuerza.

Aquí tienes unas de ejemplo para empezar tu lista con ellas; continúa con las tuyas propias, las que le den esa fuerza de declaración a tu elección.

- «Mi mundo interior crea mi mundo exterior».
- «Libero mis experiencias no productivas del pasado relacionadas con la maternidad, y creo un futuro nuevo».
- «Observo mis pensamientos y tomo en consideración únicamente aquellos que me infundan poder».
- «Yo creo el nivel exacto de mi poder como mujer».
- «Me comprometo a ser madre».
- «Elijo tener un hijo».
- «¡Pienso en grande! Elijo…».
- «Me centro en las oportunidades por encima de los obstáculos».

Añade cuantas quieras, aunque te aviso: no es cuestión de cantidad, sino de calidad, de convencimiento, de que tus declaraciones sean fáciles de recordar y repetir, y que sumen a esa intención la determinación de conseguir tu objetivo de tener un hijo.

Cuando yo hacía esto, me imaginaba no solo consiguiendo mi objetivo, sino enseñándoles, con la misma energía, el camino a otras mujeres. Y una de mis declaraciones determinaba justo ese objetivo, que hoy se ha cumplido…

¿Por qué no te implicas tú también, y me ayudas a ayudar? Son muchas las mujeres con el mismo problema, miles, pero lo viven en silencio. Declara para ellas, y un día ya no existirá este sufrimiento. Necesitamos superar este tabú, y es un granito el que tenemos que poner cada una.

Entra en mi Facebook[8] y deja una foto declarando o un comentario, o envíame un *e-mail*[9] con tus declaraciones. Elijo que un día tengamos un libro entero solo con declaraciones para este precioso objetivo.

8 facebook.com/patriciabartolomefertilidad/
9 Lasleyesdelafertilidad@patriciabartolome.com

¡Atención!
8.5 Ejercicio «la diapositiva»

Por último, para terminar lo referente a esta ley, vas a hacer un ejercicio que para mí es de los más poderosos. Yo lo he llamado «la diapositiva».

1. Ponte cómoda. Puedes hacerlo en cualquier postura. Escoge un espacio confortable para concentrarte unos minutos en ti y en lo que sientes, porque vas a ver el futuro. Cuando te hayas instalado tranquilamente y respires de manera calmada, pausada, lenta y profunda durante unos minutos, puedes comenzar.

2. Utiliza alguna de las técnicas vistas con anterioridad; por ejemplo, el ejercicio «estado 0» de la ley de la nada. Ahora que ya ves tu objetivo de otra manera (antes era un deseo, algo que anhelabas; actualmente es una elección), quiero que dejes que te llegue a través de una imagen en el futuro en la que te veas con ese objetivo cumplido. Deja que sea la primera que te venga. Puede ser justo el momento en que ves por primera vez al bebé, en que estás con él en brazos y tiene unos días o unos meses. O puede ser otro. De hecho, hay mujeres que me dicen: « En el momento de mi objetivo conseguido lo que veo es un nene o una nena que tendrá en torno a un año o dos y está de pie a mi lado, señalando algo o abrazado a mis piernas. También nos imagino en el parque, o paseando mi pareja y yo por la calle con el carrito, o los tres en el sofá tan felices...». He visto tantas diapositivas... Cada una es única y de cada una. La tuya será aquella que para ti tenga sentido. Permite que tu inconsciente te dé esa representación del objetivo ya cumplido.

3. Respira profundamente, espera a que se dibuje (como si un dibujante empezara a esbozar ese momento) y recréate en todo lo que estás viendo. Figúrate que es una película y que visualizas sobre la pantalla el futuro en el que tu objetivo ya está conseguido. Mira qué ves, qué piensas, qué haces, qué sientes... y AHORA... TOMA UNA FOTO FIJA, la foto *finish*. Una fotografía no tiene movimiento, pero «cuando ves esta imagen, sabes que has logrado el objetivo».

Te pondré un ejemplo para que lo entiendas: el estreno de una obra de teatro. El público asiste, la ve y al final se cierra el telón. Los espectadores se levantan y aplauden. En ese instante hacemos una foto del objetivo conseguido, si este fuera estrenar una obra de teatro. Pero para otro será el momento en el que comienza, o en que ponen su cartel en la puerta del teatro, o en que la gente compra entradas en la taquilla... A cada persona será una foto distinta la que le dé la certeza de haber alcanzado su propósito.

No se trata de una película, no es un montón de imágenes una detrás de otra. Eso lo has podido comprobar durante este ejercicio, sí, cuando el objetivo se ha cumplido. Tú solo toma una foto.

Una película es difícil de traer a la mente, pero una foto fija resulta muy fácil. Así que observa la tuya con atención, repasa sus detalles de color, si es en blanco y negro, si tiene nitidez en algunos puntos... Repara en todos los detalles como si tuvieras una real en tus manos y te fijaras en las caras, los gestos, el fondo, el paisaje... Grábala bien. Mírala repetidamente. Esa va a ser, a partir de hoy, tu diapositiva.

4. Una vez la tengas, habrás completado la primera parte del ejercicio. En adelante, trae esa foto a tu mente en reiteradas ocasiones a lo largo del día. Si la retienes con suficiente fuerza y con suficientes detalles, no se te va a olvidar, de manera que tu memoria consciente te la devolverá siempre que sea necesario, y tu inconsciente te la acabará dando automáticamente. Entonces, párate un segundo, dos... mírala y recréate. Esto es algo que puedes hacer mientras andas, mientras hablas, mientras conduces, porque no cuesta nada.

Diapositiva: conozco el objetivo – lo veo – pienso – siento – enfoco – elijo – creo.

Espero que la tengas bien grabada; si no es así, haz de nuevo el ejercicio y quédate con esa foto. En cuanto esté creada, esa es la diapositiva; no crees otra y mañana otra diferente, porque perdería fuerza. Es como el que tiene un montón de fotos guardadas en un cajón, y al sacar una le trae recuerdos de cuando ocurrió. Pues eso va a ser esta foto para ti: no un recuerdo, sino una certeza de que constituye el objetivo cumplido. Además, te permitirá enfocar ese momento, lo podrás ver, incluso sentir, y de ese modo el objetivo irá cobrando fuerza y acercándose a su materialización. Te digo más: guárdala bien porque un día sí será un recuerdo.

En este capítulo has aprendido:

- Tienes un poder inmenso: el de elegir.
- Un objetivo no es ni un deseo ni un sueño, es una elección.
- La elección es una decisión tomada con determinación. Quiere decir: «No hay otra posibilidad».
- A partir de hoy, tu meta de ser madre es una elección y un compromiso.
- Las declaraciones, que son «la intención de» más «la determinación de», van a generar una nueva fuerza en ti.

Y vas a poner en práctica:

- Declara en voz alta tu elección: VOY A SER MADRE.
- Integra tu objetivo con el resto de objetivos en un contrato, con sus anexos:
  - ANEXO 1: COSAS A ELIMINAR AQUÍ Y AHORA.
  - ANEXO 2: COSAS QUE TENGO Y AGRADEZCO AQUÍ Y AHORA.
- Realiza diariamente tu «yo declaro...» y el resto de declaraciones creadas por ti.
- Crea y reproduce repetidamente la diapositiva.
- Actúa, no basta simplemente con pensarlo. La acción es el antídoto contra la desesperación.

No desees ni sueñes, elige.

UN DESEO NO CAMBIA NADA,UNA ELECCIÓN LO CAMBIA TODO

Y tu felicidad es compatible con tu problema actual.

Mis anotaciones

Mis anotaciones

Mis anotaciones

9. LEY DE LA POTENCIA

Bueno, vamos a divertirnos un poco, ¿no? Te presento una ley imprescindible por la inyección de energía que te va a proporcionar, por el potencial que tiene y sus beneficios con respecto a lo que quieres conseguir. Funciona como un cohete y vas a utilizarla para que llegue lo que has elegido con más rapidez y con más fluidez.

¿En qué consiste esta ley? Pues precisamente, en cargarnos de energía; la energía es potencia, pero si queremos obtener el máximo rendimiento de un coche o de un avión para que lleguen a su destino, tenemos que aportarles energía (en ambos casos, el combustible). A las personas también nos hace falta esa energía. ¿Y dónde está?, ¿cuál es?, ¿dónde nos enganchamos? **¿Cómo nos recargamos? Como una batería.**

Eso es lo que vamos a hacer en los ejercicios que siguen, pero es importante que sepas y entiendas por qué y para qué.

El **porqué** es muy sencillo: necesitamos ese chute, ese botón que enciende la chispa en el cuerpo, que aumenta nuestra potencia, que nos da toda la fuerza… tanto a nivel físico (de ahí que sea importante comer bien, practicar deporte, etc.) como a nivel mental y emocional, y también a nivel de lo que se crea en conjunto, que es ese campo electromagnético del que ya hemos hablado. En esta ley trabajaremos directamente sobre ese plano. **Porque todo lo que somos, en el fondo, es ENERGÍA.** En este siguiente ejercicio, lo notarás en ti inmediatamente a todos los niveles, y luego podrás aplicarlo en concreto a tu objetivo de ser madre.

Te ha quedado claro que necesitas estar a tope de *power,* ¿a que sí? Aunque a veces no puedas o no te encuentres así, pero sabes que lo necesitas. Todos hemos sentido algún momento de esos en los que estamos a tope y se nos sale la energía por los poros. Es maravilloso sentirlo, con independencia del objetivo que persigas; pero ahora, además de conseguir ese efecto, lo vas a emplear en lo que quieres conseguir. En esto reside el **para qué**, en potenciar y acercar tu objetivo; lo va a cargar y te va a ayudar a lograrlo más fácil y rápido.

Necesitas esa energía, y seguro que ahora más que nunca, porque si tienes este libro entre tus manos es porque ya llevas un tiempo en la búsqueda, o van varios intentos fallidos, incluso alguna pérdida, y te has quedado sin fuelle. A veces, el proceso nos va deteriorando, nos va apagando, somos como una pila que se va consumiendo y tiramos la toalla: «Es que ya se me acabaron las fuerzas», «Es que ya no quiero seguir», «Es ya no lo quiero intentar más», «Es que ya no puedo más»…

Yo recuerdo que un tiempo antes de quedarme embarazada, me tuvieron que ingresar precisamente por agotamiento, porque había llegado al límite de mi capacidad física, psíquica y energética. Estuve solamente unas horas, tras someterme a todo tipo de pruebas y comprobar que «no me pasaba nada». Como no hay análisis que detecten la energía, cualquier otro estudio no revela nada.

Ningún informe médico reflejará un diagnóstico como este: «Está usted extenuada, ha gastado todas sus reservas como consecuencia del esfuerzo mental y emocional que lleva sufriendo durante más de un año con el tema de tener un hijo. Su energía se ha disipado, tiene usted que recargar». No, esto no aparece en ningún informe, pero era lo que me ocurría, yo lo sabía, así que me fui a mi casa y al día siguiente empecé a practicar este ejercicio de manera más asidua; a los dos meses supe que estaba embarazada.

El cerebro consume el 30% de tu energía, y con todo lo que se piensa en este asunto, debe de consumir el doble. Además, como ya no encuentras solución más allá de tus posibilidades mentales y te sientes responsable o culpable del resultado, estás agotada.

Yo me di cuenta a tiempo y mi biología aún no había padecido síntomas peores, pero mi energía estaba por los suelos y era urgente esa dedicación para repostar combustible. En menos de dos semanas despegué como un cohete y empezó a ocurrir lo que esperaba.

Te explico cómo es el ejercicio que yo llamo *powerball,* la bola de poder. Por cierto... Te acuerdas de tu diapositiva, ¿verdad? Tráela a tu mente, recréate, sonríe.

¡Atención!
9.1 Ejercicio *«powerball»*

Llevo muchos años haciendo terapia energética, y en contra de lo que la gente piensa, es pura física. Para un ingeniero resulta fácil ver y demostrar nuestro sistema energético; en cambio, otras personas, cuando hablan de «energías», se pierden en cuestiones esotéricas. No lo entiendo, las bolas de cristal en la tele han hecho mucho daño, está claro. Lo que te puedo asegurar es que todos los seres vivos tenemos ese campo energético, no visible para el ojo humano, pero sí existente, que nos hace sentir de una manera determinada. Se puede modificar, es muy manipulable y flexible, y es sencillísimo de «recargar».

Antes de hablarte del ejercicio, ya sabrás que hay muchas formas de cargarse de energía. Te indico algunas; elabora tu propia lista y aplícalas:

- Ingiere alimentos que te dan energía.
- Ponte en contacto con la naturaleza, pisa descalza la tierra, abraza un árbol y siente cómo la energía te llena.
- Da las gracias siempre a cualquier fuente de energía que te haya cargado.
- Céntrate en el «yo puedo», haz cosas, recuerda cosas, que te refuercen ese sentimiento.
- Cambia tu postura, tu forma de moverte y tu gesto facial. Finge hasta que se vuelva real.
- Deshazte de los trastos, tira todo lo que no utilizas, recupera espacio para lo nuevo.

Hay muchas otras. Búscalas y aumenta tu nivel de energía de inmediato y cada día.

En este punto, abordemos ya el ejercicio que te propongo para cargarte las pilas. Existen mecanismos para medir su resultado. Tú en tu casa no lo podrás hacer, pero sí sentir; así que tranquila: eso es lo importante.

Te indico las instrucciones paso a paso para crear un campo propio de energía; de ese modo, vas a recargar y a darle fuerza a tu objetivo, que cada vez está más próximo. En el universo, todo es energía; y cuando algo cobra energía, se vuelve más vivo, más real, tiene más potencial (como el cuerpo humano, que cuando tiene energía puede llegar a límites insospechados). Vamos allá.

Como siempre, reserva un espacio y un tiempo (alrededor de veinte minutos) para realizar el ejercicio. Pon el teléfono en silencio, desconéctate de todo y evita simultanearlo con cualquier otra actividad; primero, porque no vas a poder concentrarte, y además, porque requiere de movimiento, y no podrás hacerlo.

1. Comenzarás en un espacio físico y luego te moverás unos pasos hacia el espacio de tu objetivo.

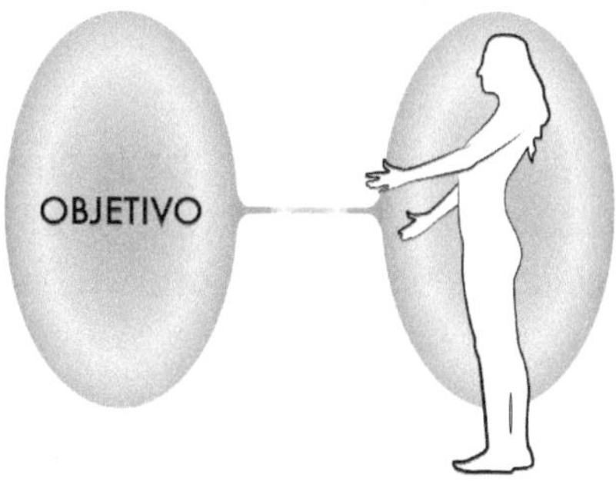

Necesitas niveles extra de energía para poder gestar
una vida dentro de ti.

2. Elegido el lugar de inicio, respira unos segundos de manera consciente y en conexión contigo. Una vez que estás ahí, a ser posible de pie, ponte manos a la obra. Recuerda que si lo prefieres, puedes hacerlo de manera guiada a través del curso online las leyes de la fertilidad, lo que te permitirá centrarte plenamente en las sensaciones sin estar pendiente de nada más.

3. Empezarás a visualizar que brotan unas raíces, como si fueras un árbol; mientras tanto, otra parte de ti se va a enfocar en la coronilla.

Entonces, vas a dejar que esas dos fuerzas, terrestre y aérea, vayan creando una corriente en ti. No hace falta que hagas nada, ni que sientas nada; puede que sí, puede que no… visualízalo y deja que pase.

4. Deja que te venga a la mente una situación cualquiera, por sencilla que parezca, en la que te hayas sentido a tope de power.

5. Cuando te instales ahí, graba, reproduce, reproduce y graba, revive y siente con los cinco sentidos.

6. Empezarás a notar como una corriente que viene de la tierra y asciende por la planta de los pies, por los tobillos, por las piernas, por la cara anterior de tus rodillas, por tus muslos, por tu pubis, por tu abdomen…
Observa cómo baja una corriente y sube la otra; verás esa burbuja de energía que se crea a tu alrededor, producto de las corrientes que suben y bajan, a nivel emocional, a nivel de los sentidos, a nivel de la piel, a nivel de todo.

7. Tu cuerpo entero es ya como un cohete a punto de despegar. Avanza unos pasos, ponte encima de esos objetivos que habías colocado delante de ti y descarga toda la energía hasta que te quedes vacía.

Si ahora miras hacia tus objetivos los percibirás más cargados.

Este ejercicio lo puedes utilizar para cargarte de energía en momentos en que te encuentres un poco decaída; la vas a necesitar para recobrarte y para poder crear vida. Así que practícalo y repítelo cuanto creas oportuno.

9.2 Las 3 P

Hay tres conceptos de los que hablo en esta ley, que he llamado las 3 P: **Paciencia**, **Perseverancia** y **Placer**.

Y habría una cuarta P, la primera y principal: la de la Potencia o *powerball* que ponemos en nuestro objetivo Esa ya la conoces. Vayamos con las otras tres.

PACIENCIA porque te encuentras en un proceso, en un proceso de pregestación. Todo lo quieres ya, ya, ya, ya. Y esto más. Te entiendo, ya que lo he vivido y lo veo muchas veces con muchas mujeres. Todo lo quieres al instante: leer el libro, acabarlo y disponer de inmediato de las herramientas, terminar el curso, hacer la terapia, quedarte embarazada... Pero esa ansiedad produce un bloqueo, ya que no hay nada en la vida que no requiera un tiempo y un trabajo para integrar, para entender, para transformar... A veces son necesarios unos meses; otras, más. En cualquier caso, no representan demasiado en el conjunto del proceso. Y si lo afrontas con paciencia y disfrutas del camino, además de acercarte a tu objetivo, te ayudará a entender muchas cosas, a aprender y a crecer; no desaproveches esta oportunidad. Por tanto, ármate de paciencia (que no es resignación) para comprender el proceso, así como tu influencia y tu responsabilidad en él.

PERSEVERANCIA porque significa hacer un trabajo continuo, significa decir: «Sí o sí, yo voy a conseguir mi objetivo, sí o sí sigo en mi objetivo, en mi camino, en mi proceso, y continúo y continúo». Es continuidad en el proceso, en el trabajo, en lo que estamos entendiendo, en lo que estamos investigando, en lo que estamos haciendo... Eso es perseverancia. El que de verdad anhela alcanzar su objetivo, el que de verdad quiere algo, no se da nunca por vencido, no abandona, no tira la toalla a la primera de cambio, no desespera, sino que se propone un reto y busca la manera de conseguirlo. Granito a granito, pasito a pasito, como las hormigas.

PLACER. El de hacer el camino. Tanto la paciencia como la perseverancia se conquistan más fácilmente si hay placer en lo que estás haciendo, en ese proceso. Lo que haces no es una obligación, y el objetivo, tampoco. Tienes que convertir el camino en algo placentero. Para ello, emplea los recursos que quieras: practicar los ejercicios, narrar tu experiencia, tomar nota de todo aquello por lo que estás pasando para explicárselo un día a tu hijo, escribir un libro, ayudarme a llegar a más mujeres con nuestro trabajo... Se trata de que lo que hagas te divierta y te permita disfrutar de este proceso de búsqueda que estás viviendo. Utiliza juegos, aprende cosas nuevas, busca el placer del propio acto sexual que es necesario para concebir un hijo... No pienses tanto en cómo quedarte embarazada y dedica tiempo a encontrar nuevas formas de gozar del sexo con tu pareja, porque influirá positivamente en el resultado. Recurre a lo que te parezca más oportuno a fin de que tu andadura te resulte lo más agradable posible, no solamente cuando consigas ser mamá, porque lo que realmente va a potenciar la meta en sí misma son estas 3 P: Paciencia, Perseverancia y Placer en el proceso.

Obtén placer de estos pasos que estás dando para llegar a lo que realmente quieres y sé perseverante en lo que se refiere a constancia, continuidad y confianza en que sí o sí vas a hacer lo que esté en tus manos por lograr el propósito que te has marcado; paciente pero insistente.

9.3 El aliado

Los ejercicios correspondientes a esta ley son cortos, breves, pero intensos y muy, muy, muy potentes, como la propia ley indica. Así es también el aliado al que me voy a referir.

No sé si has oído hablar de la técnica del «doble». La descubrió el físico francés Jean Pierre Garnier Malet, autor de la teoría del desdoblamiento del espacio y del tiempo, que a sus casi 80 años sigue investigando.

Te llevaría años leer y entender todo su trabajo y toda su aportación (pura física, ya te lo he dicho), pero bastará con que apliques sus resultados para conseguir tu objetivo y responder muchas de las preguntas durante el proceso. Créeme: aunque al principio pienses que no puede ser, solo requiere de un poco de práctica.

Intentaré resumir de una forma sencilla en qué consiste esta técnica formulada por el padre del desdoblamiento. El doctor Garnier se dio cuenta de que energéticamente, cuánticamente (él lo ha podido mostrar científicamente), todos disponemos de un doble, como si estuviera en una dimensión más ampliada a nivel energético, a nivel cuántico. En esa dimensión, nuestro doble (que es una parte de nosotros, o más bien otro yo, otra tú) tiene una perspectiva diferente, más información, más soluciones, igual que alguien que te viese desde fuera y percibiera no solo tu ser de hoy, sino todo tu potencial de ahora y hasta cincuenta posibilidades más. Como en la dimensión 2D y 3D, ¿recuerdas? Pues tu doble te ve como doctor Quantum a Circulito, por eso tiene respuestas que tú aún no has encontrado. Es como tu propio vidente, tu propio sabio, único y personal.

¿Qué te parece? ¿Te gustaría descubrirlo y contactar con él para que a partir de hoy sea tu aliado? Te va a dar confianza y tranquilidad, porque te puede guiar, y proporcionar soluciones.

Es verdad que cuando una oye esto por primera vez se pregunta: «¿cómo?, ¿de qué me estás hablando?». Pero te puedo decir que todo lo que expongo ya está probado, superestudiado, demostrado y además ha funcionado conmigo y con otras muchas mujeres. Yo no practico el esoterismo, tengo mente de física y de ingeniera que necesita comprobar y demostrar… si bien es cierto que la vida me ha puesto en situaciones en que he tenido que trabajar con mi parte más energética y más espiritual, de lo cual me alegro enormemente, pero te aseguro que nada que carezca de fundamento, mi mentalidad científica no lo admitiría.

Daré una breve explicación y te indicaré cómo realizar el ejercicio. No hace falta que investigues en profundidad como ha hecho Garnier Malet (aunque puedes leer todo lo que quieras sobre ello); te aconsejo que vayas directamente al grano, a probar y a ver resultados. Y eso es lo que más confianza te aportará: tu propia experiencia y los resultados. Pero te garantizo que, seas consciente o no, cuentas con un aliado un poquito más allá, (no sé dónde) un aliado que sabe mucho más que tú, que tiene respuestas y soluciones que tú todavía desconoces, y que si te pones en conexión con él, percibirás esa seguridad y esa tranquilidad.

Antes de ver cómo realizar este trabajo, una cosa más: ¿te acuerdas de que en la ley anterior te hablé de hacer el contrato con algo o con alguien? Puedes firmarlo con el universo, ¡o con tu doble! Revísalo teniendo en cuenta que se establece entre dos, que tú te vas a responsabilizar de la parte que te toca, y que por tanto, no se trata solo de requerir y preguntar. Incluye en el propio contrato, o como anexo, a qué te comprometes tú: por ejemplo, me comprometo a sincerarme y contar lo que ocurre en mi interior, a estar cargada de energía, a procurar mi estado emocional correcto, a aplicar las señales del doble, etc. A cambio, pídele a ese aliado que asuma la parte que le corresponde, que te dé las señales pertinentes de manera que tú adquieras la tranquilidad, la confianza, la paciencia y la perseverancia que precisas para actuar.

Escribe ese compromiso con tu nuevo aliado. Es una experiencia muy bonita y muy sorprendente a veces. Nuestro doble siempre ha estado ahí, pero si no nos damos cuenta nos puede estar dando respuestas, sugiriendo ideas o proporcionando soluciones pero no las vamos a ver porque no estamos en conexión. Es como si tienes un amigo que hace lo que sea por ti, pero nunca lo ves, ni hablas con él, ni sabes de su vida… por mucho que te pueda ayudar… no será posible si no estáis en contacto. Así que eso es lo que vas a hacer en primer lugar: contactar con tu doble; después, empezarás a recibir respuestas. ¡Permanece atenta!

¡Atención!
9.4 Ejercicio «conecta con tu doble»

1. La primera parte es <u>tomar conciencia, saber que existe</u> tu doble, como el que descubre algo de lo que hasta hoy no tenía ni idea.

2. Después, vas a <u>aprovechar el tiempo en el que duermes</u> para saber y actuar a otro nivel. Inicialmente, lo harás por la noche, que es la forma más sencilla; luego lo puedes hacer durante el día, y cuando tengas mucha práctica, en cualquier momento. A partir de hoy, mientras duermes, vas a aprovechar para saber y hacer a otro nivel. Es un ejercicio muy relajado, porque tú no tendrás que ocuparte de nada, solo de escuchar.

Según algunas teorías, es mejor beber un poquito de agua antes de ir a dormir. Tiene su lógica, porque somos agua, el agua es un gran transmisor de información y tener esa conexión puede ser bueno. Pero tampoco es estrictamente necesario; si un día se te olvida, o no puedes, o no quieres... no pasa nada, solo es un detalle más que puede facilitar el trabajo.

3. Lo siguiente que vas a hacer, esto sí o sí, es <u>conversar con tu doble cuántico</u>, pero no en estos términos: «Ah, pues mira, verás, es que me preocupa muchísimo una cosa: quiero ser mamá». No. Ese doble se entera de tu problema, de tu preocupación, de lo que necesitas saber, solucionar... <u>mediante las emociones</u>. Cuéntale con el corazón, con emoción, con sinceridad, háblale de lo que piensas con sentimiento. Háblale como nunca le has hablado a nadie, confiésale tu sinvivir, tu miedo, tu inquietud, tus necesidades... Él entiende, como tu biología y tu parte más inconsciente, de lenguaje emocional. Dile: «Mira, no sé ya qué hacer, y cuando eso sucede, me siento impotente, me siento desesperada. Esta forma de estar no me ayuda, necesito una solución pero no la veo, y entonces me siento incapaz, me disminuye como mujer, me distancia de mi pareja y de mí misma, tengo miedo de... o no sé si hacer este tratamiento o este otro, no sé qué decisión tomar para...». Explícale todo eso.

4. Una vez que te hayas puesto en contacto con él de manera emocional, puede haber unos minutos en los que no te encuentres en el estado del que hablamos siempre (positivo, correcto, el del objetivo ya conseguido), pero no importa, es un ejercicio puntual que estás haciendo para transmitirle a ese doble cuántico lo que sientes y lo que ocurre en lo más profundo de ti.

5. Después pídele, y que sea algo concreto, algo bueno, algo en armonía: ser madre, ser padres, tener un hijo sano... Incluso te aconsejo que lo escribas; por supuesto, en presente, en positivo. Deja el papel en la mesilla, al lado de tu cama, y... súper-hiper-importante: <u>controla esos últimos instantes del adormecimiento</u>, cuando te estás quedando dormida; en ese instante, céntrate en tu petición, y a partir de ahí, duerme con confianza porque vas a tener una respuesta. Tal vez llegue al día siguiente, a la semana siguiente, o en cuarenta días..., pero te aseguro que vas a tener una respuesta de por dónde ir, de qué hacer, de cuál es la solución... o quizá el objetivo en sí mismo, pero suele ser más de pistas para que sepas por dónde ir (es un guía, no un mago).

6. Terminado el ejercicio, tras haber entregado tu información y formulado tus preguntas, no tienes que hacer nada más. <u>No repitas lo mismo todas las noches</u>, porque creas que no lo has hecho bien; si has actuado con confianza, basta una vez... o dos, en caso de duda, pero no todos los días como si eso le pudiera dar más fuerza, no, porque tu doble no es tonto. Imagina una situación como esta: llamas a un restaurante, reservas una mesa para cuatro este domingo a las tres, toman tus datos y te la confirman. No es necesario que llames a diario para preguntar si tienes la mesa reservada, porque a lo mejor incluso puedes conseguir lo contrario: que el encargado se canse y diga que ya no hay disponibilidad. El doble es lo mismo, es muy inteligente, es muy sabio, muy receptivo, muy conectado y muchas cosas más, así que no le trates como si no se enterara. Confía en él y en ti y observa. Experimenta, diviértete.

7. Al día siguiente, <u>atiende a cómo te despiertas</u>. Si has hecho el ejercicio y has descansado bien, con confianza, y una parte de ti, inconsciente, ha estado conectada a tu doble, puede que aún no lo sepas, pero ya te está pasando información, que verás en el día a día (en un cartel, en un mensaje en las bolsas del supermercado…). Atenta a esas señales, a esas frases, a esas indicaciones que te llegan, porque estar despierta te permitirá darte cuenta de su respuesta, y si has estado en esa conexión, te vas a levantar con un montón de fuerza, de ganas, de energía…

Atenta, pero sin obsesionarte. Atenta a todo lo que ocurra en los próximos días y semanas, por eso es bueno también apuntar claramente la pregunta que le planteas, porque con el transcurso del tiempo quizás te olvides. Asimismo, puedes hacerle diferentes preguntas, pero deja pasar unos días; de lo contrario, no podrás estar alerta. Céntrate.

Estaré encantada de que me cuentes el resultado de este ejercicio, porque es maravilloso conectar con el doble y las experiencias que se tienen son increíbles.

En este capítulo has aprendido:

- Eres como una batería, te agotas pero también te puedes recargar.
- Todo lo que eres en el fondo es ENERGÍA.
- Necesitas un nivel alto de energía para poder quedarte embarazada y que tu gestación progrese con éxito hasta el final.
- La teoría del desdoblamiento del espacio y del tiempo demuestra que tienes un doble cuántico en otra dimensión, con más información y perspectiva que tú.

Y vas a poner en práctica:

- Cárgate de energía. Realiza el ejercicio *powerball* y cualquier otra actividad que te cargue como una batería.
- Practica las 3 P.
- Ten paciencia, existe un proceso de pregestación. Lo tienes que respetar.
- Ten perseverancia porque significa hacer un trabajo continuo, significa decir «sí o sí, lo voy a conseguir».
- Disfruta del placer de vivir este proceso.
- Conecta y pregunta a tu doble.
  - Aprovecha el tiempo que duermes para saber y hacer.
  - Bebe un vasito de agua antes de dormir.
  - Conversa con tu doble cuántico, háblale con el pensamiento ¡y con EMOCIÓN! Cuéntale qué te preocupa, qué necesitas saber o solucionar, etc.
  - Puedes pedir algo bueno y en armonía. Sé concreta.
  - Controla el último pensamiento antes de quedarte dormida.
  - Duerme con CONFIANZA, tendrás la solución.
  - Puede darse en un día o en cuarenta.
  - Permanece despierta, consciente, alerta ante señales e intuiciones.
  - ¡Atenta al estado en el que te levantas!
- ¡Asóciate con el mejor! Con tu Alma, tu SER Superior, tu DOBLE, tu Guía, tu Dios/Diosa... Crea una Sociedad donde te comprometes, confías, pides-eliges y se te dará; a cambio tienes que aprender, escuchar y observar para actuar cuando sea necesario.
- Actúa, no basta simplemente con pensarlo. La acción es el antídoto contra la desesperación.

No te dejes descargar de energía, la necesitas para concebir y mantener un embarazo.

LA POTENCIA ES LA «CHISPA» DE LA VIDA

Y tu felicidad es compatible con tu problema actual.

Mis anotaciones

Mis anotaciones

Mis anotaciones

10. LEY DEL VALOR

Tengo que informarte de la importancia, la necesidad y el gran esfuerzo que supone cumplir de manera íntegra con esta ley. Mientras escribía este libro, me di cuenta de que debía profundizar en el problema, por eso tienes otro a tu disposición —*Eres fértil. Recupera tu poder creador* (perteneciente a la trilogía de la fertilidad)—, dedicado **a la recuperación de poder creador, la autoestima, la capacidad, la necesidad, la culpa, el juicio, la aceptación, el merecimiento y el valor (referido a *valía* y a *valentía*) en todos los aspectos, como persona y como mujer.**

Por ahora, te enseñaré las bases de esta ley. Comprobarás su trascendencia y su alcance, y como ya sabes que el inconsciente funciona con lenguaje simbólico, vamos a trabajar «a su manera», para conseguir cambios lo más rápido posible.

10.1 Los 3 «dones»: don Yo, don Tú y doña Vida

Empezaremos por **don Yo**, y aquí nos centraremos en tu valor interno.

Mientras viví el proceso de quedarme embarazada y de que mi embarazo llegara hasta el final, me di cuenta de que se requiere de mucho, mucho valor para ser madre... incluso antes de tener un hijo. Tenemos que ser mujeres, sentirnos valiosas como una diosa para realmente poder despertar en nuestro interior y en nuestro cuerpo la magia de crear vida; y para eso, hemos de reforzar al máximo nuestra fuerza interior y nuestras capacidades. Es lo que vamos a hacer para cumplir la ley del valor.

Me gustaba una canción de El último de la fila que decía: «tanto tienes, tanto vales, no se puede remediar; si eres de los que no tienen, a galeras a remar», pero no comparto esa idea. No es «tanto tienes, tanto vales», sino «tanto vales, tanto tienes», en cualquier aspecto de tu vida, incluida la fertilidad. Primero debes ser la mujer adecuada, y después tener…. Esto lo vemos también en las leyes de la abundancia, a nivel económico, a nivel amoroso, y para cualquier objetivo que te propongas. **Tanto vales, tanto tienes; es decir, cuanto más valor consigas, cuanto más valiosa te sientas, cuanto más valiente, más fuerte, más capaz, entonces vas a obtener más fácilmente eso que quieres lograr.** Por tanto, vas a aumentar tu valor en diferentes facetas de tu vida para que tu deseo se cumpla de una forma casi mágica.

¿Y cómo puedes incrementar tu valor? Pues muy fácil. Empieza por quererte a ti misma, y la mejor manera es darte permiso para SER y aceptarte como eres. En este sentido, te ayudará el ejercicio de la clase 1 sobre aceptación del libro *Eres fértil, recupera tu poder creador,* o el curso equivalente «Recupera tu poder creador». Aquí te explicaré algunas de las pautas que propongo en ellos.

Vas a crear la mejor versión de ti. En el siguiente ejercicio encontrarás cómo hacerlo paso a paso. Pero apunta lo siguiente en algún sitio visible y repite a diario:

ME PERMITO SER. ME PERMITO SER. DECLARO MI SER, MI EXISTENCIA Y MI VALOR.

Porque no basta con estar en el lugar adecuado en el momento adecuado, siempre hay que ser la persona adecuada. Y en este caso, para el objetivo de ser madre, hay que ser la mujer adecuada. Te tienes que liberar de los miedos, de las inseguridades conscientes e inconscientes, de las incapacidades, de los «no puedo, no valgo, qué voy a hacer», de las culpas, del merecimiento, del juicio, de la pena… Todo esto no te define, no es lo que eres como mujer, como diosa creadora de vida. Te han empequeñecido por dentro las experiencias de la vida, has perdido esa gran capacidad tan necesaria para existir, para ser feliz, pero sobre todo para crear vida, la tuya propia y otra en tu interior. Así que ahora, bien alto, y a partir de hoy todos los días, di:

> DECLARO MI SER, MI EXISTENCIA Y MI VALOR COMO MUJER. DECLARO MI SER, MI EXISTENCIA Y MI VALOR COMO MUJER.

Y siente esa fuerza que nace dentro de ti, habla con todo tu ser y desde tu útero, desde lo más íntimo de tu cuerpo, de tu corazón:

> DECLARO MI SER, MI EXISTENCIA Y MI VALOR COMO MUJER, COMO DIOSA CREADORA.

Incorpora esta declaración a las anteriores.

Desde este preciso instante, vas a darte valor y a obtener valor en cada detalle de la vida. Cuando hagas o digas algo, cuando consigas lo más mínimo, dedícate este reconocimiento: «porque yo lo valgo», sin esperar a que nada ni nadie te premie. «Yo lo valgo, porque yo valgo, porque yo lo valgo». Hazlo en relación con cualquier actividad cotidiana en la que pones tu sabiduría, tu amor, tu dedicación, tu concentración: «Porque yo valgo. Declaro mi ser, mi existencia y mi valor como mujer». Aprovecha todo para adquirir valor; por ejemplo, cuando te pagan, porque lo mereces. El inconsciente tiene una particularidad de la que podemos aprovecharnos, y es que cuando recibe ese valor del trabajo, de algo que hacemos, de algo que decimos, de algo que oímos, obtiene valor; y si además lo piensas, lo dices y lo sientes, tu inconsciente más que nunca recoge valor, adquiere valor, aumenta valor. No sabe el motivo por el que se lo están dando, no sabe nada del exterior; simplemente, obtiene ese valor. Cógelo, te va a hacer falta para que tu biología responda y pueda crear esa nueva vida. Hazlo en cada detalle de tu día a día, y ponte esta frase como fondo de pantalla en el móvil:

> DECLARO MI SER, MI EXISTENCIA Y MI VALOR COMO MUJER.

Otra manera de valorarte es permitirte un pequeño regalito, una pequeña recompensa. ¿ Cómo actuamos cuando estamos muy agradecidas, cuando sentimos que es impagable lo que alguien ha hecho o lo que nos ha dado? Le expresamos nuestro agradecimiento mediante un regalo, ya que valoramos su gesto. Pues así te vas a comportar contigo misma porque es de este modo como tu inconsciente percibe tu valor. Regálate cualquier detalle: un beso ante el espejo, una caricia, una palabra bonita, un capricho para cenar, eso que te gusta y que disfrutas.

«Porque yo lo valgo» será tu lema durante las próximas semanas, y te aconsejo casi que de por vida. Te puedes regalar un masajito, unos pendientes, un descanso, un momento de silencio, un libro, lo que sea… siempre con la sensación de que te concedes ese «lujo» porque tú lo vales.

Al valorarte así, tu inconsciente recibe el mensaje y tu biología va a responder a ello. Y al contrario: si no rompes con cualquier patrón de necesidad, de incapacidad, de «no puedo», dejas a tu cuerpo sin demasiadas opciones para sanar, curar, fortalecerse y, por supuesto, crear vida.

Las mujeres hemos recibido una herencia ancestral femenina muy dañada en lo que se refiere a la autoestima. Don Yo nos ayudará a recuperarla, a darnos valor para poder gestar y traer al mundo a otro ser.

¡Atención!
10.2 Ejercicio «la mejor versión de ti»

Tu inconsciente necesita conocer a esa mujer valiosa que hay en ti, y vamos a mostrársela.

1. De nuevo te recomiendo que busques un lugar para los próximos minutos donde dispongas de un poquito de espacio, de silencio, en el que te instales cómodamente y centrada en ti; puedes hacerlo sentada, tumbada o de pie.

2. Cierra los ojos, respira profunda y lentamente, te vas a convertir en la creadora de la mejor versión de ti misma. Esa que necesitas SER para crear una nueva vida, de manera sencilla, porque lo mágico y lo milagroso ocurre casi sin hacer nada. Como si tuvieras una varita mágica, a partir de ahora descubrirás todo lo que necesitas, incluso lo que nunca has sabido que eras, lo que nunca has pensado que tenías o que podías hacer. En este momento gozas del poder para hacerlo todo; conviértete en escultora, en pintora, en ilustradora, en diseñadora… en lo que te parezca más apropiado para crear la mejor versión de ti misma SIN LÍMITES.

Recuerda que en la imaginación todo es posible, no juzgues; y para tu inconsciente todo es real, así que no razones, SUEÑA. Imagínate frente a ti, en una pantalla o un pedestal, donde quieras poner esa imagen tuya que vas a crear. No tiene que ser actual, ni siquiera de un futuro próximo. No hace falta que sepas cómo lo vas a conseguir, ni que te lo creas ni que conozcas esa versión. Tampoco importa si ha pasado o no. Solo deja volar tu imaginación y crea la mejor versión de ti misma. Adelante.

3. Tómate el tiempo que sea necesario. Visualiza una imagen de ti, la primera que te venga a la mente y en que te veas genial; luego retócala a tu gusto para recrearte en lo mejor: mejor en otra postura, mejor sentada, mejor con las piernas cruzadas, mejor con este retoque físico en los ojos, mejor maquillada, mejor tumbada, mejor hablando, mejor gesticulando… ¿Qué debe tener esa mejor versión de ti misma, para que se revista de toda la seguridad, el valor, la capacidad y el poder que precisas? Puedes hacer los cambios que consideres oportunos, incluso en tu interior, en el útero, en todo el aparato reproductor.

Crea la mejor versión de ti por dentro, por fuera, alrededor, con los mejores pensamientos y emociones. Pon todo aquello de lo que careces, incluso lo que ni siquiera habrías imaginado que te pudiera faltar. El hecho de poderla crear, poderla ver y de poderte recrear en ella es lo que permite que tu inconsciente conozca que esa imagen puede existir; de hecho, ¡ya existe! Recuerda que para el inconsciente todo es real; lo cree si tú te emocionas al verte, y va a por ello. Créetelo y evita afirmaciones de este tipo: «Sí, esta versión está muy bien pero no me la creo; esa imagen no va a ser nunca la mía…». Te equivocas. Esa imagen es la tuya porque la estás viendo, y para una parte de ti es real. Esto tiene mucha fuerza, pero en vez de disfrutar de ello y dejar que los efectos repercutan en tu organismo, empiezas a ponerle pegas, a emitir juicios, a buscar justificaciones…, lo cual te vuelve a hacer sentir mal y te mantiene en tus limitaciones. De modo que en lugar de tanto razonar, fíjate en tu realidad virtual, y cuando puedas decir «Esa es la mejor versión de mí misma», mira cómo te sientes. Es genial e instantáneo.

4. Una vez obtengas esa versión, hazle una foto y quédate con ella para sentarte a mirarla como cuando vas a un museo y te paras frente a un cuadro maravilloso a recrearte. No sabes el beneficio que produce en ti, deja que surja la magia al contemplar esa mejor versión de ti misma.

He visto a muchas mujeres hacer este ejercicio y a la mayoría poner impedimentos, porque una parte de ellas está dañada; de ahí que sea fundamental que lo hagas. Aprendí esta técnica en el curso de control mental más importante del mundo y pude comprobar sus efectos beneficiosos. Recuerda que lo sencillo siempre es lo más poderoso, pero no lo haces porque lo subestimas.

Obtén la mejor versión de ti. Solo tú misma te interpones en su camino.

10.3 Diosa de la fertilidad

Te propongo una práctica más para trabajar ese poder creador que tienes por naturaleza. Consiste en una meditación guiada y en un ritual para sentirte valiosa como una diosa, capaz de un milagro como es el de crear vida dentro de ti. Al igual que todos los rituales a lo largo de la historia, se trata de un acto psicomágico de gran relevancia: la bendición de útero *(womb blessing)* de Miranda Gray. Además, hay cientos de mujeres en todo el planeta practicándolo simultáneamente en cada luna llena. La energía que se crea es preciosa.

Busca en internet «Miranda Gray bendición de útero» y encontrarás su página y sus indicaciones sin dificultad.

Gray enseña su técnica por todo el mundo y se dedica a realizar sintonizaciones y bendiciones de útero para todas las mujeres que se quieren apuntar. Lo puedes hacer gratuitamente; hay X días a la semana, al mes para registrarse en diferentes horarios. Ella te va a pedir que a esa hora estés en un lugar tranquilo, en el que puedas conectar contigo misma y llevar a cabo esa sintonización y bendición de útero que se hace a nivel colectivo en todo el mundo.

Esa es la parte que quiero que trabajes aquí, esa parte tan íntima y femenina del don Yo que es tu útero dentro de todo el aparato reproductor, ese hogar en el que se instala y en el que crece el bebé. Para ello, te propongo este ritual de bendición de útero, a través del que podrás sentir que dentro de ti se obra ese milagro y que eres una diosa: la diosa de la fertilidad.

Anota algunas de sus meditaciones como ejercicio previo a la sintonización, la bendición de útero en sí, una meditación de autobendición y algunas herramientas más que te servirán. Al final, termina agradeciéndote a ti misma, agradeciendo a esa diosa que hay en ti por este poder que tienes. Haz una búsqueda en Youtube y encontrarás un montón de audios guiados si quieres saber más sobre el tema. Pero es importante que te registres en su página a la siguiente bendición de útero que haya programada porque es muy potente el trabajo en el inconsciente colectivo en este sentido. ¡Apúntate al próximo ritual de diosa!

10.4 Don Tú

En este apartado vas a trabajar en el valor del otro. Quiero que empieces a valorarlo todo y a todos: las circunstancias, las otras personas, tu pareja, otras mujeres embarazadas…

El inconsciente no distingue si te estás valorando tú o al de enfrente; estás valorando lo que tienes, lo que eres, lo que recibes… Cuando valoras al otro (lo que es, lo que hace, lo que tiene…), tú puedes sentir esa valoración. En cambio, si lo que sientes es desprecio hacia el otro, envidia o rechazo, lo desvalorizas. Pero, ¿quién sufre ese sentimiento? Tú misma, porque el inconsciente no diferencia entre el otro y tú, entre lo virtual, lo imaginario o lo real. Te pongo un ejemplo: si ahora sintieses mucho odio hacia alguien, aunque el motivo esté totalmente justificado, una parte de ti no sabe a quién odias. Tu inconsciente, tus pensamientos y tu cuerpo perciben la emoción, sin más; y sentir odio de manera continuada tendrá consecuencias en tu organismo, mientras el otro tal vez ni siquiera se haya dado cuenta. En definitiva: para poderte valorar tú un poco más, has de valorar a los demás, porque cuanto más valor das, más valor sientes y más valor posees.

Pensar, sentir, hablar y actuar de esta forma te va a convertir en una mujer más valiosa.

A partir de hoy, grábate este consejo en mayúsculas:

> VALORA, VALORA, VALORA, VALORA. APRECIA, ADMIRA EL ÉXITO. RODÉATE DE ESO QUE DESEAS.

Precisamente, uno de los grandes problemas que me cuentan las mujeres que se están intentando quedar embarazadas y no lo consiguen es que no pueden ver a otras embarazadas, o que cuando una pareja les comenta con entusiasmo que van a ser papás, experimenta una sensación de rechazo y que les cuesta incluso felicitarlas, porque las pone frente a la evidencia de lo que ellas aún no han conseguido y frente a la maldita interrogante de «por qué tu sí y yo no». No es cuestión de rechazo ni comparación, sino de que manejáis diferente información y programación, y tú tienes que cambiar la tuya si deseas obtener otro resultado; para eso te proporciono estas herramientas. Entonces, en vez de entrar en esa espiral de rechazo, de rabia, de odio, de tristeza o de envidia, toma conciencia y di:

«Mujer valiosa. Tú tienes, tú posees, tú eres, tú has conseguido lo que yo también quiero. Te admiro y te valoro, porque así yo también gano valor».

Rodéate de esas mujeres, pregúntales qué han hecho, qué piensan, qué sienten, por qué situaciones han pasado, cuál es su historia familiar… Te va a ayudar, en serio.

Abandona esa actitud de rechazo, y recuerda de nuevo que el inconsciente no distingue entre el otro y tú, de modo que si le transmites que no te interesa saber nada de embarazos, asumirá que te refieres a los ajenos y al tuyo propio. Ahora que eres consciente, no utilices esa arma de doble filo, por favor. Valora a las mujeres que ves y te comunican la noticia, a las mujeres que han hecho realidad su sueño, a las mujeres que son diosas de la fertilidad. Acércate a ellas, poseen una energía divina; tócalas, abrázalas, agradéceles que te muestren su tripita, porque es posible. Aprecia y admira su estado, su éxito, y valóralas, pues de esa manera habrá una parte de ti que se estará valorando a sí misma para conseguir su objetivo.

Hay mujeres con problemas de fertilidad que se juntan solo para compartir su pena, su dolor, su desgracia… ¿Y sabes qué? Cada vez se encuentran peor… Perdóname que sea dura, pero deja de regodearte en tu sufrimiento; no te beneficia. Si de verdad quieres ayudarte, intégrate en un grupo de mujeres con ilusión, que busquen con alegría y rían en el proceso, que te muestren el camino aquellas que ya hayan alcanzado su meta. Te aseguro que el resultado es muuuucho mejor. Por eso he creado una comunidad de mujeres con este fin y este talante, porque cuando yo busqué, estuve en tres grupos que me ponían todavía peor. Vivimos en una sociedad instalada en el victimismo y la queja, pero no veo a nadie que con esa actitud haya llegado a buen puerto.

Hay una frase que a mí me gusta mucho:

> «LLÁMAME LOCA, PERO ME ENCANTA VER A OTRAS PERSONAS SER FELICES Y TENER ÉXITO».

Forma parte de esta ley y es infalible: rodéate de aquello que quieres, que buscas, que deseas conseguir, porque dará un paso hacia ti y estarás más cerca de lograrlo.

Así pues, rodéate de mujeres que se hallan en ese estado que tú tanto ansías, y valóralas como diosas, porque tú pronto también lo vas a ser. Bueno, ya lo eres, pero además vas a poder creértelo un poco más cuando consigas tu objetivo.

10.5 Doña Vida, el don de la vida

¿Qué don mayor hay que el de la vida? El de tu vida, el de estar viva, el de la VIDA con mayúsculas en general, y el de poder dar y crear vida. Haz una breve reflexión que te permita tomar conciencia de ello. Quiero que respires profunda, lenta y conscientemente, sintiendo que respiras la vida. Puedes hacer este acto sencillo de manera consciente en la naturaleza: un día en la montaña, en el campo, dando un paseo por cualquier parque, en la playa, donde tengas oportunidad de estar al aire libre. Te darás cuenta de que la vida aún se palpa más de cerca, y y eso es algo que nos calma, que nos llena de energía. Cualquier contacto con el medio natural nos pone en contacto con la vida.

Mientras estás respirando, te vas a decir al menos tres veces: «AMO LA VIDA, AMO LA VIDA, AMO LA VIDA. AMO MI VIDA, AMO MI VIDA, AMO MI VIDA. Estoy agradecida por estar viva. Doy gracias por estar viva. Doy gracias por estar viva».

Porque estar PLENAMENTE VIVA es todo lo que necesitas para ponerte en contacto con la vida y crear vida. Y esto significa estar viva a tope, viva en todos los sentidos.

Ya te lo mencioné antes: hay mujeres muertas en vida; a veces es una parte de ellas, no visible pero que no permite crear vida. Por eso vas ahora a pasar unos minutos respirando vida de verdad, la de ahora y la de instantes del pasado en los que te hayas sentido plenamente viva. Hazlo mientras desarrollas alguna actividad, la que más te gusta, una que te invite a pensar: «Mmmm… Me siento plenamente viva, siento que estoy viviendo la vida plenamente y la respiro a pleno pulmón». Deja que tu cuerpo se llene de vida, porque no solo está vivo sino que tiene que sentirse vivo.

A veces, por diferentes motivos, como el fallecimiento de personas cercanas (los padres o un hermano, un gemelo en el momento de nacer, los abuelos, un amigo, un niño…), hemos tenido que convivir con la muerte, y aunque nos creemos vivas (porque respiramos, andamos, trabajamos y vamos por la vida como si estuviéramos en contacto con ella), en realidad no lo estamos, pues hay algo en nuestro interior que murió y que nos impide crear esa otra que anhelamos.

Como sabes, la biología posee una especie de balanza para esto. En un lado se encuentra la sensación de estar viva, y en otro, la de estar un poco muerta, como si esa persona que un día se fue se mantuviese en contacto contigo a través de la muerte y de esa forma (inconsciente) la instalase en ti. A veces, mediante abortos que hayas sufrido tú misma o familiares cercanas. El inconsciente siempre asocia.

Repasa cualquier experiencia, cualquier contacto que hayas mantenido hasta hoy con la muerte: un aborto, la muerte de tu padre, de tu abuelo, de tu madre…; cuando eras pequeña, de adolescente, de adulta… Da igual. En ocasiones, es una parte de ti que decidió morir para no sentir el dolor de una vivencia durísima.

¡Atención!
10.6 Ejercicio «vida o muerte»

Con todo lo que has aprendido en este apartado, lo que hayas descubierto o anotado en tus reflexiones, visualiza cada una de esas asociaciones con la muerte. Tómate el tiempo que necesites para hacer este ejercicio.

Cuando respires, toma conciencia de que es vida lo que aspiras y di: «Yo estoy plenamente viva y respiro la vida a pleno pulmón».

Al mismo tiempo, déjate llevar a alguna de esas muertes (quizá trágicas, traumáticas), en las que una parte de ti inconscientemente decidió irse. Siente simultáneamente en tu cuerpo un lugar, un órgano, un punto… que de alguna manera murió, que desactivó su función, como si fuera un reflejo de ello.

Y a la vez, mira a cada una de esas personas que se han marchado para siempre, y aunque con pena y dolor, sitúalas en el plano de los que ya no están, mientras tú, desde este plano material, les dices: «Lo siento en el alma, pero tú te has ido y yo estoy viva, y hoy puedo respirar la vida a pleno pulmón». Entonces, respira y deja que ese aire se instale dentro de ti por completo, y más en la zona de tu cuerpo que estaba sin vida. Esto puedes hacerlo con cada uno de tus seres queridos fallecidos hasta que sientas que ya se encuentran todos en el otro lado, que los dejas marchar y que a cambio, con cada despedida, tú respiras aire a bocanadas y llenas tu cuerpo de vida.

Para crear vida tienes que sentirte y estar plenamente viva.

¡Atención!
10.7 Ejercicio «Madre Tierra»

El siguiente ejercicio trata del reconocimiento, del sentimiento y del agradecimiento a la vida, y vamos a hacerlo más concretamente con tu madre. Esté viva o no. Porque **ella es quien te trajo al mundo,** y ese es un motivo suficientemente importante como para estarle agradecida. Tengo mujeres que me dicen que están reñidas con su madre, que tienen una mala relación con ella, que no la soportan, que les ha hecho mucho daño, etc., y hay una parte del inconsciente que recibe este mensaje; si esa es la referencia que tenemos como madre, hay una parte de nosotras que dice: «El día que me convierta en madre, me convertiré en esto porque es el único modelo que conozco». El inconsciente hace estas asociaciones, muy simples, pero muy profundas. Como consecuencia, si hay una parte de ti que rechaza a tu madre, está rechazando en ti la figura de madre, y también tu figura como madre. He visto cantidad de casos (te cuento uno de ellos en el libro ¿Por qué yo no?), y es probable que esté causando un bloqueo mucho más fuerte de lo que crees en tu biología.

A veces, cuando esta grabación es muy muy muy muy fuerte es necesario un trabajo individual en terapia, pero yo siempre confío en que tú tienes todo el poder para lograr lo que te propongas, así que lleva a la práctica lo que te indico y sorpréndete.

1. Para empezar, <u>busca un lugar y un tiempo en que relajarte</u>, y sigue los pasos que ya has hecho en otros ejercicios como inicio.

2. Luego, <u>trae una imagen de tu madre</u>. Deja que se dibuje, que se haga. Da igual la edad que tenga, cómo sea, donde esté… lo que interesa es que haya una imagen de ella frente a ti.

3. Y cuando la obtengas, mírala intensamente como si la profundidad de tus ojos pudiera adentrarse en la profundidad de los suyos; mira su interior, ese que un día habitaste. Solo tú la conoces así de bien, porque la conoces por dentro.

4. A pesar de todo lo que haya pasado, con tu mirada fija en la suya, dile: «Gracias mamá por darme la vida; gracias mamá porque hoy estoy aquí viva, porque tú un día me diste la vida. Tú un día me acogiste en tu interior, me alimentaste, me transportaste, me cuidaste y me pariste. Así que mamá, gracias por darme la vida».

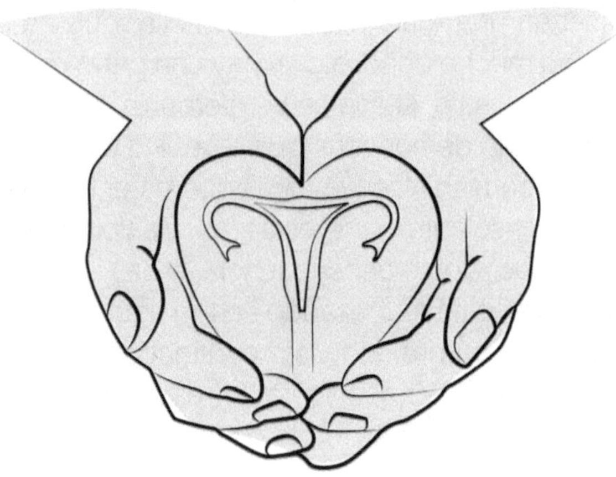

Ama la vida que se te dio y la podrás dar.

Porque te dio la vida, le estarás agradecida el resto de tu vida. Hay gente que rechaza a su propia madre hasta tal punto que no encuentra un motivo de conexión o de reconocimiento, así que este seguro que puedes aplicarlo y que no te falla; es infalible, porque tienes la certeza absoluta de que fue ella fue quien te dio la vida, y gracias a ella estás hoy aquí, leyendo esto e intentando ser mamá.

5. A la vez, le estarás dando las gracias a la madre universal, a la Madre Tierra que también permitió que estuviéramos aquí y que va mucho más allá de cada una de las madres, porque nos engloba a todas. «Gracias mamá, gracias por darme la vida. Gracias Madre Tierra por darnos la vida». Haz y siente este maravilloso acto, de manera que, respirando profundamente y hacia el corazón, puedas agradecer a tu madre y a la Madre Tierra el don de la vida.

¡Atención!
10.8 Ejercicio
«acto simbólico de la fertilidad»

Espero que el ejercicio previo te haya llenado de energía vital y te haya servido para desbloquear esa parte de tu interior que se ha empequeñecido y que necesitas expandir para ver tu objetivo cumplido. La práctica que ahora te propongo es continuación de la anterior; consiste en realizar un último acto simbólico con el que cerramos la ley del valor.

Te aconsejo que incluyas el poder de los actos simbólicos en tus ejercicios y en tus recursos. Son de tal importancia que he dedicado unas líneas del anexo III («El acto simbólico») a explicarte cómo y por qué funcionan. Vas a entregarle a la Madre Tierra este poder que también reside en nosotras, que reside en ti.

1. Puedes elegir tu propio acto simbólico, pero yo te sugiero que una vez que has agradecido la vida, que sientes que estás en contacto con ella, que estás plenamente viva, que le agradeces la vida a tu propia madre y a la Madre con mayúscula… dejes que te llegue una imagen que simbolice la vida. Algunas mujeres la simbolizan en un cristal, en un bebé pequeñito, en una gota de sangre… Lo primero que te venga a ti a la mente es lo importante.

2. Y cuando lo tengas, lo que vas a hacer es conseguir ese símbolo en lo material, en la realidad. Espero que haya sido fácil. Si, por ejemplo, has elegido un bebé, puedes representarlo con un muñequito parecido. Cómpralo, hazlo tú misma, dibújalo, recréalo de alguna manera. En cuanto lo consigas, deposítalo bajo tierra como un regalo, en un lugar que tenga sentido para ti. Desde el origen de los tiempos, se han hecho ofrendas a la tierra, a la Madre Tierra, y esto tiene un gran poder.

3. Completa tu acto simbólico: pídele a la Madre Tierra que transforme tu obsequio y lo haga crecer. Sigue las indicaciones para que ella obtenga algo a cambio, porque la Madre Tierra recibe cuando tú le das : unas semillas, algo dulce, abono, tu símbolo de la fertilidad y lo que tú quieras añadir a todo este pack. Después de enterrarlo todo junto, riégalo y deja que permanezca allí. No tienes que hacer nada más, la Tierra se encarga del resto. Agradécele la vida que te ha dado y que te va a devolver con este acto, el cual sirve, además, para densificar y materializar, para llevar a lo material eso que a veces se queda solo en lo sutil, en lo energético, en lo imaginario, en lo mental. Así que hazlo, por favor, haz este acto simbólico que para tu inconsciente funciona fenomenal y también para la Tierra y para la Madre universal.

4. Por si quieres dar un paso más, te dejo una segunda parte opcional. Se trata igualmente de algo místico y simbólico, que aprendí en una tribu india: un pequeño altar de la fertilidad. Lo puedes tener en tu casa, en el trabajo, en el lugar que quieras. Los altares están hechos para honrar, para orar, para hablar, para agradecer, y esa será la finalidad del tuyo; le puedes poner una figurita que para ti represente la fertilidad o la diosa de la fertilidad, un dibujo, una palabra, unas semillas… todo lo que tú consideres oportuno. Acude a él para agradecer, contar, sentir, explicar, pedir… para lo que necesites. Recuerda que los actos simbólicos son sencillos, muy bonitos y a la vez muy poderosos. Te deseo que disfrutes mucho, mucho, mucho realizándolos.

En este capítulo has aprendido:

- Es necesaria la recuperación de tu poder creador, de la autoestima, de la capacidad, de la aceptación, del merecimiento y del valor (referido a *valía* y a *valentía)* en todos los aspectos, como persona y como mujer.
- Es importante recuperar tu valor interior, dar valor al exterior, dar valor a la vida.
- Hay que estar plenamente viva. Algunas partes de ti «han muerto» y te impiden crear una nueva vida en ti.
- Es necesario sentirte en paz con tu madre y con la madre tierra para estar en contacto contigo como madre.

Y vas a poner en práctica:

- Añade a tus declaraciones: DECLARO MI SER, MI EXISTENCIA Y MI VALOR, COMO MUJER Y COMO DIOSA CREADORA.
- Hazte pequeños regalitos, pequeñas recompensas. Te da valor.
- Realiza el ejercicio «La mejor versión de ti», crea una imagen de ello y mírala a menudo.
- Realiza alguna meditación, limpieza o bendición de útero.
- Únete a grupos de mujeres con actitud positiva que te ayuden a cumplir estas leyes, no a grupos que aumentan el dolor y el victimismo, pues eso te bloquea más.
- Practica el ejercicio «Vida o muerte» ¡y asegúrate de sentirte plenamente viva!
- Realiza el ejercicio «Madre Tierra» ¡y valora la vida!
- Crea tu propio ACTO SIMBÓLICO DE LA FERTILIDAD, incluido tu propio altar.
- Actúa, no basta simplemente con pensarlo. La acción es el antídoto contra la desesperación.

No se puede crear vida si no valoras la tuya y a ti misma por encima de todas las cosas.

NO HAY NADA CON MÁS VALOR QUE LA VIDA

Y tu felicidad es compatible con tu problema actual.

Mis anotaciones

Mis anotaciones

Mis anotaciones

Si estás leyendo esta página y has hecho todos los ejercicios, debes de sentirte completamente diferente, ¿verdad? Hasta yo lo percibo, porque estas líneas ya no tienen la misma energía que al principio.

¡Ahora están cargadas! ¡Como tú!

Me encanta este punto en el que nos encontramos. Cuando veo en mis cursos a las mujeres que han llegado hasta aquí, veo otras caras, otra actitud; veo las sonrisas que no tenían diez capítulos atrás, ¡veo diosas!

Gracias por cambiar y por mostrarte así.

Reconozco que no es fácil a veces, pero todo esfuerzo tiene su recompensa.

Si hay cosas que aún no has hecho, vuelve atrás. Lo importante no es acabar el libro, sino realizar todo el trabajo. La distancia más corta entre tu sueño y la realidad de verlo cumplido es la acción, y no me digas que te falta tiempo, porque en las veinticuatro horas del día siempre es posible encontrar un hueco. NO SE TRATA DE TENER TIEMPO, ¡SE TRATA DE SACAR TIEMPO!

Ahora, a por la guinda del pastel.

Ponte en movimiento… Cree y crea… Comienza la materialización…

CUARTA PARTE

**Creando una nueva vida.
Ponte en movimiento, crea, comienza la
materialización.**

- Ley del movimiento
- Ley de la creación
- Ley de la fidelidad

11. LEY DEL MOVIMIENTO

¡Atención!
11.1 Ejercicio «respirando vida»

Vamos a comenzar esta ley con un ejercicio que trabaja la respiración. Busca un lugar en el que puedas estar cómodamente unos minutos porque te vas a poner en movimiento, en movimiento interno. Tendrás que estar atenta a las sensaciones, porque de ellas es de donde vamos a extraer una información y unas conclusiones, sobre las que volveremos en el siguiente punto.

En este ejercicio solo hay que respirar. **La respiración es un símbolo de vida**, porque el aire es lo que más nos acerca a ella, es lo primero que hacemos cuando llegamos al mundo, cuando salimos del vientre de mamá. Y en nuestra biología ocurre lo mismo. Ese aire que inspiramos o que espiramos es una breve respiración, es una breve metáfora de la vida.

Con los ojos cerrados, vas a respirar en cuatro tiempos. En el primero, tomarás aire lentamente por la nariz hasta llegar al punto más extremo de esa fase de la respiración, y después lo soltarás, hasta llegar también al extremo. A fin de evitar cualquier tipo de hiperventilación, en principio simplemente vas a completar esas dos fases.

"

A continuación, analiza en qué momento te has sentido más cómoda, cuando inspiras o cuando exhalas, y observa las sensaciones: si eres capaz de coger poco aire o mucho; si parece que sueltas poco o mucho; si te resulta más sencillo coger aire o soltar aire; si respiras de manera entrecortada o como a saltos…

Tras unas cuantas inhalaciones y exhalaciones, pasarás por otras dos etapas, que consisten en un doble parón: cuando estás completamente llena y cuando estás completamente vacía. Es decir, el proceso comprende cuatro fases; a saber:

1. La **inhalación**, que la vas a hacer profunda, lenta, observando todas las sensaciones físicas, cualquier emoción, cualquier sensación, cualquier sentimiento…

2. La segunda etapa es un estadio intermedio. En este punto, una vez has inspirado todo el aire que has podido, lo que vas a **retener**. Observa qué sientes cuando estás completamente llena de aire.

3. Entonces empieza el tercer tiempo: la **exhalación**. Comprueba qué ocurre cuando te vas vaciando de aire.

4. En la cuarta fase estás **completamente vacía** de aire. Párate y mira qué pasa, qué sientes.

Practica varias veces atendiendo a los cuatro tiempos: inhalar de manera larga y pausada, observar, retener, soltar, vaciarte, volver a tomar aire, volver a retener completamente llena, volver a soltar y observar cuando ya no queda nada, nada, nada de aire. Advierte en qué momento te sientes más cómoda y en cuál más incómoda (inhalando o exhalando, llena o vacía de aire), si cuando estás sin nada de aire sientes mucha incomodidad, si es un segundo tras la inhalación o la exhalación, cuáles son esos instantes más agradables o más desagradables, qué sucede cuando no hay nada de aire o suficiente aire o demasiado aire...

Y si a lo largo del proceso te viene alguna otra sensación, alguna emoción, algún recuerdo, algún pensamiento… simplemente obsérvalo. Puede que incluso encuentres algún punto de equilibrio, o no. Toma nota de todas las sensaciones; ahora veremos qué significan y cómo puedes aprovechar esta información para tu cometido.

11.2 Conclusiones de «respirando vida»

Si la vida se para, se acaba. Así que todo, todo, todo en nuestra vida debería estar en movimiento, en constante movimiento, en un movimiento equilibrado, en un flujo de movimiento como el agua de un río que no se puede parar, porque si lo hace empieza a haber un problema. La vida en sí misma es además tu objetivo porque quieres crear otra nueva; pero si estás estancada en algún punto interiormente, **si tienes algún bloqueo, la vida no puede fluir.**

A través del ejercicio de la respiración quería que te dieras cuenta de cuál ha sido el momento más cómodo o más incómodo, porque te puede proporcionar información acerca de los bloqueos que te impiden concebir esa nueva vida.

En la primera fase, al coger aire estás acogiendo la vida. Porque el aire tiene dos significados en nuestro cuerpo, en nuestra metáfora biológica: la vida en sí misma y el espacio. Si tomar aire te resulta fluido, fácil, agradable y te satisface, probablemente no hallarás ningún problema en esta parte, sino más bien facilidad para ponerte plenamente en contacto con la **vida** y encontrar tu **espacio** para acoger otra vida en tu interior. Por el contrario, en caso de que percibas sensaciones incómodas en esta primera fase de la respiración, comprueba si existen obstáculos en tu vida que no te permiten disponer de tu propio espacio, porque sin espacio para ti será difícil que se lo puedas dar a otro en tu interior.

Tal vez pienses que tener tu vida y tu espacio significa quitárselo a los demás. ¿Sientes miedo de eso? ¿Sientes que no te pertenece, que no te lo mereces?… Toma nota de tus reflexiones.

Si quieres, repite esta primera fase del ejercicio, inhalando conscientemente, para que fluyan la vida y el espacio en ti de una manera más continuada, más suave y más cómoda.

En la segunda fase, quedarte llena de aire, hazte la siguiente pregunta: «¿Qué pasa si es incómodo cuando tengo los pulmones completamente llenos?». Es el conflicto del que te acabo de hablar, pero más intenso.

Casi todas las mujeres que me consultaron y habían sufrido algún aborto, sentían gran incomodidad en esta parte, **no podían acoger plenamente la vida** por algún motivo que solemos descubrir después (cuando sabemos lo que estamos buscando), o tenían problemas para aceptar y acoger su propia vida, la vida misma, o su espacio. Ya sabes que el primer paso para cambiar algo es ser consciente.

Tercera fase, momento exhalación. ¿Qué ha pasado aquí? ¿Era cómodo o incómodo? ¿Tenías muchas ganas de soltar aire y quedarte vacíao el vacío se te hacía insoportable? Cuando al espirar lo que sientes es incomodidad, puede ser que estés dando demasiado lugar al otro, **pones tu espacio o tu vida en el exterior;** y en sentido inverso, si te resulta demasiado placentero soltar, quizás lo que ocurre es que no quieres ponerte en contacto con tu propio espacio o tu propia vida. La exhalación ha de ser cómoda, pero en su justa medida.

Tus sensaciones en esta fase también indican un posible bloqueo al **transmitir la vida.**

Cuarta etapa, completamente vacía de aire. Cabe esperar que no te encuentres bien y necesites respirar, porque si te sientes de maravilla significa que estás a gusto **simbólicamente en contacto con la muerte**, lo cual invierte y contradice la vida en sí misma. Ocurre en casos de una existencia muy dura en que se instala la creencia de que **es más dulce morir que vivir así**. Evidentemente, de esta forma es muy difícil crear vida.

Pero si en esta fase te notas incómoda, tanto que te llegas a angustiar, puede que tengas miedo a la muerte o al contacto con ella. Esto te dará información acerca de un asunto que trataremos después. Porque cuando estás vacía, vacía, vacía, es verdad que para tu inconsciente hay una parte de ti que por un instante se halla en contacto con la muerte, y lo cual puede despertarte el recuerdo de abortos o pérdidas en tu pasado que tu memoria celular guarda y te bloquean.

Observa y anota cuál es el exceso en cualquiera de las fases. En los siguientes apartados trabajaremos con algo de esto que has descubierto y trataremos de averiguar si tu comodidad o incomodidad reside en coger la vida, el espacio, el lugar, en transmitir la vida, en estar más o menos en contacto con la vida o la muerte, etc. Ahora veremos información extra sobre estas reflexiones, así como algún truquito y algún ejercicio para mejorarlas.

11.3 El fluir de la vida

La vida fluye cuando respiras a pleno pulmón; primero, inspirando plenamente, continuadamente, intensamente, satisfactoriamente… hasta sentirte completamente llena; y después, soltando aire de forma tranquila, profunda, transmitiendo vida pero sin dejar de estar en contacto con la propia. Ese instante en el que te vacías por completo también es bonito, sagrado, y sientes muchas ganas de volver a coger aire, pero sin ninguna angustia ni malestar, porque de lo contrario, como hemos visto, podrías estar de alguna manera más en contacto con la muerte, lo cual te aleja de la posibilidad de crear una nueva vida. Esa es la causa del bloqueo de muchas mujeres que no consiguen quedarse embarazadas o continuar con el embarazo. Y es que para estar en condiciones de traer un bebé al mundo, lo principal es querer vivir…

Conozco mujeres que desde muy pequeñitas vivieron <u>experiencias de muertes traumáticas</u>, como la de su madre, la de su padre, o la de los dos, quizá la de los abuelos, a veces demasiadas personas seguidas. Recuerdo el caso concreto de una de ellas que, en menos de siete años (entre los 54 y los 12), vio morir primero a su padre, luego a su madre, luego a su abuela, luego a su abuelo, y luego a su otra abuela. Esa niña, a nivel inconsciente, se ha quedado ahí anclada, por el propio *shock* o porque es la única manera de seguir en contacto con sus seres queridos: a través de la muerte, de modo que una parte de ella también muere. No es necesario que ocurra en la realidad, lo determinante es el sentido con el que la vives. Trabajando con una mujer en un momento dado reconoció de manera espontánea: «Sí, claro, hay una parte de mí que está en contacto con ellos». Le parecía obvio, pero cuando lo dijo en voz alta se dio cuenta de la gravedad de sus palabras.

En otros casos, lo que ha ocurrido es que tras esas vivencias <u>se han perdido la confianza en la propia vida e incluso las ganas de vivir</u>, se ha dejado de querer estar en contacto con la vida, por su dureza, se ha disipado la chispa de la vida y la alegría de vivir. En condiciones así, es probable que el cuerpo carezca de las herramientas que necesita para generar vida.

Rastrea en tu árbol genealógico[10] si hay muertes traumáticas. Las hayas vivido de cerca o no, te pueden repercutir, y por ello deberías liberar esa información. ¿Cómo? Conectando con la emoción.

Escribe sobre esas experiencias y emociones que has vivido, sobre esas personas que han fallecido, como si de alguna manera

---

10 Si no has creado tu árbol genealógico, te enseñaré cómo hacerlo en patriciabartolome.com/transgeneracional/attachment/arbol-transgeneracional/
También puedes encontrarlo en mi canal de youtube o solicitar la guía gratuita en pdf por email.

pudieras volver a ponerte en contacto y hablar con ellos, como si por fin pudieras dedicarles una carta o un acto simbólico de despedida. Después, deja que esa parte de ti hoy se libere y reviva las emociones inconscientes que están en ti. A continuación, declara: «Yo hoy elijo vivir plenamente, os dejo marchar, dejo marchar la tristeza». Y por último, concédete un tiempo para el duelo, deja que se haga. Precisamente, ahí está el problema, que no se permite y se queda bloqueado, impreso. Es normal, porque se quiere evitar el sufrimiento, pero si permites que aflore, se marchará. Es un trabajo que tenemos que realizar en muchas ocasiones, acompañado resulta más fácil.

> RECUERDA QUE LA EMOCIÓN QUE NO SE EXPRESA SE QUEDA IMPRESA.

¿Hasta aquí todo claro? Asegúrate porque es muy importante.

Otro aspecto que te he mencionado y quiero contarte más en detalle es que la vida necesita vida, es decir, que **para dar vida necesitas estar muy, muy viva**. ¿Y qué significa eso? Pues sentir la chispa, recibir la vida, sentir la vida, fluir con la vida, vivirla…, empezando por <u>agradecer el hecho de estar viva</u> y celebrar el día en que comenzó. Algunas mujeres me han dicho que no le dan mayor importancia a su cumpleaños, ¿pero cómo puede ser? **La fecha más importante de tu vida es precisamente cuando empezó**. Cada cumpleaños es un renacer; por tanto, acostúmbrate a celebrarlo, si es que no lo has hecho hasta ahora, y dale un nuevo sentido. Agradece ese día, disfruta y comparte con todo el mundo tu felicidad por estar viva. En un futuro celebrarás de la misma forma ese gran día en el que nació tu hijo. Esto es básico para fluir con la vida y dar vida, y en esto consiste la ley del movimiento: en sentirse viva para que pueda llegar una nueva vida.

> EL DÍA MÁS IMPORTANTE DE TU VIDA ES EL DÍA EN QUE ESTA COMENZÓ.

Así que a regalarse vida, a recibir vida, a agradecer la vida, a sentir la vida y a fluir con la vida; lo cual significa que podemos agradecer, amar, fluir, recibir, dar, pedir... porque la vida es un flujo de energía. Por favor no lo pares en ningún momento; para ello, hay que saber dar, recibir, agradecer, pedir... y eso es lo que vamos a ver en este siguiente punto, porque es fundamental y no todo el mundo sabe hacerlo.

11.4 Dar y recibir vida

Hay una frase que me encanta y que muestra el equilibrio del fluir de la vida: «El que dijo que dar es mejor que recibir era muy malo en matemáticas». En los cursos, yo lo llamo *la fórmula x2 = x2,* o sea, que dar no es mejor que recibir, ni recibir es mejor que dar. Y es verdad, porque hay gente que está instalada en el dar, en el dar, en el dar... pero no sabe recibir; y esto es terrible, porque entonces, ¿quién va a recibir? ¿Te gustaría que cuando tú intentas dar, dar, dar, dar, el otro te cerrara la puerta y no pudiera o quisiera recibir y dijera: «Ay no, no, gracias, yo también quiero dar»? Sería un poco frustrante. Entonces, **la mejor forma de saber dar es saber recibir,** pues cuando alguien te da a ti, tiene la posibilidad de sentir esa sensación de dar, que es magnífica, y tú al recibir puedes tener una aún mejor: la de agradecer. Así que a partir de hoy olvídate de ese tópico de que dar es mejor que recibir.

Elabora una lista de cosas que das con mayor facilidad o de manera más habitual, y verás si estás más o menos orientada a los demás.

Después, reflexiona sobre eso que te das, ya que es muy importante: significa que estás en ese bucle del fluir, porque si doy, me doy, recibo, doy, me doy y recibo... la vida fluye, la energía fluye. Si solo sé dar, dar, dar y no sé recibir, o solo doy a los demás y no me doy a mí... algo no funciona en la ecuación, y hay cosas que podrían llegar a tu vida y no estás abierta a ellas, y quizás una sea el objetivo que persigues. A veces estamos como un muro, bloqueando, y no somos conscientes. ¿Hay equilibrio?

Normalmente, el problema está en recibir. Esta palabra tiene un sentido tan amplio que ni te imaginas la profundidad de lo que te planteo. Hablo de recibir TODO: la vida, el amor, el sexo, el placer y también la energía masculina, entre muchísimos otros elementos necesarios para cumplir la ley del movimiento. Reflexiona sobre lo que no sabes o no puedes recibir en cualquier ámbito y que te puede estar bloqueando. Por ponerte un ejemplo en lo referente a la sexualidad, me he encontrado un montón de mujeres que me refieren problemas sexuales con su pareja: que no sienten placer, o que las relaciones son prácticamente obligadas, o que no tienen ningún apetito sexual... ¡Han perdido la chispa! Hay que hacer algo al respecto, puesto que el sexo, el placer y la unión de la energía masculina y la femenina en un acto sagrado... son necesarios para que salte la chispa de la vida. ¿Recuerdas en la ley anterior ese apartado en que hablaba de la diosa creadora? ¿Cómo una diosa creadora no va a saber recibir todo esto?

Lee y valora si te reconoces en este discurso: «¡Buff! Es que yo no... Me cuesta recibir esa parte del placer y del sexo masculino... Muestro un poco de rechazo... Es él el que toma la iniciativa, yo no tengo ganas, no siento mucho placer, incluso siento dolor...». ¿Es tu caso? Pues entonces quiero que hoy mismo le des un giro a esa actitud, porque te va a cambiar la vida y el acceso al objetivo que te has propuesto, que es tener un bebé. Quiero que hoy hagas un **acto sexual consciente** y que seas tú la que des todo ese amor, ese sexo y ese placer; además, vas a poner conciencia en recibir, en recibir la potencia masculina, el sexo masculino, pero hoy eres tú la diosa, la que toma el mando, la que se pone en manos del placer para dar y recibir placer. De este modo, te sentirás empoderada, fluyendo con la vida y disfrutando unida en un acto realmente sagrado de amor y de placer para poder crear y dar vida.

Cuando yo entendí y apliqué esta reciprocidad dar/recibir, mis relaciones sexuales cambiaron totalmente; nunca me había sentido así, y no hizo falta calendario, esta vez no tuve en cuenta días fértiles, ni posturas, ni ningún otro elemento que tuviera que ver con la reproducción consciente. Solo disfruté y sentí la energía masculina, el placer y la vida fluyendo en mí.

¡Déjate de relaciones sexuales programadas y empieza a ser la diosa creadora que disfruta de relaciones sexuales mágicas!

Ya sabes: aparte de la lista de cosas que das, lo que te das y lo que recibes, te pido que reflexiones de manera especial sobre ello en el tema del amor, el sexo y el placer.

Date cuenta de que eres la persona que va a obtener tu objetivo de ser mamá; no vas a buscar, vas a recibir. Tienes que ser una gran receptora de todo, saber recibir y también saber agradecer. Porque eres merecedora, porque eres buena y porque eres una gran receptora. Entre dar y recibir debe haber equilibrio. Nunca defraudes a quien quiere darte. Si no sabes recibir, el universo intentará no darte, y eso incluye el objetivo de ser madre. Recibir siempre es una gran oportunidad de agradecer. Así que a partir de hoy, cuando recibas, vuélvete loca de agradecimiento, de amor, de risa, de alegría y de placer. Recuerda que cuando abrimos una ventana para dar, queda abierta para recibir, y viceversa. Igualmente, puedes pedir lo que necesites, en todos los aspectos, y a cambio, agradecer. Mantente en este flujo constante de la vida, sin bloquear ni parar nada, dando y recibiendo.

A tu pareja le va a encantar que apliques estas leyes, porque estarás de mejor humor, más alegre, relajada… Saber recibir la potencia masculina te pondrá en contacto con tu potencia femenina, la encargada de acoger, y el equilibrio de las dos es la que hace saltar esa chispa que da lugar a la vida. Así se crea y así se queda.

Además este «ejercicio» (nunca mejor dicho) que te acabo de explicar es especialmente importante porque en esta ley del movimiento es fundamental el movimiento… ¡del cuerpo! Sentir el cuerpo. Haber vivido o heredado experiencias que te ponen con contacto con el sufrimiento y el bloqueo hacen que de alguna manera desconectes de tu cuerpo, y **para concebir un hijo hay que estar plenamente encarnada**. Como ejemplo de este conflicto, te cuento un caso real en el libro ¿Por qué yo no?, pero veo cientos de mujeres con el mismo bloqueo.

¡Atención!
11.5 Ejercicio «la magia de la vida»

Como conclusión para esta breve pero intensa ley, vamos a realizar un ejercicio que te va a permitir fluir no solo con la vida, sino con la magia.

Para mí es uno de los ejercicios más emocionantes, por su carácter simbólico y porque es justo el último que hice antes de quedarme embarazada. Bueno, el penúltimo, ya que fue previo al acto sexual mágico que te acabo de contar.

Nada que ver con las relaciones sexuales que las mujeres de nuestra familia y nuestras antepasadas están acostumbradas a «disfrutar», en las que se han sentido utilizadas, pasivas y de muchas otras maneras contrarias al fluir, el placer, el amor y la vida. Sobre esta herencia terrible todas, sin excepción, tenemos que trabajar. ¿Acaso no ha sido la experiencia de tu abuela o de tu bisabuela? Pero no me voy a detener ahora en este asunto en particular; lo abordaré con mayor detalle en el libro *Eres fértil. Recupera tu poder creador,* el tercero de la saga de «Las leyes de la fertilidad».

Volvamos al ejercicio, porque es maravilloso. Lo puedes hacer todas las veces que quieras, pero como mínimo, una.

Busca un lugar tranquilo y en el que te puedas mover. En principio, estarás de pie, pero si en los siguientes pasos necesitas sentarte o tumbarte, también vale. Pero inicialmente, de pie.

1. Empieza como otras veces a sentirte, a sentir tu cuerpo, a sentirte tú, a sentir a tu mujer, a tu diosa, a todas tus partes, la masculina y la femenina dentro de ti; a sentir el movimiento de la vida, el flujo de la sangre por el interior de tus venas… porque estás viva, así que todo está fluyendo en ti en este momento. Muévete lentamente, como si empezara a danzar en ti ese fluir de la vida. Da un paso hacia delante, hacia atrás, hacia la izquierda, hacia la derecha… eso hace que algo se mueva en tu interior. Deja que tu cuerpo siga la danza libremente en ese espacio donde te encuentras.

2. Pasa unos minutos moviéndote y respirando. Puedes hacerlo con los ojos abiertos o cerrados, mientras todo fluye en ti. Tal vez detectes algún bloqueo en el lugar en el que estás. No es necesario que lo conozcas, no quiero que pienses en nada, simplemente, que seas consciente de ese bloqueo en ti que te impide sentir el movimiento de la vida saliendo y entrando en ti. Permite que aflore, puede que sientas algo o no, puede que sepas algo o no. No necesitas hacer nada a propósito. Solo ser consciente del lugar en el que te mueves, del movimiento que hay en ti y de si existe algún bloqueo inconsciente que dificulta que esa nueva vida fluya y se instale en ti.

3. Mientras todo eso sucede, localiza visualmente un lugar dentro de la sala en la que permaneces. Puede ser frente a ti, a tres metros de ti, a un metro por detrás, en una esquina… donde sea, pero busca un espacio en el que ubicar y representar la magia. Déjate sentir, déjate mirar, gira 360 grados buscando a tu alrededor ese rincón de la magia, como si de repente algo llamara la atención en ti y dijeras: «¡Allí! En esa esquinita, en esa silla, en ese recodo, enfrente, al lado…».

4. Cuando lo hayas ubicado, avanza un paso o unos pasos hacia ese espacio mágico y adéntrate en él. Una vez ahí, déjate inundar por lo que ocurre. Como si lloviera magia, hubiera tacto de magia, como si la magia te impregnara, como si pudieras respirar la magia, saborear la magia… Deja que tu cuerpo se mueva dentro de la magia, que tus brazos, tus manos bailen a su compás; deja que tus pies, que tu cintura, que tu cadera, que tus piernas, que tu sangre, que toda esa magia entre en ti y fluya en ti, y que tanto dentro como fuera puedas moverte con la magia.

> ALGO MÁGICO PASA EN TI CUANDO TE DEJAS LLEVAR POR LA MAGIA.

Amplía esa sensación: que tu cabeza, tu cerebro, tus pensamientos… simplemente se llenen de magia. Una parte de ti está viviendo en la magia, tú eres magia.

Y si te dejas impregnar por la magia, vivirás experiencias mágicas.

Puedes repetir este ejercicio conforme a las pautas que te indico en el audio guiado del curso de las leyes[11]. Ponte una música mágica o créala en tu cabeza, respira, deja que todas tus células se llenen de magia y haz esta declaración: «ELIJO VIVIR EN LA MAGIA, ELIJO RECIBIR LA MAGIA, ELIJO DAR MAGIA, ELIJO SENTIR LA MAGIA, ELIJO VIVIR EN LA MAGIA». Porque cuando eliges vivir plenamente en la magia, se obra el milagro mágico de la vida en ti sin que tengas que hacer nada.

5. Te recomiendo que le pongas un color a toda esta sensación de magia, y que te acompañe en los próximos días. Además, a partir de hoy, en cualquier instante puedes volver a este lugar donde has situado simbólicamente la magia y meterte ahí, como el que se mete en la ducha y se deja impregnar por el agua; pues tú te metes ahí y te dejas impregnar por la magia. Si lo haces varios días, llegará un momento en que tu inconsciente sienta que tiene instalada la magia dentro y fuera y que vive en ella.

---

11 https://www.patriciabartolome.com/lasleyesdelafertilidad/curso-las-leyes-de-la-fertilidad

Yo elijo vivir en la magia

En este capítulo has aprendido:

* La respiración es un símbolo de vida.
* Si tienes algún bloqueo, la vida no puede fluir.
* Si a nivel inconsciente estás en contacto con la muerte por cualquiera de las razones vistas, hay un bloqueo para conectar con la vida.
* Es imprescindible agradecer el hecho de estar viva, celebrarlo, darse vida, recibir vida, agradecer la vida, sentir la vida y fluir con la vida.
* Para concebir un hijo hay que estar plenamente encarnada.
* Dar y recibir debe estar en equilibrio.
* El rechazo inconsciente del acto sexual, el placer o la energía masculina pueden estar produciendo desequilibrios en ti que bloquean la llegada del embarazo y esa nueva vida.

Y vas a poner en práctica:

- Respira en cuatro tiempos y anota los descubrimientos.
- Realiza las cuatro fases de manera fluida y de manera consciente, ahora que lo sabes.
- Revisa las experiencias de muertes traumáticas en tu vida, y también las de tu árbol genealógico.
- Conecta con esas emociones, exprésalas, permítete el duelo, suelta y conecta con la vida.
- Elabora una lista de cosas que das, que te das, que recibes, que acoges, que pides y que agradeces.
- Ábrete a recibir la vida, el amor, el sexo, el placer y también la energía masculina.
- Realiza el acto sexual consciente, toma las riendas, déjate de relaciones sexuales programadas y empieza a ser esa diosa creadora que disfruta de relaciones sexuales mágicas.
- Pon en práctica el EJERCICIO «LA MAGIA DE LA VIDA», busca ese espacio, sumérgete y cárgate de magia.
- Añade a tus declaraciones: «ELIJO VIVIR EN LA MAGIA».
- Actúa, no basta simplemente con pensarlo. La acción es el antídoto contra la desesperación.

No se puede crear vida si
no estás plenamente viva,
celebrando y disfrutando tu
propia vida.

LA VIDA SIEMPRE ESTA EN MOVIMIENTO

Y tu felicidad es compatible con tu problema actual.

Mis anotaciones

Mis anotaciones

Mis anotaciones

Mis anotaciones

12. LEY DE LA CREACIÓN

Bruce H. Lipton (EE. UU., 1944), doctor en biología celular por la Universidad de Virginia, postula que **los genes y el ADN están condicionados por las creencias de la persona**. Así lo demuestra en sus investigaciones y en su libro *La biología de la creencia*:

«Todos los organismos, incluyendo los humanos, se comunican primeramente a nivel vibratorio. El átomo está hecho de energía, cada átomo emite una vibración diferente y también puede absorber la vibración de otros átomos. Las células sanas tienen un tipo de energía y las enfermas tienen una vibración diferente [...]. Los pensamientos generan un campo energético [...]. La mente es energía. Cuando piensas, transmites energía y los pensamientos son más poderosos que la química».

Cuando veo a una mujer por primera vez y me empieza a contar su historia, las fatalidades que cree que le pasan, y le escucho preguntarse «¿por qué a mí no?», «¿por qué, si yo deseo tanto ser mamá?», «¿por qué, si mi pareja y yo queremos ser padres?» ... siempre les respondo algo sencillo que les impacta:

INCONSCIENTEMENTE, NO QUIERES TENER UN HIJO.

Crees que quieres ser madre, y en una parte consciente es cierto, pero a nivel inconsciente tienes motivos y creencias que dicen lo contrario, dicen que no, y como en todos los aspectos de nuestra vida, esas creencias inconscientes son las que nos mueven por dentro, las que provocan un síntoma, una respuesta de nuestra biología, y son las que mandan en el resultado que obtenemos, a cualquier nivel.

Así que es imprescindible conocer lo que creemos a nivel inconsciente, porque es lo que está creando tu realidad ahora mismo. Esa será la tarea de esta ley. Vas a descubrir qué es eso que crees y que te está limitando, y vas a transformarlo.

Pero antes me gustaría detenerme un poquito en el concepto de *creencia,* ya que se utiliza con diferentes sentidos. Hay gente que lo asocia con temas religiosos, e incluso a algunos la palabra les suena sectaria; pero una creencia no es más que un pensamiento que ya no ponemos en duda. Es nuestra verdad absoluta, normalmente inconsciente. Cada uno tendrá la suya, y pueden coincidir o no. ¡Lo importante es que tus verdades son ciertas para ti siempre!

Todos tenemos una base y una estructura formada por creencias, por la educación, por lo que hemos aprendido, por la herencia; sin embargo, no las conocemos, pues no nos paramos a pensar en ellas. Y es fundamental que sepas cuáles son, a fin de comprobar si las que tienes te están limitando, o ayudando y potenciando a crear lo que quieres.

Cuando crees algo al cien por cien, se convierte en **la profecía autocumplida** que evidentemente se cumple y cada vez se hace más fuerte y más verdadera.

> NO ES VER PARA CREER, SINO CREER PARA VER.

Tenemos que creer para ver un resultado diferente al que tenemos a día de hoy. Esto es aplicable a todos los aspectos de la vida, incluidos los problemas de fertilidad. Las creencias funcionan como un filtro con el que percibimos la realidad, porque la realidad es la que cada uno se crea, la que cada uno piensa, siente y obtiene. A veces, en la ceguera de nuestra propia realidad nos creemos que es la única, pero eso es un error.

Ser conscientes de ello es una buena noticia, porque nos vamos a dar cuenta de que si cambiamos esos filtros con los que percibimos la realidad, esta puede cambiar. Por tanto, cada creencia que cambies en tu vida va a cambiar el resultado que obtienes en el exterior, en la realidad en la que vives. Este trabajo es muy poderoso, y todo el mundo lo puede hacer. Está en manos de cada una, y a través de los ejercicios podrás llevarlo a la práctica.

En ese pensamiento inconsciente que ya no pones en duda aparece la **creencia autovalidante**, siempre actúa en el futuro reemplazando la realidad por lo que creemos.

Para ver cómo funciona una creencia, te contaré una historia:

Un día, un señor se asoma por la ventana y ve que el banco de enfrente, donde ha depositado sus ahorros, tiene los cristales muy sucios. Eso le da mala espina, y piensa: «¡Uf, qué sucios! Si todos los días vienen a limpiarlos… Uy, uy, uy… A ver si es que estos andan mal de fondos y no tienen ya ni para pagar al personal de limpieza y yo me voy a quedar sin un céntimo…». El hombre se empieza a preocupar, baja al banco y hace cola esperando a que abran para retirar todo su dinero. Algunos conocidos que pasan por delante de la sucursal, al verlo le preguntan:

—¿Qué tal? ¿Y tú por aquí?

—Pues nada, a la espera de que abran el banco porque he visto los cristales muy sucios y lo mismo mañana dicen que están en bancarrota, cierran y nos quedamos sin un duro.

Entonces, empieza a correrse la voz entre los vecinos del barrio, se agolpan cada vez más en la puerta y para cuando abre el banco hay una fila que da la vuelta a tres manzanas. La gente, alarmada, vacía sus cuentas pensando que el rumor puede ser verdad, y llega un momento en el que el banco anuncia la bancarrota. A la vista de lo ocurrido, el hombre se convence: «¿Lo ves? Ya lo decía yo...».

¿Cuál es tu conclusión? ¿Qué fue primero, el huevo o la gallina? Esto es una metáfora de cómo funcionan las creencias. Una puede ir en contra de las de los demás (que es lo habitual en el día a día), pero nunca en contra de las propias, por muy limitantes o terribles que sean. Si están ahí, es por algo: porque las hemos aprendido, por supervivencia, porque las hemos heredado... Tienen un fin, una intención positiva que es importante conocer, y siempre se van a cumplir. Además, de esto dependerá la emoción que se genera, del sentido que tú le das a la «realidad».

Ya lo dijo Shakespeare: «No existe nada bueno ni malo; es el pensamiento humano el que lo hace parecer así».

12.1 Cómo se fundamenta o se instala una creencia

Puede asentarse tras haber vivido una experiencia muy fuerte o traumática. Por ejemplo, si yo he perdido mi casa en un terremoto y me he quedado sin nada, puede que instale la creencia de que la naturaleza arrasa con mi vida, o alguna otra relacionada con el poder de la tierra. Se trata de un mecanismo automático de asociación, no se elige. Sirve para tu protección. Quizá creyendo eso puedas alejarte de la naturaleza y salvar tu vida; tu inconsciente se comporta siempre con la intención positiva de protegerte.

También es posible que se instale por repetición. En este caso tendemos a generalizar; es decir: si mi pareja me es infiel, pienso «uf, vaya…»; si me ocurre otra vez, me asusto; si me son infieles tres o cuatro, llegaré a la conclusión de que todos los hombres lo son infieles, y esa creencia se instalará sí o sí; además, siempre me voy a encontrar con ese tipo de hombres, así que me acabaré reafirmando en lo que creo.

Otra manera de instalar una creencia es por educación porque nos han inculcado ciertas ideas en el colegio, nuestros padres, la sociedad o el mundo en general, las religiones, etc.

También por la herencia, porque heredamos información. Y en esto influye la lealtad familiar inconsciente de la que hablaremos en la siguiente ley. Son las creencias a nivel inconsciente que han tenido mi padre, mi abuelo, mi bisabuelo…, de tal intensidad emocional que se han instalado, y entonces heredamos tanto la emoción como el pensamiento, y a día de hoy puede que nos esté limitando sin que tengamos ninguna experiencia de ello. Aunque al final siempre tendremos experiencias que lo confirmen; recuerda que se autovalidan y se cumplen para estar de acuerdo contigo, como no puede ser de otra manera.

Por ejemplo, en casos en los que la mamá, la abuela o la bisabuela han muerto en el parto, y esa herencia —suficientemente fuerte a nivel emocional también— ha instalado una creencia de que cabe la posibilidad de morir en el parto, tu biología, tu inconsciente (que vela por tu supervivencia), te da la respuesta o el comportamiento que corresponde a esa creencia: si yo me voy a morir en el parto, pues no me quedo embarazada. Así de simple es para tu subconsciente, por eso es importante conocer estas creencias y cambiarlas.

En nuestra vida suele haber algo visible que calificamos como «el problema», pero no es más que la punta del iceberg de algo mucho más profundo, donde se origina todo.

Antes de los frutos están las semillas, y esos frutos que recoges proceden de la semilla de esa creencia.

Teniendo esto en cuenta, tu pregunta debe cambiar; en vez de torturarte con el «¿por qué a mí...?», pregúntate: «Si no me quedo embarazada, o si pierdo el bebé siempre en la semana siete, ¿cuál puede ser la semilla, la creencia que provoca eso?». Y son creencias limitantes, valora por qué te está limitando en el resultado que obtienes hoy y que no es el que realmente deseas conscientemente, pero lo cierto es que hay una parte de ti que atiende a eso, y si lo hace es por algo. Siempre tiene una intención positiva, aunque no te lo parezca o aunque esté inadaptada al momento actual, que es lo que suele pasar.

¿Entiendes ahora el alcance de las creencias limitantes que puedas tener?

> CREEMOS QUE SOMOS NUESTRAS CREENCIAS, SOLO SON EL FILTRO CON EL QUE PERCIBIMOS LA REALIDAD, CAMBIA UNA CREENCIA Y CAMBIARÁ TU REALIDAD.

12.2 Y entonces, ¿Tú qué crees?

Recuerda algunas de las respuestas de la primera parte, en la ley de la claridad. Vuelve sobre los apuntes que has ido tomando a lo largo del libro, pues te van a servir para utilizarlos en este capítulo.

Te recomiendo que ya vayas preparando papel y boli, porque vas a escribir bastante en esta ley, y es muy importante que lo hagas.

Vamos a comenzar con varias preguntas a las que quiero que respondas para ir descubriendo esas creencias limitantes de las que te hablaré (incluidas las mías y las de otras mujeres); y te agradecería muchísimo que según vayas descubriendo las tuyas, me las envíes por *e-mail* para poder incorporarlas a esta lista, porque pueden ser útiles para otras personas.

Empieza preguntándote, respecto al tema que nos ocupa (ser mamá, tener un bebé, ser papás, los hijos, la fertilidad, el embarazo, el parto…):

¿Qué es lo que tú crees?

¿Por qué crees que no lo has conseguido hasta ahora?

Deja que cada pregunta cale en ti de un modo progresivamente más profundo. Háztelas muchas veces, incluso en voz alta, pero no a nivel consciente (porque entonces seguramente digas «pues no sé», que es la respuesta más común al principio); deja que otra parte de ti más inconsciente te dé las respuestas. Apunta la primera que aparezca, te sorprenderás.

¿Por qué crees que no has conseguido tu objetivo hasta hoy?

¿Por qué crees que no has conseguido tu objetivo hasta hoy?

¿Por qué crees que no has conseguido aún tu objetivo?

Seguro que ya han surgido posibles razones. No las subestimes; anota: «por la edad», «por mi baja reserva», «por mi marido», «porque tengo pánico a…». En ocasiones puedes obtener respuestas a través de alguna imagen que te sugiere el inconsciente: una imagen de dolor, de sangre, alguna familiar, de algún recuerdo, de alguna experiencia vivida o no vivida, que en principio no entiendes o no reconoces (mucho mejor: cuanto más desconocido y menos sentido tiene, más inconsciente; ya habrá tiempo después de entender).

Si no se te ocurre nada, no importa, sigue preguntándote. Y permite que esa parte más inconsciente de ti, que lo conoce todo, te muestre una palabra, una sensación, una idea, un concepto, una imagen, un recuerdo... En caso necesario, comienza haciendo los ejercicios de la ley de la nada, y aprovecha para formular estas preguntas en esos momentos en los que te encuentras en estado 0; si la respuesta es «nada», o «no sé», pregúntate: «Y si lo supiera, ¿cuál sería?». Cuando decimos «no sé» es porque la información que nos llega nos parece una tontería, pero sí sabes: esa «bobada» puede ser la respuesta.

Lo importante es que vayan saliendo conceptos. Déjalos ahí escritos, luego les daremos forma. Ahora vamos con otra serie de preguntas que te ayudarán:

- **¿Qué es eso que has visto** sobre los hijos, la maternidad, los padres, las mamás, la pareja, el embarazo, el parto, la fertilidad, etc.?
- **¿Qué es eso que has oído** sobre los hijos, la maternidad, los padres, las mamás, la pareja, el embarazo, el parto, la fertilidad, etc.?
- **¿Qué es eso que has experimentado y aprendido** sobre los hijos, la maternidad, los padres, las mamás, la pareja, el embarazo, el parto, la fertilidad, etc.?

¿Qué he visto, oído, experimentado, aprendido... sobre los hijos, la maternidad, la pareja, el embarazo, el parto, etc.? Reflexiona y completa:

En el mundo	
En mi país	
En mi ciudad o en mi pueblo	

En mi barrio, en mi comunidad, en mi edificio, entre mis vecinos	
En mi entorno (amigos, compañeros de trabajo…)	
En mi familia	
En mí	

Escribe las respuestas a cada una. Te va a llevar un ratito, pero son la base de tus creencias. No serán ni más ni menos correctas que otras, ni mejores, ni peores, serán tuyas, y por eso son las más IMPORTANTES.

Cada pregunta te sugerirá diferentes respuestas. He visto de todo: «Los niños se mueren», o «Se mueren de hambre», o «La humanidad está demasiado mal como para traer un bebé al mundo». También tenemos creencias que están en el inconsciente colectivo; así, por ejemplo, si en el mundo o en mi país o en la sociedad actual hay demasiadas personas o un número significativo de mujeres con problemas de fertilidad, o que inconscientemente creen que quedarse embarazada y tener hijos es muy difícil, se crea una «verdad» que no se cuestiona y que pertenece al inconsciente colectivo, al cual estamos conectados.

Las creencias varían según el lugar: en algunos países los niños se mueren, y en otros limitan la vida profesional, por eso es importante que veas qué es lo que has aprendido en tu país, en tu localidad o en un entorno más cercano, como el vecindario, el círculo de amistades o el ámbito laboral.

Recuerdo una mujer que trabajaba en la unidad de neonatos de un hospital donde siempre estaba en contacto con bebés prematuros o que sufrían algún tipo de patología. A ella la conocí porque me consultó su problema de fertilidad, relacionado en parte con su herencia familiar, y en parte con su experiencia diaria: los recién nacidos con necesidades especiales se había convertido en su «realidad», y esto le provocaba una angustia tremenda; de hecho, no todos salían adelante, y en ella se había instalado esta creencia de que tener hijos implicaba mucho sufrimiento, porque se ponían enfermos, nacían con dificultades e incluso muchos de ellos morían. Tuvo que descubrir eso y cambiarlo para poder quedarse embarazada.

Por supuesto, las creencias también se adquieren en la familia. En la mía en concreto, yo fui testigo de que mi madre me tuvo a mí y después nunca más pudo tener hijos, pero se quedaba embarazada un montón de veces y siempre sufría abortos; era supertraumático. En una ocasión (yo era una niña de apenas 8 años) la encontré desmayada en casa. Como mi padre no estaba, avisé a unas vecinas. La ingresaron por una infección tras un legrado. Fue un *shock* para mí, pensé que mi madre se había muerto, y no fue la única vez, así que en mí se había instalado la creencia de que quedarse embarazada era peligrosísimo, hasta te podías morir.

Evidentemente, las creencias también dependen de todo lo que ha ocurrido en ti: si nunca te has quedado embarazada, si te has quedado varias veces pero lo has perdido, si has abortado (voluntaria o espontáneamente)…

Analiza las diferentes etapas de tu vida: ¿qué es lo que has visto, oído, aprendido o experimentado en la infancia, en la adolescencia y en la edad adulta? Lo que yo te he contado lo viví de pequeña, pero he conocido casos muy diversos, como el de una mujer que no tenía absolutamente ningún tipo de herencia limitante en este aspecto. Habíamos observado su árbol genealógico y no encontrábamos nada… hasta que de repente se acordó de un episodio que resultó determinante: «¡Ah! Teníamos 16 años. Una amiga nos confesó que estaba embarazada y la acompañamos porque iba a abortar sin que nadie lo supiera, claro. Y falleció». Lo contó como si tal cosa…, pero le había dejado una huella muy profunda aunque aparentemente parecía haberlo olvidado. Fue algo que tuvo que liberar para poder lograr un embarazo.

Además de hacer un repaso por todas las fases de tu vida, reflexiona asimismo acerca de lo que tu madre o tu padre han dicho sobre este tema o han pensado o te han demostrado o te han enseñado. Ponlo por escrito. Te sorprenderá lo que vas a descubrir.

Vamos a seguir investigando. Ahora responde a la siguiente pregunta: ¿cuál es el problema actual?

Obviamente, no es el mismo para todas: unas no se quedan embarazadas; otras se quedan embarazadas con mucha facilidad pero lo pierden. Entonces, la creencia es muy diferente, porque la que nunca se ha quedado embarazada dice: «¿Qué hago mal? ¿Qué funciona mal en mi cuerpo? No voy a ser capaz, soy infértil…». Por el contrario, la que se queda embarazada nunca albergará la creencia (ni consciente ni inconsciente) de que es infértil o de que sus óvulos no valen, pero sí que su cuerpo es un lugar hostil, incapaz de alojar otra vida, y se expresan en términos tan terribles como «mato a mi bebé». Es muy importante que identifiques cuál es tu problema actual y que lo escribas, porque ahí, entre líneas, se leen conflictos y creencias diferentes. «No puedo pasar de la semana ocho», «Nadie en mi familia pasa del tercer mes»… Escribe, escribe.

Por otro lado, valora a qué edad empiezan estos problemas. Para algunas mujeres, comenzaron tras cambiar de pareja, o en la juventud con un novio, o después de un aborto, o desde que rompieron una relación o desde que se mudaron de casa, o desde que se fueron a vivir a no sé dónde o desde que cumplieron 35 años, etc. Este último dato puede ser muy revelador, porque a veces estamos en un ciclo biológico memorizado o en una fidelidad en la que justo a la misma edad le ocurrió algo a nuestra bisabuela o a otra antepasada.

Algunas dicen: «Pues yo, desde que empecé a intentarlo no he sido capaz de quedarme embarazada». Vale, estupendo, de momento estamos haciendo una exploración para que cada una tome nota de sus bloqueos y los datos particulares de su caso. Es como un puzle: hay que ir mirando cada pieza, agrupando y luego encajando.

Hay otro par de preguntas importantes que te voy a plantear. Tal vez te parezcan extrañas, pero pueden ocultar creencias detrás:

¿Sientes que te mereces una vida feliz?

Responde rápido sí o no, lo que sientas, aunque la respuesta no te guste.

¿Sientes que te mereces una vida fácil?

Si tu respuesta ha sido no, querrá decir que en tu inconsciente se han instalado el sufrimiento y la tristeza. Esta creencia puede ser tan fuerte que te impida ser mamá, porque eso te haría feliz; o si te costara poco y lo consiguieras a la primera, sería fácil, cuando en realidad la vida es muy dura, todo requiere mucho esfuerzo, y claro, esto no va a ser un objetivo que contradiga tu creencia.

Por último, cierra los ojos y hazte esta pregunta:

Si ya estuviera embarazada, ¿cuál sería el estrés?

Es importantísima. Imagínate que estás embarazada; si nunca te había ocurrido hasta hoy, ya es un paso diferente, o si lo habías estado antes pero habías perdido algún bebé, quedarte ahora en estado es una situación nueva.

Si a la cuestión anterior respondes rápido «ninguno», ya sabemos que esa es tu reacción más consciente. Así que tranquila, ve metiéndote más y más en la pregunta, y deja que tu inconsciente te muestre la respuesta. Porque si a día de hoy no estás embarazada es porque a nivel inconsciente hay un estrés en estarlo, o al pasar del mes X o al acercarse el parto.

Las respuestas pueden ser de todo tipo: perderlo, morirme, abandonarles, faltarles, quedarme sola, que mi pareja se muera… ¡He oído de todo! Y aunque te parezca muy raro, recuerda que lo que no conoces consciente, en principio parece raro.

Después de responder a todas esas preguntas, escribe lo que te surja al leer las siguientes palabras, al menos seis ideas para cada una:

Embarazo	
Parto	
Padre	
Placer	
Bebé	
Dar	
Facilidad	
Sexo	
Vida	
Límite	

Mamá	
Potencia	
Muerte	
Poder	
Hijo	
Familia	
Recibir	

Supón que cuando dices o lees *embarazo,* las primeras palabras que te vienen a la mente son: «alegría», «miedo», «vida», «muerte», «risa», «miedo». No busques, deja que te llegue esa respuesta espontánea, aunque te sorprenda. Lo primero que te salga. Porque luego, de ahí vamos a sacar una serie de conclusiones.

Según lo que te sugieren, te das cuenta de con qué tienes identificada cada palabra. Por ejemplo, contestar «imposible», «nunca», «malo», «difícil» indica que probablemente tengamos creencias de que la vida no es fácil, de que la facilidad es imposible, de que las cosas fáciles son imposibles, y el embarazo o tener un hijo no será la excepción.

Sobre *papá,* hay quien lo asocia con «peligro», «lejos», «sufrimiento», «llanto»…, y detrás está la creencia de que papá es peligroso, de que papá va a hacer daño, de que papá se va a convertir en un peligro para el bebé. El hecho de que aparezcan esas palabras revela que esa información está en tu inconsciente, y si tenéis un hijo, tu pareja se convierte en padre y esas memorias se activan para ponerte en alerta.

Para ayudarte a rastrear en tu interior, prueba a formar frases con cada uno de los conceptos seguidos de los verbos «es», «tiene» o «hace», más los complementos que se te ocurran; y así, muchas veces. De este modo, siempre acaban saliendo las ideas limitantes sobre ello (si las hay, claro). Por ejemplo:

- *«El embarazo es...»*.
- *«El parto es / hace / tiene / supone...»*.
- «No poder ser madre es un castigo por...» (escribe aquello de lo que te sientas culpable).

Reflexiona sobre todo lo que has descubierto, y comienza a ver algunas creencias limitantes que pueden estar bloqueando tu fertilidad. Podrás añadir algunas de las que recojo en el Anexo IV, pero antes escribe las tuyas.

He tenido ocasión de comprobar el rechazo de algunas mujeres ante la posibilidad de repetir el modelo de sus propias madres, y ese rechazo era justamente lo que las estaba bloqueando.

No descartes nada de buenas a primeras. Anótalo todo y no te engañes, lo importante es que seas sincera contigo misma.

12.3 Lista de creencias

Ahora que ya habrás acabado tu lista, te voy a dar algunas ideas que he ido encontrando: «Llevamos tiempo intentándolo y no ocurrirá», «Somos demasiado mayores», «Mi cuerpo no funciona correctamente», «Solo es posible con una donación», «A mi edad es imposible»...

Efectivamente, tu organismo cambia con los años, pero... ¿por qué unos cuerpos de 40 funcionan de una manera y otros de otra? ¿No habrá algo que hacemos, pensamos y sentimos, que impacta en nuestro cuerpo y produce ciertos resultados? Esto funciona así, y hoy está científicamente demostrado; por tanto, la pregunta debería ser: «¿Qué tengo que hacer, pensar y sentir para que mi cuerpo responda de una manera determinada?». Porque si crees que solo por tu edad es imposible, tienes razón, así será. Como decía Henry Ford, tanto si crees que puedes como si no, tienes razón. Recuerda que una creencia es autovalidante, la profecía autocumplida.

Entonces, si llegado este punto tu mente está como un disco rayado («Sí, sí, pero es real, soy mayor, me han dicho que es difícil o no puedo, que tengo baja reserva, mala calidad…») y quieres seguir aferrada a esas creencias, deja de leer aquí. Pero si por el contrario crees que lo que piensas influye en tu cuerpo y que lo puedes cambiar, sigue leyendo.

Para mí no hay verdades absolutas. Solo digo que lo que has oído, aprendido, etc., es una realidad subjetiva, una opinión, una experiencia, una estadística… Y si me permites un consejo, ¡desconfía de lo que piensas! Porque siempre que te creas algo, es lo que vas a crear fuera. Así que revisa esas creencias, ponlas en duda para poder cambiar lo que está en tu mano.

Identifica y somete a juicio creencias como estas: «No soy capaz», «Estoy haciendo algo mal, es mi culpa», «No he encontrado el tratamiento adecuado», «Mi cuerpo no es capaz de llevar un embarazo más allá de la semana X», «Siempre pierdo mi bebé en la semana 8 ó 4», «El embarazo siempre trae problemas», «El embarazo te cambia el cuerpo»… Conocí a una mujer con un bloqueo como este, el único pero muy grande, porque para ella era lo peor que le podía pasar en el mundo. Lo puedes leer entero en el libro ¿Por qué yo no?, que recoge diferentes historias de fertilidad.

Como te decía, en el Anexo IV encontrarás una lista con creencias limitantes de la fertilidad, que he comprobado en muchas mujeres. Con esas y con todo lo que hayas descubierto en las preguntas anteriores más todo lo que has ido escribiendo desde que empezaste con esta ley, e incluso antes (porque a lo largo del libro habrás hecho anotaciones que ponen de manifiesto lo que crees), elabora tu lista definitiva. Léelas tranquilamente y observa cuáles resuenan en tu interior. Ponlas en orden de prioridad; primero, las que sean más fuertes y urja cambiar, y después las demás, que irás trabajando una a una. El procedimiento será progresivo: inicialmente, vas a desestabilizarlas; luego, a neutralizarlas, y por último, a cambiarlas.

El Anexo IV incluye también creencias potenciadoras. No son las que tienes, pero sí las que cualquier mujer querría tener, ¿verdad?

Pregúntate: «¿Qué debería estar pensando y creer para encontrarme bien y materializar mi objetivo?».

Elabora esta otra lista. Puede partir de las limitantes, pero por oposición. Ponlas en otra hoja; después las utilizarás.

¡Atención!
12.4 Ejercicio «desidentificando»

Es el momento de empezar a trabajar con tu lista de creencias limitantes. Una vez las has identificado, vas a aplicar la **técnica de las 3D**: Desidentificar-Desestabilizar-Desinstalar. Por último, procederás a cambiarlas. Empieza con la primera y luego haz los ejercicios con las demás.

Por ejemplo, «no soy fértil». En creencias de este tipo, antes de nada es necesario desidentificarse. ¿Qué quiere decir esto? Pues que no es suficiente con creer lo que creemos, sino que además creemos que somos lo que creemos.

> NO ERES LO QUE CREES. NO ERES TUS CREENCIAS.

Quiero que te des cuenta y que te repitas esto: «Yo no soy lo que creo». Lo que hoy creo es lo que he aprendido, lo que he experimentado, lo que he heredado…, que me lleva a unas emociones, a unas conductas, a unos comportamientos y a unos resultados. Pero yo no soy eso, soy mucho más que mis creencias. Yo no soy mis creencias.

YO NO SOY LO QUE CREO.
YO NO SOY MIS CREENCIAS.
YO SOY MÁS QUE MIS CREENCIAS.
YO SOY ALGO DIFERENTE A MIS CREENCIAS.
YO TENGO UNA IDENTIDAD PROPIA, ADEMÁS DE MIS CREENCIAS.

Porque si no, evidentemente no podrías cambiarlas, y este es justo el problema y la primera parte que tenemos que desvincular. Si yo creo que soy mis creencias, no me las voy a quitar, puesto que nadie se puede quedar sin identidad. Y si me las quito, ¿entonces qué voy a ser? Ya sé que nunca reflexionamos de esta manera, sino de forma automática y mucho más rápida, es algo que está integrado en ti. Pero eres mucho más que esos pensamientos que has tomado como verdaderos. Asumirlo será el primer paso para iniciar el cambio.

En el curso *online* «Las Leyes de la fertilidad» tienes un ejercicio específico para ayudarte con esto en caso de que te resulte difícil. Solo necesitarás un par de folios y un boli para que con una sencilla práctica te des cuenta de que cuando cambies tus creencias seguirás siendo tú y teniendo una identidad.

Además, plantéate lo siguiente: «¿QUIÉN SERÍA YO SIN ESTA CREENCIA?». Deja que te vengan respuestas, que una parte de ti responda a esa pregunta, porque va a ser el comienzo de la desidentificación de esa creencia. Piensa: «Sí es verdad, yo creo esto ahora pero yo no soy esto, yo soy mucho más que esto, y sin esta creencia yo sería… Esto que estoy viviendo es una circunstancia, este problema puntual que ahora mismo tengo es una consecuencia de una causa que estoy conociendo, pero yo no soy esto».

¡Atención!
12.5 Ejercicio «desestabilizando»

El segundo paso es desestabilizar la creencia. ¿Qué quiere decir esto? Pues que va a empezar a tambalearse, va a empezar a crearse una duda sobre ella, porque antes era muy firme, muy segura, muy cierta, muy estable…, pero la vamos a desestabilizar. ¿Y cómo se hace ? Con el ejercicio anterior ya hemos dado un primer paso, porque cuando uno se da cuenta de lo que no es, la creencia pierde un poco de importancia, e incluso acertamos a ver que la podemos cambiar; y si eso es posible, disminuirá la fuerza que tenía.

Pero vamos a dar un pasito más y crear una duda mayor sobre ella. ¿De qué manera? <u>Empieza a pensar en términos de «podría ser…»</u> seguido de tu creencia; por ejemplo: «…que fuera infértil». Es posible que exista un problema de infertilidad, hay mujeres a las que en un momento dado se les diagnosticó y luego se quedaron embarazadas… A ti puede pasarte lo mismo, ¿o no?

Redacta tu creencia limitante en términos de duda, y además <u>busca casos reales en los que esta creencia que tú tienes no se cumple</u>, porque en el momento en que los encuentras, se abre una posibilidad de que ocurra lo contrario. Y si no encuentras casos reales, siempre hay una primera vez para todo, ¿Por qué no vas a ser tú?

¡Atención!
12.6 Ejercicio «desinstalando»

Comencemos a desinstalar esa creencia limitante. Y lo vas a hacer con el siguiente ejercicio, sencillo y eficaz, porque no solo actúa mentalmente, sino también físicamente, biológicamente.

1. Empieza repitiendo varias veces en voz alta la creencia limitante con la que estés trabajando (haz todo el proceso de una en una).

2. Deja que haya un lugar en tu cuerpo en el que tengas una sensación, en el que puedas conectar con la información de esa creencia. **Los pensamientos y las emociones están conectados con partes del cuerpo**, y con las creencias ocurre lo mismo: están asociadas a partes del cuerpo, como si estuvieran instaladas biológicamente.

3. Cuando tienes esa creencia localizada en el cuerpo, date 20 golpecitos o más (20 es el mínimo) en ese punto, mientras piensas y dices esa creencia.

4. Entonces, le añades otro elemento. Y es que, además de estar repitiendo la creencia limitante y dar golpecitos rápidamente, vas a mover los ojos de izquierda a derecha, horizontalmente de un lado a otro, con la cabeza inmóvil. Sé que parece un poco disparatado, pero es una forma de desestabilizar una serie de conexiones neuronales, y con ellas, esa creencia a nivel cerebral y biológico.

5. Esta secuencia completa la vas a <u>repetir tres veces</u>.

Hazte esta pregunta y, sin pararte a pensar, responde lo primero que creas: «De 0 a 10, ¿cuánto me parece de verdadera esta creencia?». Quizá antes era de un 7, un 8, un 9, un 10... y ahora esté en un punto intermedio, en torno a un 5, un 4, un 6... Que al menos ya no sea una certeza para ti, que hayas podido crear la duda, porque de esa manera se abre la posibilidad del cambio y la puerta a algo nuevo.

Ve desinstalando cada creencia una a una. No hagas un cambio de siete creencias el mismo día todas seguidas porque llegará un momento en que en tu estructura mental haya demasiada información que cambiar, o que todo se desestabilice demasiado rápido y crees un colapso, o lo más probable... que no haya cambio. Recuerda: todo es un proceso.

Una vez desinstalada, instala la nueva, más positiva y potenciadora, con el objetivo de tener un hijo. Para ello, elabora una lista de creencias positivas, potenciadoras, liberadoras... Te aconsejo que cojas la lista anterior (la de las creencias limitantes) y al lado indiques, de forma positiva y presente, la creencia por la que te gustaría cambiar la creencia limitante. (Recuerda que en el Anexo IV tienes algunos ejemplos). Es sencillo: consiste en anotar las que sean contrarias a las tuyas. Así, pongamos por caso, si crees que el embarazo te engorda y te estropea el cuerpo, escribe: «El embarazo aumenta mi belleza». No te digo que te lo creas ahora; de lo que se trata en este punto es de sustituir lo que te bloquea por una nueva posibilidad que aún no has rastreado: en lugar de «podría ser que fuera infértil», «soy fértil».

Por último, cuando ya tengas la creencia positiva, empezarás a integrarla y a instalarla en tu cuerpo y en tu mente, en tu consciente y en tu inconsciente, hasta que forme parte tu vida. Para ello, te propongo que hagas los ejercicios con cada creencia. En el curso online «Las leyes de la fertilidad» verás que algunos más, todos ellos en audio guiado. Y en el libro *Eres fértil. Recupera tu poder creador* de la trilogía de fertilidad, dedicado a recuperar tu poder creador, te indico otro muy poderoso para instalar nuevas creencias, especialmente relacionadas con el «yo puedo» y el «yo merezco».

¡Atención!
12.7 Ejercicio «instalando»

Vas a instalar en tu mente junto con el cuerpo, igual que lo has hecho antes al desinstalar. Recuerda el punto del cuerpo en el que sentías la creencia limitante. Ahora vas a repetir la creencia positiva, la que quieres tener; según la vas repitiendo en voz alta, respira lenta y profundamente, da esos veinte toques o más (esta vez muy despacio), y mueve los ojos en vertical, de arriba abajo, todo muy lento.

Desinstalar: golpecitos en el cuerpo RÁPIDOS y movimiento ocular horizontal.

Instalar: golpecitos en el cuerpo LENTOS y movimiento ocular vertical.

Deja que se vaya instalando en ti. A veces se puede sentir un poco de mareo o confusión. Es normal, ¡se están realizando nuevas conexiones!

Todo lo que explico en este libro es una metodología, basada en técnicas probadas científicamente para provocar cambios en la persona. En este caso he introducido una parte de los movimientos oculares que se utilizan en EMDR (Eye Movement Desensitization and Reprocessing), una técnica terapéutica, descubierta por la psicóloga Francine Shapiro, capaz de atenuar los efectos negativos de los eventos traumáticos, donde se incide en el sistema de procesamiento humano.

En este capítulo has aprendido:

- Los genes y el ADN están condicionados por las creencias de la persona.
- Los pensamientos son más poderosos que la química.
- Tus pensamientos más importantes no son los que conoces conscientemente, sino tus creencias inconscientes.
- Una creencia es un pensamiento que ya no pones en duda; es verdad absoluta (para ti), aunque para otros no sea así.
- Tus verdades son ciertas para ti siempre.
- Una creencia funciona como la profecía autocumplida.
- No eres lo que crees. Tus creencias solo son algo que has aprendido, experimentado, heredado…
- Creas lo que crees.

Y vas a poner en práctica:

- Responde a todas las preguntas del capítulo para descubrir tus creencias limitantes:
    - ¿Qué es lo que tú crees? ¿Por qué crees que no has conseguido tu objetivo hasta hoy?
    - ¿Qué es eso que has visto, oído, experimentado y aprendido sobre los hijos, la maternidad, los padres, las mamás, la pareja, el embarazo, el parto, la fertilidad, etc.?
    - ¿En el mundo? ¿En tu país? ¿En tu ciudad o en tu pueblo? ¿En tu barrio, en tu comunidad, en tu edificio, entre tus vecinos? ¿En tu entorno, entre tus amigos, entre tus compañeros de trabajo...? ¿En tu familia? ¿En tu padre y en tu madre especialmente? ¿En ti?
    - ¿Cuál es el problema actual? ¿Sientes que te mereces una vida feliz? ¿Sientes que te mereces una vida fácil?
    - Si ya estuvieras embarazada, ¿cuál sería el estrés?
- Abstrae otras creencias al asociar las palabras relacionadas (*embarazo, parto, placer*, etc.).
- Elabora la lista de CREENCIAS positivas.
- Pregúntate: «¿Que debería estar pensando y creer para encontrarme bien y materializar mi objetivo?».
- Pon en práctica la técnica de las 3D:
    - DESIDENTIFICANDO
    - DESESTABILIZANDO
    - DESINSTALANDO: repite la creencia limitante, localízala en el cuerpo; golpecitos y movimiento ocular horizontal RÁPIDOS.
- Ejercicio INSTALANDO: repite la creencia potenciadora, localízala en el cuerpo; golpecitos y movimiento ocular vertical LENTOS.
- Actúa, no basta simplemente con pensarlo. La acción es el antídoto contra la desesperación.

No se puede crear vida si crees
que no es posible.

**LA VIDA QUE CREES ES LA
VIDA QUE CREAS**

*Y tu felicidad es compatible con tu
problema actual.*

Mis anotaciones

Mis anotaciones

Mis anotaciones

13. LEY DE LA FIDELIDAD

Puede que ya hayas oído hablar de la influencia del árbol genealógico, de las memorias y vivencias de tus antepasados, pero ¿en qué consiste esto de la fidelidad familiar? Pues te lo voy a explicar en detalle a lo largo de esta ley, aunque por lo que he visto… una fidelidad un poco mal entendida.

Si aún no eres consciente, ya te aviso de lo importante que es tener en cuenta toda la información que nuestros ancestros, han vivido, han sufrido, han pasado…, porque **en el ADN también tenemos contenido emocional,** además de la genética física. Emociones vividas por tus antepasados pueden hallarse intactas hoy en ti; como cabe esperar, inadaptadas al momento presente, por lo que dan una solución que no es la que quieres o la que necesitas y que te hace sufrir, a pesar de que no sea su intención. Y puede ser perfectamente la intención positiva de no quedarte embarazada, o de perder un bebé.

Entonces, ¿cómo es posible que ser fieles a una herencia inconsciente no nos deje liberarnos y conseguir nuestro objetivo en la actualidad? De eso vamos a hablar en esta ley.

Quiero hacer hincapié en que esa fidelidad es completamente inconsciente. Lo que ocurre es que se mantiene así porque **ser fiel al clan es imprescindible** por varias razones, la primera, porque estamos vivos, la vida nos la han dado ellos. Hay algo que repito muchas veces, porque veo a muchas mujeres que tienen grandes problemas con su madre o que están reñidas con sus padres o con su familia, porque les han hecho mucho daño, porque a veces les han maltratado, porque ha habido abusos, porque han vivido situaciones terribles; y es verdad, pero hay algo que nunca, nunca, nunca se nos puede olvidar, y es que a esas madres, a esos miembros de nuestro clan, les tenemos que agradecer que estamos aquí, hoy, vivas. Aunque sea lo único que han hecho bien a nuestro entender, ya es suficiente para valorarlo.

Por eso la fidelidad a nivel inconsciente es tan fuerte, porque funciona de esa manera, porque sabe que les debemos la vida; no se trata de una deuda, sino de agradecimiento incluso por una cuestión de supervivencia, ya que **sin el clan estamos muertos**. Imagínate un bebé o un cachorrito: siempre va acompañado de la manada, porque si lo dejaran solo en medio del bosque, los depredadores lo devorarían. Así que inconscientemente, en lo biológico, pertenecer al clan, estar en el clan y ser aceptado por el clan es imprescindible para mantenernos vivos. Además, esta fidelidad puede manifestarse en forma de repetición o como solución deseada; es decir, que para que te des cuenta de que soy como tú, de que pertenezco aquí… para que me reconozcas y me quieras, entonces repito la historia. O a veces sucede al revés: de lo que han pasado, de lo que han experimentado, a nivel inconsciente hago justo lo contrario, porque esto habría sido la solución.

Así pues, de lo que me ocuparé en el presente capítulo es de analizar el mecanismo de la fidelidad biológica (en qué consiste y cómo funciona), con el fin de entenderla como una transformación, no como una fe ciega.

En este sentido, siempre pongo como ejemplo la empatía mal entendida, un tipo de fidelidad que consiste en creer que hacer o sentir lo mismo que el otro le va a gustar. Para trasladarlo a una situación concreta: si una amiga se encuentra mal y reaccionamos con consternación, lejos de conseguir que se sienta mejor la hundiremos más en su pozo. La fidelidad de la que hablaré es algo parecido pero a nivel familiar. En una circunstancia como la referida, lo más indicado sería servir de espejo y mostrar alegría, soluciones, una transformación, no una repetición. Eso es lo que vas a hacer al final: transformar esta actitud de manera consciente, en vez de instalarte en la repetición. Porque realmente lo que te ocurre hoy (tu patología, enfermedad, síntoma… o simplemente el hecho de que no te quedas embarazada), **ese fruto, esa solución biológica, no es más que el producto de unas semillas que se han plantado antes** y que posiblemente estén en alguna rama de tu genealogía. Así que la respuesta de tu cuerpo puede ser la consecuencia de lo sembrado con anterioridad. Por tanto, tu tarea consistirá en sacar esas semillas de la tierra, ponerlas en agua, plantar otras y recoger unos frutos nuevos.

Evidentemente, el primer paso será crear tu árbol genealógico. Si no lo has hecho ya, guíate por mi web o por mi canal de youtube[12] y ponte manos a la obra. Conocer tu árbol no solo será útil para conocerte a ti misma, sino que ayudará a tus hijos a entenderse y a resolver posibles bloqueos en sus vidas.

> TU ÁRBOL GENEALÓGICO ES UN MANUAL DE
> INSTRUCCIONES VITAL.

Empieza por abajo, desde ti, y ve hacia arriba: papás, abuelos, bisabuelos, tatarabuelos… lo más lejos que puedas llegar, cuatro, cinco o seis generaciones; a partir de la séptima se empieza a diluir alguna información. Pregunta a la familia, recurre a los registros civiles y localiza las partidas de nacimiento o defunción. Y no te preocupes, porque lo que no encuentres habrá manera de

---

12 Si no has creado tu árbol genealógico, escribe un email a lasleyesdelafertilidad@patriciabartolome.com y te enviaremos un pdf con las instrucciones para hacerlo. También puedes encontrar un vídeo en mi canal de youtube: https://www.youtube.com/watch?v=aXFjr-6PBq8

averiguarlo a través de las técnicas que aplico. Es un trabajo muy bonito y muy útil. Ya lo verás.

13.1 El reglamento

Vas a escribir en un folio las reglas de tu clan, tanto las de carácter general como las relativas al tema de la fertilidad en particular. No se han creado a modo de imposición, sino como un medio para reconocerte parte del clan, donde **tu inconsciente y el de tu familia se reconocen** («es de los nuestros»), y eso es imprescindible para la supervivencia.

Pueden ser reglas del tipo «aquí se sufre»: «aquí todo cuesta mucho», «aquí todas sufrimos», «aquí las mujeres sufrimos por amor», «sufrimos por los hijos», «aquí se tienen complicaciones con los segundos hijos», «aquí se tienen muchos hijos», «aquí no se quieren tener más hijos», etc.

Incluye todo lo que esté relacionado con las mujeres, con la maternidad, con la pareja, con los hijos…, pero sobre todo esas normas convertidas en creencias, o viceversa, que has ido descubriendo a lo largo del libro y tras investigar tu árbol genealógico.

Imagínate que llegas por primera vez a un lugar, a un país, a una empresa… y te dicen: «Mira, estas son las reglas para poder establecerte aquí». Eso es lo que ocurre con el reglamento familiar inconsciente, que te transmiten al nacer o incluso antes, en el interior del vientre materno.

Nuestro clan no lo hace a propósito ni lo expresa por escrito, pero va implícito. Es como si todos, a nivel inconsciente, tuviéramos unas reglas en las que nos reconocemos, lo cual no quiere decir que estemos de acuerdo con ellas o que nos gusten. Pongamos como ejemplo el caso de los hijos primogénitos: la biología, en su modo arcaico de cumplir con las necesidades básicas, hace que estos niños o niñas se parezcan al padre, para que lo reconozca y no lo rechace. Si un hijo se parece a su progenitor, es motivo de orgullo, porque no cabe duda de la paternidad y el niño es aceptado. Pues bien: eso es lo que sucede con este tipo de creencias y reglas no dichas. Tal vez papá no sea una belleza; lo importante es la necesidad biológica de ser reconocido. Con las normas pasa igual: aunque no te gusten, las has cumplido para pertenecer y ser reconocida. A esto me refería al hablar de las *fidelidades mal entendidas.*

Mi abuela materna siempre contaba sobre cada uno de sus embarazos que ella saltaba por las escaleras para ver si los perdía, y esto lo contaba y todos nos reíamos; pero no nos damos cuenta de que aunque este tipo de historias las hayamos oído en multitud de ocasiones hasta banalizarlas, hay un profundo sufrimiento detrás: primero, porque muchas veces era producto de una relación sexual obligada o indeseada, sin ningún medio, sin disfrute, con miedo a quedarse embarazada; y después, efectivamente, porque venía otro hijo, de nuevo pasar por lo mismo, otro parto, otro niño que criar, todo en contra de su voluntad, sufriendo en silencio… Experiencias repetidas que se graban y se transmiten, y siguientes generaciones hacen la solución al problema. Fue mi caso: una parte de mí en esa fidelidad mal entendida cumplía con la solución que mi abuela materna hubiera deseado con todo su ser. «NO MÁS HIJOS». Ese era el mensaje al que mi cuerpo respondía. Por supuesto, era asimismo una de las normas que aparecían en mi reglamento, y que las mujeres de la familia respetábamos debidamente.

Ahora que tú sabes cómo funciona esta herencia, podrás cambiarla.

Escribe «EL REGLAMENTO» o «Las reglas de mi clan» para la fertilidad, para las mujeres, etc. Ponerlo por escrito le dará mucha más fuerza; además, luego harás un ejercicio con él.

Claro está que también recibes una herencia positiva y que una parte del reglamento siempre es potenciador, pero no hace falta que lo escribas en otro papel, porque no te bloquea y por tanto no necesitas modificarlo.

Cuando tengas el reglamento de tu clan completo, al final añade lo siguiente:

YO, <u>tu nombre</u> POR AMOR Y FIDELIDAD MAL ENTENDIDA HE REPETIDO EL SUFRIMIENTO O HECHO LA SOLUCIÓN POR VOSOTROS Y PARA VOSOTROS, HASTA HOY.

13.2 Semillas y frutos

Veamos cómo funciona esta parte en la que **nuestros ancestros han sembrado unas semillas de emoción en base a lo vivido, y cómo en nosotros esas semillas están dando unos frutos, aunque todo esto ocurra a nivel inconsciente.**

Te explicaré algunos de los factores que quizás estén influyendo, para que veas si en tu árbol se han dado o no y después puedas cortar de una manera más convencida, más sana y más consciente con todo aquello que no está adaptado a tu tiempo. No se trata de que lo rechaces y termines con ello, no, todo lo contrario: se trata de que lo transformes en ti, pues el rechazo solo hace que crezca el problema.

> HAZ TU ÁRBOL, INVESTIGA TU ÁRBOL, DESCUBRE TU ÁRBOL, CONOCE TU ÁRBOL… Y TE CONOCERÁS A TI MISMA.

Con frecuencia, muchas mujeres me preguntan: «¿Pero por qué a mi hermana o a mi prima no les ha pasado?». La respuesta es sencilla: porque la herencia y la genética son caprichosas y se cruzan de una forma determinada para formar a cada persona (de ahí que una hermana tenga ojos azules y otra marrones, o distinta información emocional), de manera que su biología responde de manera diferente.

¿Qué puede haber en tu árbol, cuál es la semilla cuyo fruto es que hoy no te quedes embarazada o que haya abortos, o lo que ocurra en tu caso en particular?

Observemos algunas posibilidades:

13.2.a *Muertes en embarazo o parto*

Si la muerte está en algún momento relacionada con el tema de tener hijos, nuestro inconsciente biológico, que vela por nuestra supervivencia, va a decir no a tener hijos, no al embarazo.

Puede tratarse de alguna muerte durante el embarazo: la del feto, la de la mamá o la de un ser cercano y querido. También, puede tratarse de una muerte en el propio nacimiento: de la madre (por alguna complicación durante o después del parto) o del bebé.

He visto numerosos casos de personas que, al rastrear en su historia familiar, han descubierto que uno o varios antepasados fallecieron siendo niños. Para unos padres, ese es el dolor más grande de la vida, y su repercusión es mucho mayor de lo que imaginas. Así que cuando una mujer conoce antecedentes tan traumáticos, su inconsciente protector reacciona dándole la solución menos estresante: si no tener hijos parece doloroso, tenerlos y perderlos es todavía peor. En consecuencia, difícilmente se quedará embarazada.

13.2.b *Hijos que son una desgracia o una vergüenza*

En algunas familias, sobre todo antiguamente, los hijos problemáticos, discapacitados, enfermos, etc. se consideraban una vergüenza. Y por supuesto, una gran desgracia, porque si realmente tener un hijo así ha hecho que mi vida «se acabe», ¿qué es lo que desea mi inconsciente? No haberlo tenido. De manera que, para que no se repita el drama y evitar las habladurías o los juicios ajenos, lo mejor es no concebir.

Hay mujeres que dicen no conocer ningún caso, pero lo cierto es que muestran un pánico terrible a tener hijos con problemas. Después, a poco que investigan, encuentran algún ejemplo de este tipo en su árbol genealógico, porque el inconsciente siempre, siempre, siempre lo conoce todo, aunque se haya mantenido en secreto por dolor y vergüenza.

13.2.c *Alguien que no ha tenido hijos nunca*

No ser madre puede provocar un enorme sufrimiento. Y es frecuente que cuando hay antecedentes familiares de este tipo, se repitan por fidelidad inconsciente, por semejanza y por reconocimiento a esa mujer.

> LOS GRANDES SUFRIMIENTOS NECESITAN, EN PRIMER LUGAR, SER RECONOCIDOS, POR ESO REPETIMOS.

13.2.d *Exceso de hijos*

Es justo lo contrario. Si han tenido quince y eso ha sido el drama o la desgracia de su vida —que nunca reconocemos en nuestros árboles—, el inconsciente simplifica la solución: «No quiero tener hijos».

Algunas personas me preguntan: «¿Por qué hay tantos casos de infertilidad ahora?, ¿por qué hay tantos problemas para tener niños?, ¿por qué no nos podemos quedar embarazadas?, ¿por qué hay tantísimas...?». Esto antes no pasaba..., y está claro que existen factores determinantes, como la forma de vida o la edad a la que somos madres, pero esta vivencia de nuestras antepasadas también influye. Dos o tres generaciones atrás, las abuelas, bisabuelas, tatarabuelas... convivieron con la guerra y el hambre; en sus relaciones sexuales —casi impuestas u obligadas— no usaban anticonceptivos; disponían de escasos recursos sanitarios, y de su larga prole pocos sobrevivían. Esta información, que con el paso de las generaciones hemos ido banalizando, se ha grabado de tal forma que, para evitar tantos problemas, nuestra bilogía ha resuelto no tener hijos o no quedarnos embarazadas o perderlos. Averigua si se han dado historias de este tipo en tu familia, porque como habrás comprobado son muy muy importantes.

13.2.e *Pérdida de la pareja*

Afecta en diversos sentidos:

- Por ejemplo, cuando es una antepasada la que ha perdido a su pareja. He visto casos en los que el hombre (puede ser el abuelo, el bisabuelo, el tatarabuelo...) se murió muy joven, a lo mejor al poquito de ser padre, y lo que graba el inconsciente de la mujer es que el papá no está, que cría ella sola a los hijos y eso es terrible, muy duro o muy doloroso. Entonces, lo que hace el inconsciente es impedirnos ser madres por si acaso la pareja fallece y les falta a nuestros hijos.

- También puede ser una emoción vivida por la otra parte, es decir, por el hombre, porque es la mujer la que ha muerto (en el parto, en un accidente o por una enfermedad). Lo que se graba es que la mamá falta, y esto es un gran sufrimiento para los que quedan o para los propios hijos.

He hablado con mujeres que reconocen así sus temores: «¡Ay! Es que tengo ese miedo a faltarles, como si pudiera pasarme algo… y no quiero que mis hijos vivan eso». Suele deberse a que existe esa memoria de que un día a la mamá le pasó algo y los hijos se quedaron sin ella.

- A veces, la causa que explica la dificultad para procrear es simplemente el sufrimiento de uno de los dos progenitores por el hecho de haber perdido a su papá o a su mamá cuando eran pequeños, y no quieren que sus hijos pasen por una experiencia parecida.

Recuerda que, en cualquiera de los casos, todo depende de cómo lo viva cada uno. Lo importante no es el hecho en sí, sino el sentido que se le da.

13.2.f *Hijos no biológicos e hijos ilegítimos*

Historias de niños robados, de niños entregados, de niños abandonados, de niños que han criado otras personas que no son su madre y su padre… Esto es motivo de un gran sufrimiento, y lo que va a grabar el inconsciente es que «no puedo criar a mis propios hijos».

Me encuentro muchos casos de parejas que no pueden tener hijos propios y recurren a la donación de óvulos o espermatozoides; detrás, a menudo se esconden historias como las referidas.

Asimismo, hay árboles genealógicos donde no caben los hijos bastardos, porque no han sido reconocidos… como si la línea de sucesión estuviera cortada en algún punto. Es posible que esa información esté repercutiendo en tu inconsciente biológico y que a lo mejor la única solución ahora mismo consista precisamente en que «no sean tuyos».

Recuerda que siempre que somos conscientes de todo ello, la historia y el sentido de lo vivido se puede cambiar. No es necesario repetir ni materializar este tipo de soluciones; se puede liberar y transformar, y obtener una respuesta distinta.

13.2.g *Castigos y sacrificio*

A lo largo de la vida muchas veces parece que tenemos que «pagar» por algo que hemos hecho, como si fuese un castigo, y no sabemos ni cómo ni por qué. El inconsciente dispone de un montón de información, y conoce si alguno de nuestros antepasados cometió un crimen, abusos, o actos terribles por los que habría que responder. Si en su memoria pesa ese drama y esa culpa, los herederos (no todos, recuerda que heredamos información igual que rasgos físicos) cargan con ello, y para liberarse sienten la necesidad de sufrir o castigarse por lo que el otro ha hecho, pero que para su subconsciente es como si ellos fuesen responsables. Aquí en ocasiones se mezcla un sentimiento religioso de culpa y castigo que, aunque no creas tenerlo, está en el inconsciente colectivo.

Averigua si existe en tu árbol un suceso atroz que pese como una condena, no porque tú lo juzgues así, sino por cómo se vivió (la información está adaptada a los tiempos y a cómo se vive, no a tu momento presente). Puedes descubrirlo siguiendo pistas que obtienes al relacionar fechas, y otros datos que estudiamos en profundidad en el transgeneracional.

He visto casos de sacrificio y castigo por memorias e información heredada de otras vidas, en los que la mujer revive con escalofriante realismo abortos provocados, abandono de hijos e historias similares, y asume el cumplimiento de la pena. ¿Karma?

13.2.h *Secretos*

Ya sé que esto resulta más difícil de conocer, porque… si es secreto, ¿cómo me voy a enterar? Pues trabajando en ello y preguntando. He acompañado a mujeres en este proceso que cuando han hecho preguntas para crear su árbol se han encontrado con respuestas inimaginables y que no entienden cómo no sabían eso. ¡Confía e indaga! Te encontrarás sorpresas, como adulterios y embarazos fuera o antes del matrimonio. Hoy en día nadie se escandaliza por algo así, pero hace tres generaciones una mujer embarazada antes de casarse o embarazada de otro hombre era motivo de vergüenza, de destierro, de deshonra… A modo de ejemplo, te relato algunas historias en el libro ¿Por qué yo no?

Revisa tu pasado familiar y fíjate bien, porque puede ser que el simple hecho de no estar casada o unida con tu pareja «como Dios manda» esté bloqueando este embarazo y tal vez lo que necesita tu inconsciente sea esa unión legítima a nivel simbólico que no represente un motivo de vergüenza. En el libro que acabo de mencionar tienes un caso real de este bloqueo y un ejercicio sencillo para cambiar el sentido.

13.2.i *La fidelidad*

Realmente, todo lo que hemos visto hasta ahora en esta ley es una fidelidad. Y como son muchos y variados los conflictos que nuestro inconsciente conoce, repite o soluciona, vamos a hacer un ejercicio general. Vas a englobar todo esto en una burbuja imaginaria y a cortar con la fidelidad de la fidelidad, con todas esas fidelidades a las que seguro estás unida y atada, por ese beneficio inconsciente que te comentaba al principio de pertenecer al clan, que es vital para sobrevivir.

Hoy todo puede cambiar, pues ha llegado el momento de que seas fiel a ti misma.
Quiero explicarte lo importante que es esto, porque a lo mejor a nivel consciente te estás preguntando por qué influyen tanto en ti las historias familiares. Pues te diré que lo hacen de manera inconsciente, y te advierto que **ser infiel a la familia a nivel inconsciente ¡es terrible!**

Un día busqué la definición de *infidelidad* y me asusté al leer: **«actitud de desprecio hacia un compromiso adquirido con alguien o incluso a los propios valores».** Teniendo en cuenta este significado, ¡por supuesto que no vamos a despreciar ese compromiso adquirido con nuestra propia familia! Nuestro inconsciente va a serle fiel por encima de casi cualquier cosa.

Pero tú ya sabes que esto es una fidelidad mal entendida y que no quieres continuar con ese patrón, con esa repetición o justamente con el extremo contrario, porque está inadaptado a tu momento, a tu tiempo y a tu deseo. Y en el fondo, ¿no crees que si ellos, todo tu clan, pudieran elegir, no desearían que fuera diferente? Seguro que lo que desean no es que repitas, lo que pasa es que todo sucede de forma inconsciente en ti.

Veamos ahora algunas limitaciones que seguramente tengas para después empezar a cortar con estas fidelidades y estos patrones.

13.3 Método Haka

Aquí te quiero hablar de cuatro condicionantes terribles que conviene eliminar en ti para propiciar tu embarazo. Por su importancia, les he dedicado más páginas y ejercicios en el libro *Eres fértil. Recupera tu poder creador*. Pero con estos cuatro elementos dañados en tu interior es difícil CREAR, así que me parece imprescindible contártelos y poner en práctica el «método Haka» para acabar con ellos. Si lo haces, te librarás de estos cuatro problemas, pero debes ser consciente y constante con el gesto. No te doy más pistas, primero te cuento.

Es casi imposible encontrar hoy en día gente que no tenga el mal del juicio, del victimismo, del no merecimiento o de la culpa. ¿Por qué son tan terribles y nos bloquean tanto? Porque los llevamos viviendo, sintiendo y repitiendo… ¡siglos! Y muchas veces se han instalado de tal forma que han creado una fidelidad inconsciente mal entendida por las cosas que acabamos de hablar. Así, por ejemplo, si una bisabuela ha sido juzgada duramente por haberse quedado embarazada antes de casarse y ha tenido que marcharse, dejar a su familia y ocultarse, pues resulta que ese juicio al que ha sido sometida te mete a ti en el conflicto, y juzgas y te sientes juzgada sin pensar «¿por qué?» como prevención.

Esto es lo que ocurre con «los cuatro malditos», como los llamo yo, porque son más que bloqueos, son incluso un modo de vida en muchas personas. Y si te mantienes en ese modo de pensar y actuar, estás bloqueada no solo en lo que se refiere a ser mamá, sino en otros aspectos de tu vida.

Por tanto, vamos a ver cómo y por qué funcionan cada uno de ellos y en qué medida te están bloqueando. Además, te enseñaré lo que he denominado el «método Haka», que a mí me encanta, para que seas consciente y puedas cambiarlo.

13.3.a *El victimismo*

¿Por qué el victimismo puede estar bloqueando tu embarazo? Por la sencilla razón de que las mujeres que adoptan el rol de la víctima son siempre esa víctima, cuya suerte está en manos de una fuerza malévola, desconocida, universal en contra de ellas. Esto lleva implícito un mensaje muy importante y es que el poder no reside en ti, sino en esa fuerza exterior o en los demás que hacen que la vida sea terrible sin que tú puedas remediarlo. Muy característica de esta actitud es la queja: «¡Aaaayyy! Es que el otro…, es que la vida…, es que los demás…, es que el mundo…». La queja aniquila el poder, y evidentemente el poder más importante es el de crear (esto es algo explico con mayor detenimiento en *Eres fértil. Recupera tu poder creador);* además, hace que centres tu atención en lo que te molesta, pero no es eso no es lo que quieres (recuerda la ley del estado).

13.3.b *El merecimiento*

Es algo que quizás hayas descubierto en esas creencias inconscientes de que hablamos antes, y si te reconoces en el «no merezco» (yo no merezco ser feliz, no merezco una vida fácil, no merezco ser madre, no merezco que las cosas me vayan bien…), no vas a tener. Acuérdate de que la creencia que está instalada en ti es una verdad absoluta, es una profecía autocumplida porque no vas a obtener algo si crees inconscientemente que no lo mereces. ¡Cuidado! No digas que no demasiado pronto; esto también puede venirte heredado de tus antepasados, y es bastante habitual.

13.3.c *El juicio*

Es la causa de que vivas en la comparación, en la dualidad, en el bien y el mal, en lo que el otro piensa, etc. Produce un bloqueo general, para todo. Además, el juicio, el sentirte juzgada o juzgarte, te hace estar en el perfeccionismo, el control y el miedo. (Ten en cuenta que lo perfecto es enemigo de lo bueno; desde luego, a mí no me cabe duda). Si te reconoces en esos comportamientos, es posible que tengas que liberar de tu árbol la historia relacionada con ellos, porque seguramente alguien ha sido duramente juzgado y tú revives, repites, respondes a no sabes qué.

13.3.d *La culpa*

¡Ay, la culpa! La culpa también puede ser heredada, como repetición o solución o por algo que ocurrió en tu vida. He visto mujeres que se sienten culpables por el hecho de haber sufrido algún aborto anterior (en ocasiones voluntario) y entonces asumen el precio de no poder quedarse embarazadas después como castigo.

Asimismo, he visto a otras mujeres en las que esa programación inconsciente procede de algún error terrible cometido por un antepasado de su clan, y como conocen y tienen esa información viva, evidentemente para el inconsciente la solución es el castigo. Para estas mujeres, el sufrimiento o no conseguir algún objetivo es una buena forma de pagar, aunque no la deseable.

Y sin quererlo, la culpa se une al condicionante del merecimiento, porque cuando una es culpable cree que no merece, etc. Además, es frecuente unirla con el victimismo, pues al sentirnos culpables a veces también culpamos al otro, de manera que entramos en el «pobre de mí» y en la queja.

Cualquiera de los cuatro bloqueos —el victimismo, el juicio, el merecimiento y la culpa— es muy limitante, y nunca nunca nunca te van a ayudar a conseguir tu objetivo de ser madre; más bien, al contrario. Si te has identificado con alguno de ellos o con todos, sal de ahí enseguida, ya que te restan el poder por completo.

Para profundizar en este tema tienes a tu disposición el otro libro mencionado; ahora, a fin de que te pongas a trabajar en los próximos días, y espero que en las próximas semanas y el resto de tu vida, te propongo aplicar el método Haka. Te contaré una historia y así sabrás en qué consiste.

Haka es una danza ancestral de guerra. Es de origen maorí, de un pueblo indígena de la Polinesia, y puede que te suene porque ha llegado hasta nosotros gracias al equipo de rugby de Nueva Zelanda, los All Blacks.

Los movimientos de esta danza están pensados para intimidar al oponente. Las posturas de ataque, unidas a cantos combativos, sirven para enfrentarse, y lo que se pretende con esta vigorosa escenificación es poner en danza el cuerpo, la energía, para expresar la fuerza y el coraje. Además, hacen el gesto de cortarse el cuello, con el dedo índice o el pulgar,que el rival entiende como la amenaza de que van a acabar con él. Cuando los All Blacks interpretaron por primera vez este baile en un partido, se desató la polémica por su agresividad. Pocos conocían su significado…

Pues bien: yo te invito a que lo practiques y a que, en primer lugar, hagas ese gesto. Es fuerte, ¿verdad? Ya sabes que el inconsciente reacciona rápido a gestos y simbolismos, así que a partir de hoy, cada vez que te descubras en el juicio, en la culpa, en la queja o en el victimismo, hazte ese gesto de «kgggg», que simula cortarte el cuello. Esto te ayudará a tomar conciencia de la gravedad, y pronto dejarás de comportarte de esa manera.

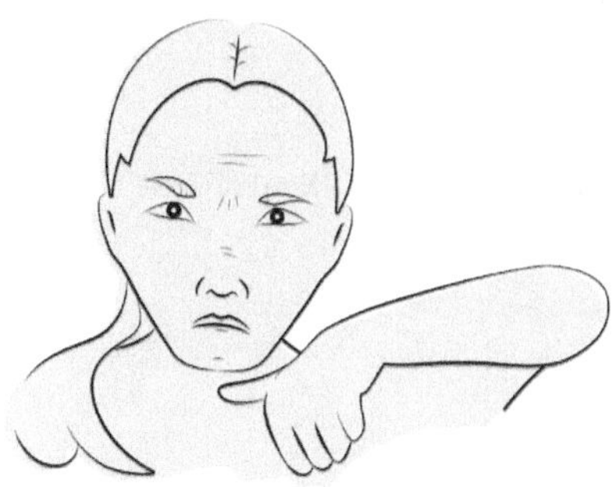

Hay una segunda parte de la historia que es aún más interesante: al hacer el gesto, una parte de ti ya no está en conexión. Como si pudieras separar tu cuerpo y tu mente.

En esto se basa el haka: además del movimiento corporal para cargarse de fuerza e intimidar, el «kgggg» con el dedo en el cuello representa la introducción de la energía vital en el corazón y los pulmones (es decir, en el cuerpo), para eliminar cualquier tipo de bloqueo de la cabeza.

¡Qué diferente el sentido!, ¿a que sí?

Me gustó tanto la historia real, el fondo de su intención y la sabiduría ancestral que contiene, que la adopté y adapté para mi método «Las leyes de la fertilidad», mediante un sencillo y poderoso ejercicio que llamo el «método Haka», en el que **con ese gesto de «corte de cuello» consigues un doble beneficio: por un lado, te das el mensaje de amenaza, de «¡basta ya!, para con la queja, el victimismo, el juicio y la culpa porque te está perjudicando»; y por otro, te permite eliminar el bloqueo entre mente y cuerpo, y abrir un nuevo canal, una nueva vía de conexión y de entrada para la energía vital en tu cuerpo.**

El «método Haka» te plantea un reto, que consiste en pasar una semana sin juicio, sin quejas, sin victimismo y sin culpa y haciendo este gesto. Cada vez que te sorprendas en uno de estos pensamientos y comportamientos, reseteas el contador y vuelves a empezar; así hasta que logres tu propósito al término de una semana entera. Si crees que tu reto es imposible, ¿estás diciendo que tu objetivo es imposible?

Confía en mí: realizar este simple ejercicio y afrontar este desafío, te cambiará por completo.

Lo sé por experiencia propia, porque yo lo hice tiempo atrás. He de confesar que tardé tres meses y medio en lograr estar una semana continua, pero me encantó hacerlo y sobre todo conseguirlo. Al principio me ponía un poco nerviosa, me desesperaba, pensaba que no sería capaz, que no era posible… Quise abandonar en varias ocasiones, y pensé que no servía para nada. (Quizás estos pensamientos te sean familiares, también en cómo vives el deseo de ser madre, pues hay un paralelismo importante en el reto y por eso también es importante que lo hagas). El caso es que cuando lo conseguí, no puedo explicar la sensación con palabras (y mira que yo tengo palabras para casi todo…), y lo mejor es el beneficio de vivir de esa manera, porque ya no se trata del reto de una semana, sino de una forma de vida sin victimismo, sin queja, sin juicio y sin culpa. ¿Te imaginas tu día a día así? Y aún más: ¿te imaginas poder educar a tus hijos sin esos bloqueos?

Me encantaría que me escribieras para contarme tu resultado al aplicar el método Haka.

Y a continuación, te enseñaré un ejercicio más, con un enorme potencial sanador, para que apliques especialmente en esta ley. Ten a mano estos dos elementos:

- Tu árbol genealógico. Tendrás que ponerlo en el suelo. Si no lo has hecho, no pasa nada. Haz ahora un pequeño dibujo, un boceto que represente tu árbol y todo tu clan; es lo que utilizarás para el ejercicio.

- La hoja en la que has escrito el reglamento anterior, con todas esas reglas y creencias que hay en tu clan para pertenecer a él, para reconocerse en él, aunque sea a nivel inconsciente.

¡Atención!
13.4 Ejercicio «palabras mágicas»

Como otros ejercicios, este requiere de un espacio físico en el que te vas a mover, y de un ratito de silencio para estar contigo a solas. En esta ocasión vas a comenzar de pie. Respira y entra en contacto con tu cuerpo, con todo tu ser, aquí y ahora.

1. Coloca el árbol genealógico frente a ti: en el suelo, apoyado en una silla o en otro lugar. Entre tu árbol y tú, pon el reglamento.

2. Cierra los ojos, empieza a respirar suavemente y con cada respiración conecta con ese árbol, como si cada vez que cogieras aire pudieras ser un poquito más consciente de todo lo que te une a tus antepasados consciente e inconscientemente. Siente esas conexiones, que no siempre son agradables, pero existen, y a medida que sueltas aire, conectas más con la tierra, con el suelo que pisas, y también aumentas la conexión con tu clan.

3. Lentamente vas a ir visualizando cómo una serie de lazos, hasta ahora invisibles, salen de ti, de tu cuerpo, hacia cada uno de tus antepasados. Date un tiempo para observar, como si pudieras ver con una luz interior, intuitiva, mucho más ampliada, que hace visible algo que antes no lo era… Y deja que empiecen a simbolizarse poco a poco como una especie de lazos, de líneas, que unen una parte de ti, de tu cuerpo, de tu cabeza, de tu corazón, de tu vientre, de donde sea… con las personas de ese árbol. Cada lazo, cada unión, será individual: de ti hacia una persona, de un lugar de tu cuerpo a un lugar del suyo…, y pueden ir apareciendo lazos que te unen a personas muy cercanas, muy conocidas, o muy lejanas, que ni conoces. Porque además de todos los que ya has representado y sabes quiénes son, hay muchos otros que forman parte de tu familia; y algunos de los que ni siquiera tenías noticia han podido vivir cosas que hoy les unen a ti y a ti te une a ellos o a ellas. En tu inconsciente están esos anclajes, así que deja que te los muestre con el símbolo que sea, del color que sea, de la forma que sea…, y fíjate porque siempre hay elementos que unen una parte de ti a una parte de diferentes personas de ese clan; tómate el tiempo necesario y obsérvalo.

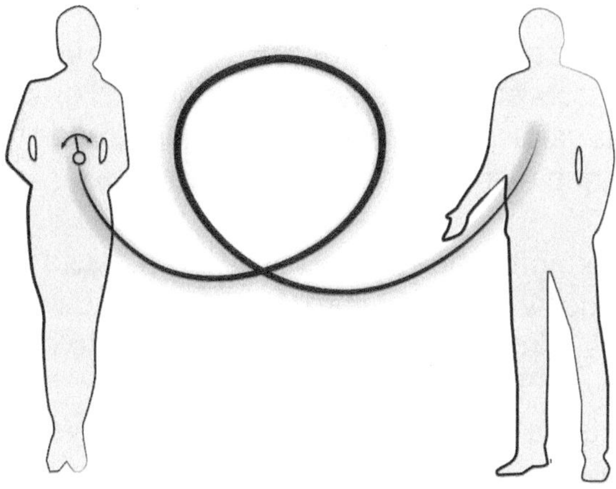

4. Atiende a tus sensaciones. Puede que te sientas muy atada, pero es importante que observes y seas consciente. He visto a mujeres muy agobiadas al hacer este ejercicio y comprobar la cantidad de lazos, hilos, cuerdas finas y gruesas, auténticas cadenas y elementos que las hace sentirse inmóviles. Observa y siente.

5. Y ahora date cuenta de ese reglamento que media entre el árbol y tú, y simplemente déjate sentir, deja que surjan sensaciones físicas, incluso emociones. Si necesitas expresar algo, si quieres gritar, llorar, moverte, lo que sea… hazlo. Y en contacto con todo ello, di lo siguiente: «Por fidelidad inconsciente, por fidelidad mal entendida, y por un profundo amor, hasta hoy he mantenido estos lazos que me unen a vosotros, a vuestros dramas, a vuestras historias, a vuestras emociones, y he reaccionado de manera inconsciente a ello».

6. A continuación, ve cortando esos lazos con unas tijeras imaginarias. Necesitarás tiempo, unas veces porque son muchos y otras porque no es fácil acabar con algunos de ellos.

7. Mientras los cortas, repetirás unas palabras de gran poder (para mí son las *palabras mágicas,* que aprendí en ho'oponopono): «Lo siento, perdóname, gracias, te amo», «Lo siento, perdóname, gracias, te amo», «Lo siento, perdóname, gracias, te amo». Pronúncialas varias veces, sin contar; no pasa nada si cambias el orden, deja que resuenen en ti y entre vosotros.

8. Y sigue cortando cada uno de esos lazos, hasta que veas que han caído todos y te sientas libre. No significa que estés cortando con la familia, ni que los estés abandonando (sé que a veces se tiene esta sensación), no, solamente estás cortando lazos tóxicos, limitantes, que te bloquean. Y cuando ya los hayas cortado, dirígete de nuevo a tu clan y diles:

«Por amor a vosotros y en reconocimiento a lo que habéis vivido, desde hoy elijo vivir la vida plenamente, disfrutar y ser una madre feliz».
«Por amor a vosotros y en reconocimiento a lo que habéis vivido, hoy dejo de repetir para vivir la vida plenamente, disfrutar y ser una madre feliz».
«Hasta hoy, por amor y por fidelidad mal entendida había repetido la solución inconsciente a vuestros dramas, vuestras historias, vuestras emociones…, pero desde ahora y en reconocimiento a lo que habéis vivido, elijo vivir la vida plenamente, disfrutar y ser madre felizmente. Tenemos derecho a una vida feliz y a disfrutar de una maternidad feliz y fácil».

9. Cuando te encuentres en calma, ve dándote la vuelta, hasta quedarte de espaldas a tu árbol, porque tu vida mira hacia delante, y tus antepasados están detrás. Son parte de tu familia y te servirán de apoyo, pero tu futuro está frente a ti. Míralo y vuelve a repetir las palabras mágicas: «Lo siento, te perdono, me perdono, gracias, te amo».

10. A partir de aquí, deja que las sensaciones agradables se instalen en tu cuerpo, respira profundamente, emprende ese nuevo camino que se ofrece frente a ti, y siente el apoyo de tu árbol detrás. En esa calma y esa mirada hacia tu nuevo futuro, abre los ojos.

¡Atención!
13.5 Ejercicio «nuevo reglamento»

Este último ejercicio te servirá para que comiences una vida nueva con unas nuevas reglas, para ti y para tu clan, para tu clan en general y para tu descendencia, porque esas reglas que antes has escrito es posible que cambien a partir de hoy. Así que escribe tu nuevo reglamento; ahora puedes hacerlo y elegirlo conscientemente. ¡Escribe y aplícalo! Recopila tus nuevas creencias, recoge los cambios que has llevado a cabo, todo eso de lo que te has dado cuenta, y reescribe esas reglas de tu clan, actualiza. La antigua norma «aquí las mujeres sufrimos por los hijos» se ha transformado en «aquí las mujeres disfrutamos con los hijos», «a las mujeres nos aumenta la vida y la energía dando la vida», etc. Apunta todas aquellas que estarías orgullosa de pinchar con una chincheta en la pared para ti, para tu clan y para los que vengan.

En este capítulo has aprendido:

- Nuestro ADN contiene información emocional.
- Ser fiel al clan en nuestro inconsciente es imprescindible, en el cerebro arcaico igual que en el mundo animal, sin el clan que nos protege estamos muertos.
- Esto nos lleva a hacer lo que sea necesario por ser reconocidos y protegidos.
- Son fidelidades como la empatía, en ocasiones mal entendidas: el inconsciente cree que por repetir o crear soluciones (ahora inadaptadas) somos mejores para nuestro clan.
- TU ÁRBOL GENEALÓGICO ES UN MANUAL DE INSTRUCCIONES VITAL.
- Tu inconsciente y el de tu familia se reconocen.
- Nuestros ancestros han sembrado unas semillas de emoción, en base a lo vivido y a cómo en nosotros esas semillas están dando unos frutos, aunque todo esto ocurra a nivel inconsciente.
- El juicio, el victimismo, el no merecimiento y la culpa son pensamientos, emociones y comportamientos que te bloquean a la hora de conseguir ser madre.
- Por amor y en reconocimiento a lo que tus ancestros han vivido, tienes que transformar, no repetir ni hacer lo que hubiera sido su solución.

Y vas a poner en práctica:

- Agradece a tus padres y a tu clan por darte la vida; al fin y al cabo, estás aquí ahora por eso.
- Haz tu árbol genealógico, como te indico en la guía, y busca más específicamente los dramas referentes a la fertilidad, la maternidad, los hijos, etc. INVESTIGA TU ÁRBOL, DESCUBRE TU ÁRBOL, CONOCE TU ÁRBOL... Y TE CONOCERÁS A TI.
- Escribe las reglas de tu clan.
- Practica a diario el método Haka, haz el gesto de «corte de cuello» y di «¡basta ya!» cuando te descubras en la queja, el victimismo, el juicio y la culpa, porque te está perjudicando. Elimina el bloqueo entre mente y cuerpo y abre un nuevo canal, una nueva vía de conexión y de entrada para la energía vital en tu cuerpo.
- Cumple el reto: una semana sin esos cuatro bloqueos.
- Ponte frente a tu árbol genealógico, con el antiguo reglamento entre ambos. Visualiza los lazos limitantes, observa las sensaciones, expresa tus emociones, corta y pronuncia las *palabras mágicas* «lo siento, perdóname, gracias, te amo».
- Escribe tus nuevas reglas, las de tu familia, tu futuro y tu vida nueva.
- Actúa, no basta simplemente con pensarlo. La acción es el antídoto contra la desesperación.

No se puede crear vida en fidelidad a
los que no la supieron vivir.

SÉ FIEL A LA VIDA, Y LA VIDA VENDRÁ A TI

Y tu felicidad es compatible con tu problema actual.

Mis anotaciones

Mis anotaciones

Mis anotaciones

ANEXO I. El inconsciente

Es ese amigo y ese enemigo que todos tenemos y no atendemos. Quieras o no, siempre está ahí. Resulta difícil definirlo, debido a que no podemos verlo, ni tocarlo, ni examinar sus funciones concretas, ni su esencia, pero lo que todos podemos comprobar son sus efectos.

El inconsciente es un conjunto de comportamientos desarrollados de forma instintiva y de origen arcaico, y en general, no dependen de la voluntad, sino de factores relacionados con la supervivencia, la protección, las funciones fisiológicas...

Trabaja mientras duermes y se puede ver en los sueños cuál es su lenguaje psíquico. Funciona mediante imágenes, símbolos, sin espacio ni tiempo, y eso permite que las cosas cambien de tamaño o de lugar de forma instantánea. Es raro para nuestra mente racional, pero el inconsciente también es racional, tiene su propia lógica: la biológica. Por eso, en muchos de los ejercicios trabajamos con imágenes, con símbolos y con esas particularidades de ausencia espacio-tiempo tan poderosas de las que normalmente no somos conscientes.

Tenemos una muestra de su funcionamiento también en nuestra biología, es todo aquello que está en marcha en el organismo sin que hagamos nada, sin controlarlo ni ordenarlo conscientemente: nuestro corazón late, el oxígeno se reparte por nuestro cuerpo a través de la sangre, el sistema endocrino segrega hormonas, el linfático nos defiende de los gérmenes, y así hasta más de 40 000 funciones que se desarrollan de manera simultánea. A esto me refiero cuando hablo del *inconsciente biológico* en el libro, y es muy importante porque aunque actúa al margen de nuestro control consciente, funciona en cambio en sintonía con nuestras emociones y nuestros pensamientos, de los cuales tampoco somos conscientes, así que tomando conciencia y cambiando algunos de ellos podremos cambiar algunos aspectos y respuestas de nuestro cuerpo. Es fundamental en toda respuesta biológica, y la fertilidad es una más.

Está claro que toda mujer que anhela ser madre tiene un deseo consciente, pero no es este el que domina el resultado, sino el deseo inconsciente, que es el que influye sobre tu cerebro y tu cuerpo, de ahí que por más que te preguntes racional y conscientemente «¿por qué yo no?, ¿qué puedo hacer?, ¿qué está pasando?, ¿por qué no me quedo embarazada?», no te va a responder tu parte consciente, sino tu inconsciente.

Te explico las características más significativas para que entiendas su funcionamiento y su sentido, ya que, como has visto, trabajamos mucho con ello.

- Asume las funciones biológicas inconscientes.
- No diferencia entre real, virtual, simbólico, imaginario... Para el inconsciente, todo es real, todo es verdad.
- Todo está en ti, en lo que tú estás sintiendo. Si sientes pena por otro, tú sientes pena; eso es lo que entiende tu inconsciente. No distingue entre tú y los demás.
- No tiene espacio-tiempo, como en los sueños.
- Siempre está en presente.
- Es protector.
- Es una reserva de conocimientos y de recursos, un espacio de soluciones.
- Es distinto del consciente, es una parte de nosotros con su propia lógica.
- No entiende la negación... ni nada mental.
- Entiende de emociones.

— Solo hace cosas cuando tiene un objetivo, pero el objetivo
  es inconsciente.
— Tiene un lenguaje arcaico, simbólico, sensible a espacios
  y a formas, como el de los sueños.
— Está en una lógica de supervivencia. Esta es su prioridad,
  seguida del placer y la facilidad.

ANEXO II. Emociones

ALGUNOS TÉRMINOS EMOCIONALES				
La siguiente lista presenta adjetivos y nombres que te ayudarán a expresar estados: «Yo siento…. / Me siento…»				
Abandonada	Acartonada	Abrasada	Aceptación	Acalorada
Abatida	Acongojada	Agitada	Aceptada	Afectada
Abochornada	Acorralada	Agobiada	Acogida	Afín
Abrumada	Afligida	Agredida	Admirada	Apreciada
Aburrida	Agrietada	Agresiva	Adorada	Asombrada
Acabada	Ahorcada	Agriada	Afecto	Atascada
Afligida	Alarmada	Alienada	Agrado	Atiborrada
Aislada	Aplastada	Amargada	Agradecida	Atónita
Anestesiada	Aprensiva	Arrancada	Ajetreada	Atraída
Angustiada	Asesinada	Arruinada	Alborotada	Chirriante
Aniquilada	Asfixiada	Asaltada	Alegría	Colocada
Ansiosa	Asustada	Asqueada	Aliviada	Cómoda
Apática	Atascada	Atacada	Amable	Complicada
Apenada	Atemorizada	Atada	Amada	Comprometida
Arrastrada	Aterrorizada	Atormentada	Amor	Confiada
Arrepentida	Atrapada	Atragantada	Añoranza	Confusa
Arrinconada	Aturdida	Atropellada	Apasionada	Congestionada
Arrollada	Bloqueada	Boicoteada	Ardiente	Curiosa
Arrugada	Cagada	Cabreada	Atraída	Delicada

Avergonzada	Cautiva	Carcomida	Calmada	Desapegada
Barrida	Clavada	Celosa	Cariño	Desfasada
Cascada	Comprimida	Colérica	Chisporroteante	Desorganizada
Cólera	Congelada	Contrariada	Compasiva	Despreocupada
Compadecida	Cortada	Con coraje	Complacida	Determinación
Compungida	Crucificada	Crispada	Confiada	Dispersa
Confundida	Decapitada	Desagradable	Conmovida	Distraída
Consumida	Desasosiega	Despedazada	Consolada	Dubitativa
Cruel	Desconfiada	Desplazada	Contenta	En paz
Débil	Desestructurada	Despreciada	Cuidada	Escéptica
Decepcionada	Desorientada	Embravecida	Curiosidad	Estresada
Defraudada	Destruida	En ebullición	De buen humor	Estropeada
Dejada	Devastada	Enfadada	Dedicada	Estupefacta
Demolida	Encadenada	Engañada	Deleitada	Hinchada
Deprimida	Encarcelada	Enojada	Deseada	Impaciente
Derrotada	Encerrada	Envidia	Deseo	Incapaz
Derrumbada	Encogida	Exasperada	Desinteresada	Incrédula
Desalentada	Entumecida	Explotada	Deslumbrada	Indecisa
Desanimada	Estremecida	Fastidiada	Devota	Indiferente
Descentrada	Gaseada	Frustrada	Dichosa	Inflada
Desconsolada	Guillotinada	Furiosa	Divertida	Lealtad
Descontenta	Helada	Harta	Embelesada	Llena
Descuartizada	Histérica	Hostilidad	Emocionada	Loca
Desencantada	Horrorizada	Indignada	Encantada	Marcada
Desengañada	Intimidada	Inquieta	Encaprichada	Mareada
Desesperada	Miedo	Insultada	Entusiasmada	Movida
Desesperanzada	Nerviosa	Iracunda	Esperanzada	Oxidada
Desgarrada	Noqueada	Irritada	Estremecida	Pensativa
Desilusionada	Pánico	Malhumorada	Eufórica	Perpleja
Desmoronada	Paralizada	Maltratada	Exaltada	Revolucionada
Disgustada	Pavor	Menosprecio	Expandida	Rígida
Dolor-ida	Perdida	Molesta	Extasiada	Rodeada

Dudosa	Preocupada	Ofendida	Fascinada	Saturada
Hecha polvo	Presa	Podrida	Feliz	Ternura
Herida	Remordimiento	Poseída	Gentil	Tirada
Humillada	Shock	Quemada	Gozoso	Trabada
Hundida	Sospecha	Rabiosa	Gratificación	Vacilante
Indiferencia	Temblorosa	Rebelde	Ilusionada	Satisfecha
Infeliz	*Temerosa*	Rencor	Jovial	Seducido
Insatisfecha	Tensa	Repudiada	Jubilosa	Segura
Insegura	Timidez	Repugnancia	Llena	Serena
Lastimada	Triste	Resentida	Maravillada	Simpático
Martirizada	Vencida	Roída	Optimista	Sosegada
Melancólica	Víctima	Ruinosa	Orgullosa	sorprendida
Mortificada	Vacía	Soberbia	Paciente	Tierna
Negativismo		Trastornada	Plácida	Tranquila
Nostálgica		Ultrajada	Plena	Triunfal
Odio-odiado		Vejado	Querida	Valiente
Pesar-peso		Venganza	Recompensada	Vital
Pesimista		Violenta	Regocijada	
Pobrecita			Relajada	
Rechazada				
Resignada				
Rota				

*Puedes completar la lista con tu propio vocabulario.

Anexo III. El acto simbólico

Los actos simbólicos funcionan muy bien porque ya sabes que son el lenguaje del inconsciente; el inconsciente no entiende de razonamientos muy largos, de lógicas, de porqués... Por el contrario, nuestra mente más racional, consciente, si no sabe algo se lo inventa, porque necesita tener una explicación, pero ahí tu cabecita se tranquiliza y nada cambia.

NO HAY QUE SABERLO TODO PARA USARLO TODO. Así, por ejemplo, para usar el coche no hace falta conocer en detalle cómo funciona.

Un acto simbólico usa el lenguaje del inconsciente: los SÍMBO-LOS. Y además, maneja también la energía. Un símbolo puede ser un gesto, un color, una forma, cualquier cosa... Es, en definitiva, una metáfora que va más allá de las palabras y toca nuestro corazón, nuestro inconsciente.

UN ACTO SIMBÓLICO ES LA REALIZACIÓN MATERIAL DE UNA METÁFORA.

El escritor Alejandro Jodorowsky lo ha llamado *psicomagia,* técnica terapéutica que conjuga los principios de la psicología y el chamanismo con una finalidad curativa. Cuando una persona experimenta el acto simbólico, el inconsciente le da la misma importancia que a los hechos reales, ya que lo lee como real, e incorpora inmediatamente esa información en su idioma metafórico. Así pues, el acto simbólico/psicomágico contiene la clave para solucionar los conflictos o activar un cambio, porque es la única forma de acceder al lugar donde residen: el inconsciente.
Es importante utilizar ambos hemisferios cerebrales. El inconsciente es muy poderoso y es con el que hay que trabajar aunque no comprendamos.

Función de un símbolo

- Función semiótica: significa algo, es portador de un sentido.
- Función de representación, reveladora, que permite hablar de algo invisible. Puede representar la muerte, la luz, Dios,

etc., y así, a través del símbolo, es posible trabajar algo inaccesible o imperceptible. También hay símbolos universales.

- Función transformadora. Un símbolo contiene una gran energía psíquica (que puede proceder de los sueños); por eso, solo cuando trabajamos con símbolos podemos cambiar algo.
- Función mágica. No es superstición, sino una forma de actuar.

Vamos a hacer cosas sencillas, muy irracionales, ilógicas... Hay que salir de lo mental. La sencillez no pertenece al cerebro racional, y la potencia verdadera tampoco. ¡La potencia y la sencillez van juntas!

Si intentamos comprenderlo, no funcionará. Si intentamos actuar con la mente sin poner emoción.... eso no valdrá. Siempre habrá una parte de nosotros que permanezca en la duda, que no crea que pueda ser sencillo... Si eres de esas mujeres muy racionales, esto será una locura. La zona de confort consciente (que no quiere decir que sea cómoda) es lo que conocemos solamente y nos da seguridad. En nuestra lógica, cuando oímos algo que está un poco lejos de esta zona de confort tal vez lleguemos a prestarle cierta atención, pero si está muy alejado lo rechazamos rápido. Rechazar algo muy lejano a nuestras creencias es preservarnos de la locura, es supervivencia pero también es nuestra cárcel, ya que nos priva de la oportunidad de evolucionar, de abrir el sistema de creencias y el campo de conciencia. A veces conviene hacer cosas un poco locas que se salen de la lógica normal para poder crecer. De hecho todo nuevo descubrimiento y salto evolutivo en la historia ha sido considerado una locura al principio.

ANEXO IV. Creencias

Creencias limitantes

- Soy demasiado mayor para tener hijos.
- Con mi edad es imposible.
- Mis óvulos son viejos.
- Mis óvulos son de mala calidad.
- Mi cuerpo no funciona correctamente.
- No soy capaz.
- Mi cuerpo no es capaz de llevar un embarazo más de siete semanas (o las que sean en tu caso).
- Siempre pierdo a mi bebé.
- El embarazo siempre trae problemas.
- El embarazo o tener un hijo te cambia el cuerpo. Se queda… (añade la palabra que para ti tenga sentido: feo, gordo, flácido, etc.).
- El parto es peligroso.
- Por mi culpa, no podemos tener hijos.
- No voy a quedarme embarazada nunca.
- Siempre he creído que tendría problemas para ser madre.
- No soy fértil.
- Nunca podré tener un hijo biológico.
- Yo nunca consigo nada de manera fácil.
- No se puede tener todo.
- La vida es dura.
- Los hijos dan demasiado trabajo.
- Tener un hijo no es fácil.
- Los hijos frenan los sueños / te cambian la vida / te quitan la vida.
- Los hijos te quitan tu tiempo / tu libertad / tu vida profesional.

- Cuando me quede embarazada, perderé mi trabajo.
- Los hijos acaban con la pareja.
- Mi pareja no es el padre que quiero.
- No puedo ser feliz.
- Cuando sea madre, me pareceré a mi madre.
- Cuando todo va bien, siempre ocurre algo malo.
- Conseguir lo que quiero es imposible.
- Los demás están antes que yo.
- No merezco ser madre.

Creencias liberadoras y potenciadoras

- Tengo la capacidad de ser madre.
- Soy fértil.
- Nada es imposible / Todo es posible.
- Los niños te dan vida.
- El embarazo embellece.
- El parto empodera.
- Los hijos unen a la pareja.
- Con los hijos aún se puede disfrutar más de la vida.
- Para quedarme embarazada se necesitan un óvulo y espermatozoide, puedo conseguirlo.

Querida lectora:

Sé que si has aplicado lo que en estas páginas he escrito con tanto amor para ti, son muchos los cambios que ya habrás notado. Te habrá servido igual que a mí y a muchas otras que lo ponen en práctica. Recuerda que saber no cambia, sino que hay que pasar a la acción; así que lleva a cabo todo lo que has aprendido, día a día, no solo durante la lectura. Haz de este libro, como te dije, tu libro de estudio, tu manual de instrucciones, para mantener el estado y conseguir tu objetivo; es muy muy muy importante que lo cumplas, porque las leyes están funcionando siempre y se trata de que lo hagan a tu favor.

Y ahora, ¿qué hacer? ¡SEGUIR TRABAJANDO!

En algunos casos, basta con que practiques los ejercicios una sola vez (o dos como mucho, si así lo necesitas), pero otros se deben de convertir en un hábito, en tu nueva forma de vivir. Y recuerda:

- La realidad nunca es de ninguna manera, es el sentido con el que la vives.

- Provoca el ESTADO, aquí y ahora, y enfócate en mantenerlo, sin obsesionarte. Si te encuentras triste, enfadada o en cualquier otro estado de ánimo, exprésalo, y luego retoma el estado acorde al objetivo.

- Practica el estado 0, aquieta la mente y accede a ese estado de conciencia en el que no pasa nada y pasa TODO.

- Vive en el presente, vive con pasión, con alegría; aumenta la energía vital, la potencia; cárgate de fuerza y carga tu objetivo.

- Alíate con tu doble, pregúntale, utiliza toda esa sabiduría y esa conexión.

- Elige tu objetivo claro. No es un deseo, es una elección. Realiza tus declaraciones.

- Olvídate del cómo, olvídate de las obsesiones. En la vida ocurren un montón de cosas, y las mejores pasan sin saber cómo. Céntrate y disfruta del plan B, del C y de alguno más si puedes.

- Mantén lejos la importancia y la obsesión. Nada es tan importante; ahora lo sabes y puedes sentirlo.

- No pierdas de vista tu diapositiva.

- ¡Vive en movimiento! Da, recibe, pide, agradece..., no cuando algo llegue, sino desde YA, con lo que tienes, haces y eres ahora.

- Cambia cualquier pensamiento limitante, cualquier creencia, y tu realidad será diferente. Cambiarán tu emoción, tu comportamiento, tu acción, tu hábito y tu vida.

- Nunca pierdas la curiosidad. No sé cómo va a ocurrir, pero el universo conspira a tu favor para que ocurra.

- Primero hay que ser, luego hacer y por último tener. Conviértete en una diosa creadora, haz lo que ahora conoces que funciona y el resultado se materializará.

Y si quieres seguir trabajando en ti y en tu objetivo, tengo mucho más que contarte aún...

Recuerdas en la ley del estado (cuando te mostré la imagen del mapa termográfico) mi pregunta «¿y si estas emociones y muchos otros matices en nuestros sentimientos provocaran cambios fisiológicos concretos en nuestro aparato reproductor?». Pues así es... Si quieres conocer casos concretos, de mujeres reales, historias verídicas en las que hemos trabajado conflictos y bloqueos que hay detrás de los problemas para ser madre, te invito a que leas el siguiente libro de la saga de «Las leyes de la fertilidad», te aseguro que te va a ayudar, y que vas a descubrir nuevos motivos por los que tu elección de tener un hijo está bloqueada. A veces encontramos algo muy específico de cada historia personal, vivida o heredada, por eso en el libro de la trilogía, ¿por qué yo no?, te revelo 30 conflictos, que mujeres como tú y como yo descubrieron y liberaron, quedándose embarazadas después. Tres de ellos pertenecían a mi propio caso y también los comparto. Espero que a través de estas historias puedas descubrir el origen de la tuya propia.

Si te has preguntado alguna vez «¿por qué yo no?», aquí tienes la respuesta:

Y para seguir profundizando en el trabajo de recuperación de tu poder creador:

Ayuda para crear nuevas vidas
Hazte creadora

Creo firmemente que cualquier persona que haya descubierto algo que funciona y que puede ayudar, está obligado a compartirlo con la humanidad.

¿Te das cuenta de que, si yo no hubiera escrito este libro, creado mis cursos y compartido todas las herramientas de que dispongo, tú no estarías leyendo esto hoy?

Además, en el caso concreto de la infertilidad existe un sufrimiento adicional por la soledad con que se vive. No lo compartimos, no lo hablamos, no lo contamos... Te preguntan: «¿Para cuándo?», y tú te quedas callada, encerrada en tu dolor.

¿Sabes cuál es la única forma de acabar con este tabú? Que todas le demos un vuelco y lo convirtamos en un problema como otro cualquiera. ¿Cómo sería tu vida si pudieses hablar de ello igual que de una alergia o de una lumbalgia? Nos ahorraríamos tanto dolor, compartiríamos tanto conocimiento, tantos momentos, tanta sabiduría..., que de repente la soledad se transformaría en compañía, en comprensión, en ayuda, de manera que una parte del problema se mitigaría.

Un día, en una conferencia, oí que un tema considerado tabú no está en equilibrio con la sociedad, y por tanto, tampoco en orden con los seres humanos, así que para recuperar el equilibrio yo me he propuesto romper con prejuicios absurdos. ¿Te unes a mi causa?

Te animo a que colabores conmigo en mi misión de ayudar a todas las mujeres que tienen dificultades para quedarse embarazadas, porque tú y yo, juntas, podemos hacer mucho por ellas. Cuando las arañas se unen pueden atar al león.

Cuando yo estaba como tú, me sentía muy muy sola. Es uno de los obstáculos más grandes con los que nos encontramos en esta búsqueda de la maternidad: la soledad con la que vivimos el proceso.

Te aseguro que conozco muy bien la angustia por la que pasas o has pasado, pero todo lo que te cuento en mis libros logró transformar mi vida, mi persona, mi cuerpo y mis resultados. Logré ser madre, y sobre todo disfrutar y aprender mucho del camino hacia el objetivo.

Si te ha gustado lo que has descubierto, lo que has aprendido y los cambios que has obtenido, y crees que puede ayudar a otras mujeres como tú y como yo, dalo a conocer. ¿Cómo? Tienes muchas formas de hacerlo:

- Valora el libro y deja tu testimonio en las redes sociales de Patricia Bartolomé.
- Hazte una foto con este libro o copia un fragmento del texto de este libro y compártelo (indicando la fuente de la que lo has obtenido).
- Envíame a lasleyesdelafertilidad@patriciabartolome.com cualquier cambio, descubrimiento, sugerencia o testimonio que pueda ayudar.
- Recomiéndalo o regálaselo a alguien. Piensa en mujeres a las que les puede venir bien. Quizás estén pasando por lo mismo o quizás pronto se plantearán ser madres… ¿y si esa mujer cumple su sueño por tu pequeño acto de ayudar y compartir?

Eso sí: compartir no es reproducir. No fusiles el contenido, no redistribuyas este libro o alguna de sus partes a terceros sin previa autorización. Es ilegal, y no solo te traicionarías a ti, sino también al universo. No piratees mi sueño de ayudar; el karma es más poderoso que tú y que yo, y puede piratear el tuyo. Tengo dos historias muy curiosas al respecto, pero no son objeto de este apartado; te las contaré en otra ocasión.

Si conoces a otras mujeres que no logran ver cumplido su deseo de ser mamás, cuéntales que estamos creando una comunidad donde nos sinceramos, nos apoyamos, resolvemos dudas del libro y nos llenamos de energía para conseguir el objetivo. Escríbeme y te explico cómo pertenecer a este grupo. Recuerda que un grano no hace granero, pero ayuda al compañero.

Y probablemente te preguntes: «Hacer esto…, ¿a cambio de qué?». No lo sé, tal vez a cambio de que el universo te ayude a ti, quién sabe… Lo cierto es que la vida es un bumerán, aunque no siempre lo que damos vuelve a nosotros de la misma forma o de la misma persona; pero si das, recibes. ¡Prueba!

Yo tengo esta rara manía de compartir lo que me ha ayudado. Ya conoces la ley del movimiento: dar... recibir... crear... LA VIDA ESTÁ EN MOVIMIENTO, muévete tú también, no te quedes parada, no bloquees la energía, ¡muévela!

Además, practico un principio desde hace varios años: donar el 10% de todo lo que recaudo con mi trabajo y mis libros para ayudar a otras causas, a ONG y a más mujeres a superar sus problemas de fertilidad, a investigar su origen, con el propósito de acabar con este sufrimiento. Así que como cuando uno pide, el universo le da, te pido que me ayudes. Con nuestra experiencia y nuestros resultados podemos ayudar a más.

Decidas lo que decidas, gracias.

«Las grandes oportunidades para ayudar a los demás rara vez vienen, pero las pequeñas nos rodean todos los días». (Sally Koch)

Agradecimientos

A mis queridas lectoras y a todas las mujeres que han pasado, están pasando y pasarán por este proceso, por mi programa y por mis cursos, porque me han ayudado a desarrollar mi método y me permiten seguir aprendiendo y ayudar aún más.

A mis padres, por traerme al mundo después de una larga espera, y por explicarme el dolor que supuso en su vida no poder tener más hijos.

A mi madre especialmente, como mujer, porque estuvo a punto de morir en sus intentos de ser madre y desde pequeña me mostró la búsqueda desesperada. Y por su ayuda infinita en todo y siempre, gracias mamá.

Al padre de mi hijo, por ser mi compañero en la experiencia vital de ser padres, y en los avatares por los que hay que pasar para llegar a serlo. Gracias por apoyarme en mis penas y mis alegrías, en mis deseos, en mis anhelos, en mi pasión, y siempre facilitarme el trabajo y el tiempo. Hoy entiendo mejor que nunca, que teníamos un pacto de almas gemelas. Y el producto de esas almas solo puede ser un milagro, un milagro al que llamamos Mateo: el regalo de Dios.

A mi hijo, por existir junto a mí.

A mis amigos, compañeros y gente cercana con la que he compartido este proyecto, porque siempre me han apoyado dándome ideas, tiempo, opiniones, lecturas y risas. Se suele decir que cuando estás haciendo algo realmente importante en tu vida, te encuentras con todo tipo de obstáculos y hay que superarlos, pero contra todo pronóstico, este proyecto solo ha encontrado ayudas.

A mi editora, que apareció como un ángel en mi camino, por su rapidez, su dedicación y su ilusión, porque no es fácil encontrar personas que te aportan más claridad y motivación. Gracias, Paula.

A mi mentor, Laín García Calvo, por crear en mí esta divina obsesión.

A mí misma, por hacer esto, por vivir las experiencias personales y vitales que he pasado hasta llegar aquí, por la de horas que le he dedicado, por el interés, la pasión, el entusiasmo y la fuerza.

Al universo y a la vida, por ponerme todas las pruebas y todas las soluciones en el mismo camino.

¡Gracias!

Y hablando de agradecer…
Recomendación: Laín y *La voz de tu alma*

No puedo terminar este libro sin hablarte de uno de esos seres tan importantes para mí, que lo ha hecho posible: mi mentor, Laín García Calvo, una persona de las que no abundan, por su tesón, su trabajo, su entusiasmo y por encima de todo, su mentalidad imparable. Hoy sé lo importante que es la figura de un mentor, que conozca lo que tú aún no has descubierto y que haya obtenido los resultados que tú todavía no has logrado, porque realmente te llevará adonde quieres.

Me gustaría que te sirviera de ejemplo su historia personal, de cómo alcanzar los objetivos contra viento y marea, a pesar de que muchos opinen que es imposible… porque esa es la mentalidad única y necesaria para conseguir lo que uno realmente se propone. Él se marcó como meta salir de una enfermedad «incurable», ser campeón de España y campeón olímpico, además de situarse como *best seller* y estar hoy donde está.

Hasta el momento, han sido un éxito todos sus proyectos, al igual que pronto lo serán sus nuevos retos, porque nunca se da por vencido. A mí me ha orientado y me ha servido de resorte para llegar adonde estás leyendo ahora; gracias a su apoyo, a su sabiduría y a sus enseñanzas, puedes leer este libro, que espero te ayude como él y sus diferentes obras me han ayudado a mí. En concreto, te recomiendo su obra maestra: *La voz de tu alma*. Yo escuché la mía, me dejé guiar y me condujo hasta este libro y hasta ti.

Gracias, Laín, por compartir con el mundo tu conocimiento, por tu espíritu incansable y… ¡por no pasarme ni una! Acción para obtener los resultados. ¡Y aquí está!
Gracias de corazón, gracias desde la voz de mi alma a la voz de tu alma.